実務の技法シリーズ 7

労働法務の
チェックポイント

編著

市川 充

加戸茂樹

著

亀田康次

軽部龍太郎

高仲幸雄

町田悠生子

弘文堂

シリーズ刊行にあたって

　ひと昔は、新人・若手弁護士は、先輩弁護士による OJT によって実務を学び、成長していったものであるが、現在は残念なことに、先輩弁護士から十分な実務の指導を受ける機会を得られない弁護士や指導が短期間に終わってしまう弁護士も、かなりの数に上っているようである。そのような OJT に対する強い要望が背景にあるのであろう、弁護士実務のノウハウや留意点を叙述した新人・若手弁護士向けの実務書が実に多数刊行されている。しかし、それらを見ると、若干高度すぎる内容となっているもの、真に先輩弁護士に相談したい事柄を網羅していないもの、先輩の経験談を披露したにとどまるものなどが混在しているように思われる。

　このような状況の中、私たちは、実務を適切に処理するにあたって体得しておくべき技法を、一覧性のあるチェックポイントと簡潔かつ明快な基礎知識とともに叙述する書籍が必要とされているのではないかと考えるに至った。執筆陣には、新人・若手弁護士に接する機会が多い中堅弁護士を核とし、さらにはこれに気鋭の若手弁護士にも加わってもらった。「実務の技法シリーズ」と銘打ったこの出版企画は、弁護士が実務において直面するであろう具体的な場面を想定し、これを紛争類型ごとに分けたシリーズとなっている。本シリーズは全巻を通して、新人弁護士ノボルが身近な先輩弁護士である「兄弁」「姉弁」に対して素朴な疑問を投げかけ、先輩がこれに対して実務上のチェックポイントを指摘しながら回答していく対話から始まる。その後にチェックポイントをリスト化して掲げることを原則とし、その解説を簡潔に行うという構成となっている。このチェックリストだけを拾い読みしても、有益なヒントを得ることができるものとなっている。さらに、当該事件を処理する上での必携・必読の文献をまとめたブックガ

イドを本編に先立って設けているが、これは類書にはほとんど見られない本シリーズの大きな特色であろうと自負している。また、随所にコラム欄も置き、実務上知っておきたい豆知識や失敗しないための経験知を気楽に身につけることができるようにも工夫した。

　本シリーズは、各法律・紛争分野ごとの巻のほか、これに総論的テーマを扱う巻を加えて順次刊行していく予定である。読者の皆様には、ぜひ全巻を机上に揃え、未経験・未知の案件が舞い込んだときにも、該当する巻をすぐ手にとり、チェックポイントを確認して必要部分の解説を通読していただき、誤りのない事件処理をする一助としていただきたいと念願している。また、ベテランの弁護士の方々にも、未経験の事件のほか、自らの法律知識や実務経験の再チェックをするために本シリーズを活用していただけるならば、望外の幸せである。私たちも、実務家にとってそのように身近で有用なシリーズとなるよう、最大限の努力と工夫を続けるつもりである。絶大なご支援を心からお願いする次第である。

　　2019 年 1 月

髙中正彦

市川　充

はしがき

　本書は、使用者側から労働法に関する相談や事件を受任した場合に適切な対応をするための一助となるべく編まれた入門書である。

　労働事件処理の難しさは、労働法が私的自治の原則を労働者保護の観点から大きく修正していること、その修正は実定法規を読んだだけではつかめず、裁判例を押さえて「実務感覚」を身につけなければならないことに起因しているように思われる。そこで本書は、第0章に「労働事件を処理する際の心構え」という講を置き、労働事件の特殊性や「実務感覚」をいかに身につけるのかについての記述を設けている。また、労働事件の紛争解決方法は、訴訟だけではなく労働審判や労働仮処分などの手続によることがあるし、紛争解決機関も裁判所だけではなく、労働委員会や都道府県労働局などの行政機関もある。そこで本書の最後となる第13章には「労働紛争の解決制度」という講を置いて、紛争解決方法や解決機関の特徴についても記述している。

　実務家にとって最も重要なことは、具体的な事件を受けた際に、何が問題になっていて、その問題を解決するにはどうすればよいのかを的確に判断することである。このような力をつけるには多くの事件処理をすることが必要であるが、実務家としての経験が浅いときでも、他人が経験したことを見聞きしてこれを補うことができる。本書はそのような「他の実務家の経験」を基礎的な知識とともに書き込むことにより、まだ経験が十分ではない実務家の方々の糧にしていただくことを目的としている。

　本書では、読者に具体的なイメージや臨場感をもってもらうためにCase を設定したうえで、実際に相談を受けた際に何を相談者から聞き取るべきかをチェックするためにCheck Listを設けた。また、経験の浅い実務家が相談を受けた場合に陥りやすいミスを「兄弁」、

「姉弁」との会話の中で示すようにした。会話パートを読むことで、相談に対応する際の思考の順序をイメージできるようにもなっている。解説の部分はできるだけわかりやすい叙述をするように心がけ、理解を深めるために**参考判例**もつけた。また【*Answer*】においては **Case** に対する回答を示した。

　さらに、本文に入る前に設けられた「労働法務のためのブックガイド」も、本書の特徴の１つである。具体的事件を受任した場合にどのような本を読めばよいのかを知ることは、実務家にとって極めて重要なことであるが、これを知る方法や機会は実際には限られている。本書はそのようなガイド役を担うべく、各書籍を簡単なコメントとともに紹介している。

　本書を上梓するにあたっては、弘文堂の登健太郎氏、中村壮亮氏と何度も企画会議を行いその内容を詰めていき、その過程で様々な助言をいただいた。おふたりの協力がなければ本書が世に出ることはなかったと思う。心からお礼を申し上げたい。

　　2020 年 1 月

市川　充

加戸茂樹

目次 c o n t e n t s

シリーズ刊行にあたって —— i

はしがき —— iii

凡 例 —— xix

平成 30（2018）年、平成 31・令和元（2019）年の
　主な改正事項の施行・適用時期 —— xx

労働法務のためのブックガイド —— xxi

第0章 労働事件を処理する際の心構え —— 1

1 「労働法」の法的性質を正しく理解する —— 2

2 下級審裁判例にも事実上先例としての価値がある —— 3

3 紛争解決手続の特徴を理解することの重要性 —— 5

4 当事者等の感情面への配慮の必要性 —— 5

5 労働立法に関する情報のアップデートも常に必要 —— 6

第1章 労働契約の当事者 —— 9

1 … 「業務委託契約」を締結すれば労働関係法規は
　適用されないか —————— 10

　[Case] —— 10

　[Check List] —— 12

　[解説]

　1 「労働者」性 —— 12

　2 契約形式と「労働者」性の関係 —— 13

　3 「労働者」と認定されないために注意すべきポイント —— 14
　　(1) 業務の依頼に対する諾否の自由（14）／(2) 業務遂行上の指示（15）／(3) 業務場所
　　や業務時間の拘束性（15）／(4) 報酬の定め方（15）／(5) 専属性（16）

　4 法人との業務委託契約の場合の違い —— 16

　▶参 考 判 例 —— 16

　[Answer] —— 17

第2章 募集・採用 —— 19

2… 募集時に示した条件と異なる労働条件で
採用できるか —————— 20

[Case] —— 20
[Check List] —— 22
〔 解説 〕
1 採用の自由とその限界 —— 22
2「公正な採用選考の基本」—— 22
3 募集にあたっての労働条件の明示義務 —— 23
4 求人広告等の法的位置づけ —— 24
5 求人広告等とは異なる内容の合意 —— 24
▶参 考 判 例 —— 24
〔 Answer 〕—— 25

3… 内定・内々定を取り消したり、本採用を
拒否したりすることはできるか —————— 26

[Case] —— 26
[Check List] —— 27
〔 解説 〕
1 新卒採用の場合の内定・内々定 —— 28
2 新卒採用の場合の労働契約の成立時期 —— 28
3 中途採用の場合の労働契約の成立時期 —— 29
4 採用内定の取消しの可否 —— 29
5 採用内々定の取消しの可否 —— 30
6（参考）試用期間中または満了時の本採用拒否 —— 30
▶参 考 判 例 —— 30
〔 Answer 〕—— 31

第3章 労働時間・休憩・休日・休暇 —— 33

4… 労働時間・休憩とは何か —————— 34

[Case] —— 34
[Check List] —— 35

【解説】

1 労働時間・休憩時間が問題となる場面 —— 36

(1)「労働時間」が問題となっている場面（36）／(2) 労働基準法における「労働時間」(37)／(3) 休憩時間（37）

2「労働時間」の判断枠組み —— 38

(1) 判例の立場（38）／(2) 労働時間と休憩時間の区別（39）

3 労働時間の把握・記録方法 —— 39

4 労働時間・休憩時間の該当性を判断する資料 —— 40

▶ 参 考 判 例 —— 41

【*Answer*】 —— 41

5 … 時間外労働をさせる場合に 使用者が守らなければならないルールとは —————— 43

[Case] —— 43

[Check List] —— 44

【解説】

1 時間外労働・休日労働の規制 —— 45

(1) 36 協定の有無・内容（45）／(2) 時間外・休日労働の根拠規定（46）

2 時間外労働の上限規制 —— 46

(1) 上限規制の内容（46）／(2) 注意点（47）

3 割増賃金の支払義務 —— 47

4 時間外労働の規制の適用除外 —— 47

(1) 労働基準法 41 条が定める適用除外（管理監督者等）（47）／(2) 高度プロフェッショナル（高プロ）制度（労基 41 の 2）（48）

▶ 参 考 判 例 —— 49

【*Answer*】 —— 50

◀ コラム ▶ 弾力的な労働時間制度 —— 50

6 … 休日は自由に設定できるのか —————— 52

[Case] —— 52

[Check List] —— 53

【解説】

1 労働基準法における休日の原則 —— 53

2 就業規則における休日の特定 —— 54

3 変形休日制 —— 55

4 振替休日と代休 —— 55

▶ 参 考 判 例 —— 56

【*Answer*】 —— 57

7 … 年次有給休暇とはどのような権利か ——————— 58

[Case] —— 58

[Check List] —— 59

[解説]

1 年次有給休暇の発生要件 —— 60
　(1)「継続勤務」と「8 割出勤」(60)／**(2)** 年休の対象日 (61)／**(3)** 付与日数・基準日
　(61)／**(4)** 就業規則や労働契約書の確認 (61)

2 年休の取得・時季変更 —— 62
　(1) 労働者の時季指定権と使用者の時季変更権 (62)／**(2)** 時季変更権の要件 (62)

3 使用者による年次有給休暇の取得日の指定 —— 63
　(1) 年 5 日の時季指定義務 (63)／**(2)** 計画年休制度 (63)

4 年休中の賃金 —— 64

5 その他の制度 —— 65
　(1) 繰越 (65)／**(2)** 年休の買上げ (65)／**(3)** 不利益取扱いの禁止 (65)

▶ 参 考 判 例 —— 66

〖 Answer 〗—— 66

◀コラム▶ 退職直前の年次有給休暇の連続取得を拒否できるか —— 67

第4章 賃金 —— 69

8 … 賃金の支払方法に関するルールには
**　　どのようなものがあるか** ——————— 70

[Case] —— 70

[Check List] —— 71

[解説]

1 賃金全額払いの原則（労基 24 ①本文） —— 72

2 賃金全額払いの原則の例外（労基 24 ①ただし書） —— 72

3 労働者の不正を裏づける客観的証拠の有無 —— 73

4 法的措置の検討 —— 74

5 労働者への接触方法 —— 74

2 賃金過払いのあった時期、金額、労働者が受け取っていた
**　　賃金の水準** —— 75

▶ 参 考 判 例 —— 75

〖 Answer 〗—— 76

9 ⋯ 割増賃金（残業代）はどのような場合に
発生するか —————— 78

［Case］—— 78
［Check List］—— 79
〔 解 説 〕
1 割増賃金計算の基礎知識 —— 80
(1)「残業代」「割増賃金」「時間外手当」(80)／**(2)** 法定の割増率 (80)／**(3)** 割増の基礎となる時間単価 (80)／**(4)** 割増賃金の未払いに対する遅延損害金、付加金、消滅時効 (81)
2 網羅的な文献および計算シートの利用 —— 81
(1) 計算方法に関する細かいルールに従う必要性 (81)／**(2)** 入手すべき文献および計算シート (82)
3 実労働時間 —— 83
(1) 実労働時間は1日ごとに特定して主張しなければならない (83)／**(2)** 実労働時間を示す証拠 (83)／**(3)** 使用者側の認否反論 (83)
4 固定残業代 —— 84
(1) 固定残業代制を導入する動機 (84)／**(2)** 固定残業代制が導入されている場合の争点 (85)／**(3)** 固定残業代制の類型 (85)／**(4)** 固定残業代制に関する裁判例の流れ (85)
▶ 参 考 判 例 —— 86
〖 *Answer* 〗—— 87

10 ⋯ 割増賃金（残業代）請求訴訟での
主な争点は何か —————— 88

［Case］—— 88
［Check List］—— 89
〔 解 説 〕
1 年俸制 —— 90
2 管理監督者 —— 90
(1) 管理監督者の範囲 (90)／**(2)** 適用除外者に対する深夜割増賃金の支払い (91)
3 実労働時間の主張立証 —— 92
(1) 実労働時間は1日ごとに特定して主張しなければならない (92)／**(2)** 実労働時間を示す証拠とその証明力 (92)／**(3)** 使用者側の認否反論 (93)
4 計算方法の確認 —— 93
5 消滅時効、付加金等 —— 94
▶ 参 考 判 例 —— 94
〖 *Answer* 〗—— 95

11 … 賞与や退職金の支払いに関する ルールはあるか —————— 96

［Ｃａｓｅ］—— 96
［Ｃｈｅｃｋ Ｌｉｓｔ］—— 97
〔 解説 〕
1 退職金に関する原則 —— 97
2 労使慣行に基づく退職金請求 —— 99
3 賞与に関する原則 —— 99
4 賞与の支給日在籍要件 —— 100
▶参 考 判 例 —— 101
〖 *Ａｎｓｗｅｒ* 〗—— 102
◀コラム▶ 年俸制とは —— 102

第5章 配転・出向・転籍 —— 105

12 … 配転は自由に命じることができるのか —————————— 106

［Ｃａｓｅ］—— 106
［Ｃｈｅｃｋ Ｌｉｓｔ］—— 107
〔 解説 〕
1 配転命令の根拠 —— 108
2 職種・勤務場所を限定しての採用 —— 108
3 配転命令の濫用 —— 109
4 業務上の必要・人選の合理性 —— 109
5 労働者に対する著しい不利益 —— 110
　(1) 職業上の不利益 (110)／**(2)** 生活上の不利益 (110)
6 不当な動機・強行法規違反 —— 110
▶参 考 判 例 —— 110
〖 *Ａｎｓｗｅｒ* 〗—— 110

13 … 出向や転籍はどのような場合に 命じることができるのか —————— 112

［Ｃａｓｅ］—— 112
［Ｃｈｅｃｋ Ｌｉｓｔ］—— 113
〔 解説 〕
1 出向、転籍の意義 —— 114
2 出向、転籍の根拠 —— 114

3 業務上の必要性と労働者に対する著しい不利益 —— 114

4 不当な動機・目的、強行法規違反、手続違反 —— 115

5 出向中の労働契約関係 —— 115

▶ 参 考 判 例 —— 115

【 *Answer* 】—— 116

第**6**章 労働条件の変更・就業規則法理 —— 117

14 … 労働条件を変更するには どのような方法があるか —————— 118

[**C a s e**] —— 118

[**Check List**] —— 119

【 解 説 】

1 労働条件の変更の方法 —— 120

2 ①個別合意による方法（労契 8 ）—— 120

3 ②労働協約の締結による方法（労組 16 ）—— 121

4 ③就業規則の変更による方法（労契 10 ）—— 122

5 不利益変更の合理性の各判断要素 —— 123

▶ 参 考 判 例 —— 124

【 *Answer* 】—— 125

第**7**章 懲戒処分 —— 127

15 … 懲戒処分はどのような場合に無効となるのか —————— 128

[**C a s e**] —— 128

[**Check List**] —— 130

【 解 説 】

1 懲戒処分の根拠・障害となる規定 —— 130

2 懲戒処分に関する手続 —— 131

(1) 懲戒処分に関する手続規定 (131)／**(2)** 証拠の収集方法 (131)／**(3)** ヒアリングや自宅待機命令 (132)／**(4)** 関係者への調査 (132)

3 懲戒対象者に対する措置 —— 132

4 懲戒処分の検討 —— 134

(1) 懲戒処分の検討要素 (134)／**(2)** その他の検討事項 (134)

5 懲戒処分に伴う措置 —— 134

(1) 懲戒処分の社内公表・第三者への通知 (134)／**(2)** 被害弁償について (135)／**(3)** 上司の監督責任 (135)

▶参 考 判 例 —— 136

【*Answer*】—— 136

16 … 使用者が労働者に対して
　　　 損害賠償を請求することはできるか —————— 138

[**Case**] —— 138

[**Check List**] —— 139

〔 解説 〕

1 労働者の責任制限に関する法理 —— 140

2 考慮要素 —— 141

▶参 考 判 例 —— 142

【*Answer*】—— 142

第**8**章　退職・休職 —— 145

17 … 私傷病休職からの復職はどのような場合に
　　　 認めなければならないか —————— 146

[**Case**] —— 146

[**Check List**] —— 147

〔 解説 〕

1 休職制度の位置づけ —— 148

2 傷病休職制度の合理性 —— 148

3 傷病休職からの復職をめぐる紛争 —— 149

4 主治医の判断と産業医の判断 —— 150

5 休職に関する規定整備の必要性 —— 151

▶参 考 判 例 —— 151

【*Answer*】—— 152

18 … 労働者の辞職を拒絶したり退職時に
　　　 特約を設けたりすることはできるか —————— 153

[**Case**] —— 153

[**Check List**] —— 155

〔 解説 〕

1 無期労働契約と退職の自由 —— 155

2 辞職の意思表示と合意解約の申込みの意思表示 —— 156

3 退職直前の有給休暇の一括取得と時季変更の余地 —— 157

4 競業避止特約の有効性 —— 157

5 秘密保持特約の有効性 —— 158

6 従業員の引抜きの禁止 —— 158

▶参 考 判 例 —— 159

【*Answer*】—— 160

19 … 退職勧奨に関する規制はあるか —————— 161

[Case] —— 161

[Check List] —— 163

【 解 説 】

1 退職勧奨が違法となる場合 —— 163

(1) 退職勧奨に関する規制の有無（163）／**(2)** 退職勧奨が違法となる状況（163）／**(3)** 退職勧奨とパワハラとの関係（164）

2 退職勧奨を開始するタイミング —— 165

3 退職勧奨を終了させるタイミング —— 165

4 退職の意思表示の瑕疵 —— 166

▶参 考 判 例 —— 166

【*Answer*】—— 167

◀コラム▶「自己都合」と「会社都合」はどこが違う？ —— 168

第**9**章 解雇 —— 171

20 … 労働者側の事情による解雇は
どのような場合に認められるか —————— 172

[Case] —— 172

[Check List] —— 174

【 解 説 】

1 試用期間中の場合 —— 174

(1) 試用期間満了による解雇の判断枠組み（174）／**(2)** 試用期間延長の可否（175）／**(3)** 本採用を行った場合の、その後の解雇への影響（175）

2 普通解雇 —— 175

(1) 普通解雇の判断枠組み（175）／**(2)** 能力不足・協調性不足を理由とする解雇（176）／**(3)** 職種・地位を特定して雇用される中途採用者等の場合（176）

3 解雇が無効とされた場合の法的リスク —— 177

▶参 考 判 例 —— 178

【*Answer*】—— 178

21 … 会社側の事情により
解雇することはできるか —————— 180

[Case] —— 180
[Check List] —— 181
[解説]
1 整理解雇 —— 183
2 人員削減の必要性 —— 183
3 解雇回避措置の相当性 —— 184
4 人選基準の合理性 —— 185
5 労働組合等との協議 —— 185
6 希望退職募集の設計 —— 186
▶参考判例 —— 186
〖Answer〗—— 187

22 … 解雇する場合にはどのような手続を
踏む必要があるか —————— 188

[Case] —— 188
[Check List] —— 190
[解説]
1 解雇予告義務 —— 190
2 即時解雇を行う場合の解雇予告手当 —— 191
 (1) 平均賃金の算定方法 (191) ／ (2) 端数処理 (192) ／ (3) 解雇予告手当の支払時期 (192)
3 呼び出しに応じない労働者への解雇通知の方法 —— 192
4 解雇予告義務に違反した解雇の効力 —— 193
5 解雇理由証明書・退職時証明書 —— 194
▶参考判例 —— 194
〖Answer〗—— 195

第10章 労働災害・労災民訴・職場環境の整備 — 197

23 … 労働災害になるのはどのような場合か —————— 198
[Case] —— 198
[Check List] —— 200

［解説］

1 業務災害と通勤災害 —— 200

2 業務災害の認定基準 —— 202
(1) 業務災害の認定（202）／**(2)** 脳・心臓疾患（203）／**(3)** 精神疾患（203）

3 労災の認定手続 —— 204
(1) 被災者またはその遺族等による申請（204）／**(2)** 労基署による調査（204）／**(3)** 労基署による判定（205）

4 その他労災に関する使用者側の注意点 —— 205
(1) 労災隠しに対する処罰（205）／**(2)** 解雇制限（206）

▶参 考 判 例 —— 206

〖*Answer*〗—— 207

24… 使用者の安全配慮義務違反は
どのような場合に認められるか ——————— 208

［Ｃａｓｅ］—— 208

［Ｃｈｅｃｋ Ｌｉｓｔ］—— 210

［解説］

1 使用者の安全配慮義務 —— 210

2 安全配慮義務と業務上災害との関係性 —— 211
(1) 業務起因性と使用者の安全配慮義務違反（211）／**(2)** 労災補償の範囲と損害賠償の範囲（211）

3 パワハラと業務上災害の認定 —— 212

▶参 考 判 例 —— 213

〖*Answer*〗—— 214

25… ハラスメントの防止に向けて
使用者がとるべき措置は何か ——————— 215

［Ｃａｓｅ］—— 215

［Ｃｈｅｃｋ Ｌｉｓｔ］—— 217

［解説］

1 ハラスメントの防止に向けた使用者の措置義務 —— 217

2 ハラスメントの撲滅に向けたトップのメッセージの発信等 —— 219

3 就業規則の整備 —— 221

4 相談窓口の設置・周知・運用 —— 222
(1) 相談窓口の設置・周知（222）／**(2)** 相談窓口の運用（223）／**(3)** 相談窓口設置・運用の留意点（223）

5 ハラスメントの事実を確認した場合の対応 —— 224

6 ハラスメントの防止に向けた取り組み —— 224

▶参 考 判 例 —— 224

【*Answer*】—— 225

第**11**章 非正規雇用・高年齢者雇用に関する諸問題 —— 227

26 … 無期転換ルールと雇止め法理とは どのようなものか ———————— 228

[**Case**] —— 228

[**Check List**] —— 229

〔 解 説 〕

1 無期転換制度の内容・要件 —— 230
   (1) 労働契約法 18 条の要件（230）／**(2)** 無期転換申込権の発生要件（230）

2 無期転換制度に関する特例 —— 231
   (1) 有期特措法の特例（231）／**(2)** 大学等および研究開発法人の研究員、教員等に関する特例（231）

3 無期転換後の労働条件 —— 232
   (1) 有期契約時の労働条件を無期転換後も維持する方法（232）／**(2)**「別段の定め」により無期転換前後で労働条件を変更する方法（232）

4 雇止め（労契 19） —— 233
   (1) 雇止め法理（233）／**(2)** 雇止めの手続（234）

5 更新上限・正社員登用 —— 235
   (1) 更新上限（235）／**(2)** 正社員登用制度の見直し（235）

▶参 考 判 例 —— 236

【*Answer*】—— 236

27 … 非正規労働者の待遇を決める際の 留意点は何か ———————— 237

[**Case**] —— 237

[**Check List**] —— 238

〔 解 説 〕

1 パート・有期法（8 条・9 条）が規制する待遇差 —— 239
   (1)「自社における正社員との待遇差」が問題（239）／**(2)** 待遇差の確認（240）

2 パート・有期法 8 条（均衡待遇）および 9 条（均等待遇）の規制 —— 240
   (1) 同一労働同一賃金に関する法改正（240）／**(2)** 同一労働同一賃金ガイドライン（241）

3 具体的な待遇の検討方法について —— 241
   (1) 待遇ごとの検討が必要（241）／**(2)** 各種手当について（242）／**(3)** 基本給・賞与・退職金について（243）

4 待遇差の説明義務 —— 243

▶参 考 判 例 —— 244

〖Answer〗—— 244

28 … 定年後再雇用に関するルールは
どのようなものか ————— 246

[Case] —— 246

[Check List] —— 247

〖 解 説 〗

1 高年齢者雇用安定法の規制 —— 248

(1) 継続雇用制度 (248) ／ **(2)** 労使協定による対象者限定（経過措置）(249) ／ **(3)** 社内資料の確認 (249)

2 再雇用契約の内容 —— 249

3 不合理な待遇差の禁止（いわゆる同一労働同一賃金）の規制 —— 250

(1) 均衡待遇・均等待遇に関する規制 (250) ／ **(2)** 企業において必要となる対応 (251)

4 再雇用締結後の法規制 —— 251

(1) 雇止め（労契 19）について (251) ／ **(2)** 無期転換制度（労契 20）の特例措置 (252)

▶参 考 判 例 —— 252

〖Answer〗—— 252

第 12 章 集団的労使紛争 —— 255

29 … 合同労組（ユニオン）との団体交渉 ————————— 256

[Case] —— 256

[Check List] —— 257

〖 解 説 〗

1 合同労組とは何か —— 258

2 合同労組からの団体交渉申入れ —— 259

(1) 団体交渉申入れ (259) ／ **(2)** 組合加入者と退職者の組合加入 (259) ／ **(3)** 団体交渉のテーマ (259)

3 団体交渉拒否と不当労働行為 —— 260

(1) 不当労働行為 (260) ／ **(2)** 団体交渉応諾義務、誠実交渉義務 (260) ／ **(3)** 不利益取扱い、支配介入 (260) ／ **(4)** 反組合的言論と支配介入 (260)

◀コラム▶ 不当労働行為 —— 261

4 団体交渉を申し入れられたときの初期対応 —— 261

(1) 書面の確認と準備 (261) ／ **(2)** 団体交渉の日時・場所・出席者等の確認等 (262) ／ **(3)** 使用者側出席者 (263) ／ **(4)** 議題の確認とその準備 (263)

5 団体交渉 —— 264

(1) 誠実交渉義務 (264) ／ **(2)** 団体交渉時の回答の仕方 (264)

6 紛争の終結の仕方 —— 264
(1) 労働協約（264）／**(2)** 労働協約の形式と効力（264）／**(3)** 組合個人の具体的な権利に関する事項（265）／**(4)** 団体交渉の打ち切りとその後（265）

▶ 参 考 判 例 —— 265

【*Answer*】—— 266

30 … 下請業者や派遣労働者が加入する
　　　 労働組合からの団交申入れ —————————— 267

[Case] —— 267
[Check List] —— 269
【 解 説 】
1 労働組合法上の使用者性の考え方 —— 269
2 請負関係における注文主の使用者性 —— 270
3 労働者派遣における派遣先の使用者性 —— 271

▶ 参 考 判 例 —— 273

【*Answer*】—— 274

◀ コラム ▶ 労働組合法上の「労働者」概念がフリーランスを救う？ —— 275

第**13**章 労働紛争の解決制度 —— 279

1 労働紛争の状況 —— 280
2 裁判所における手続 —— 281
(1) 通常訴訟手続（281）／**(2)** 労働審判手続（281）／**(3)** 民事保全手続（労働仮処分）（284）
3 行政機関における手続 —— 285
(1) 労働委員会における手続（285）／**(2)** 紛争調整委員会（都道府県労働局）によるあっせん手続（286）

事項索引 —————————— 289
判例等索引 ————————— 293

凡　例

【法令】

　本書において法令を示すときは、令和元年12月30日現在のものによっている（今後施行・適用予定の改正事項については次頁の一覧表を参照）。なお、かっこ内で参照条文を示すときは、法令名について以下のように略記したほか、条は数字のみとし、項を①、②、③……、号を(1)、(2)、(3)……と表記した（例：労働基準法12条3項4号→労基12③(4)）。

安衛	労働安全衛生法	パート・有期	短時間労働者及び有期雇用労働者の雇用管理の改善等に関する法律（パート・有期法）
安衛則	労働安全衛生規則		
育介	育児休業、介護休業等育児又は家族介護を行う労働者の福祉に関する法律（育児介護休業法）		
		破	破産法
		派遣	労働者派遣法
会社	会社法	民訴	民事訴訟法
厚年	厚生年金保険法	民調	民事調停法
個別労働紛争解決促進	個別労働関係紛争の解決の促進に関する法律	労基	労働基準法
		労基則	労働基準法施行規則
均等	雇用の分野における男女の均等な機会及び待遇の確保等に関する法律（男女雇用機会均等法）	労契	労働契約法
		労災	労働者災害補償保険法
		労災則	労働者災害補償保険法施行規則
雇用保険	雇用保険法	労審	労働審判法
最賃	最低賃金法	労審則	労働審判規則
障害者雇用促進	障害者の雇用の促進等に関する法律（障害者雇用促進法）	労調	労働関係調整法
		労働施策推進	労働施策の総合的な推進並びに労働者の雇用の安定及び職業生活の充実等に関する法律（労働施策総合推進法）
職安	職業安定法		
所税	所得税法		
賃確	賃金の支払の確保等に関する法律		

【文献】

菅野・労働法　菅野和夫『労働法〔第12版〕』（弘文堂・2019年）
土田・労契法　土田道夫『労働契約法〔第2版〕』（有斐閣・2016年）

【判例】

最大判(決)	最高裁判所大法廷判決(決定)	民録	大審院民事判決録
最判(決)	最高裁判所小法廷判決(決定)	判時	判例時報
高判(決)	高等裁判所判決(決定)	判タ	判例タイムズ
地判(決)	地方裁判所判決(決定)	別冊中労時	別冊中央労働時報
民集	最高裁判所民事判例集	労経速	労働経済判例速報
集民	最高裁判所裁判集民事	労判	労働判例

◆平成30（2018）年、平成31・令和元（2019）年の主な改正事項の施行・適用時期

改正法		改正の概要	大企業	中小企業[※1]
労働基準法	時間外労働の上限規制（36条等）	以下に含まれない事業・業務	H31(2019)年4月1日	R2(2020)年4月1日
		新技術・新商品等の研究開発業務	上限規制は適用除外	
		建設事業	（※2）	
		自動車運転の業務		
		医師		
		鹿児島県・沖縄県における砂糖製造業		
	高度プロフェッショナル制度の創設（41条の2）		H31(2019)年4月1日	
	年5日の年次有給休暇の確実な取得（39条7項）			
	フレックスタイム制の清算期間の上限を3か月に変更（32条の3）			
	中小企業における月60時間超の割増賃金率の猶予措置（138条）の廃止		R5(2023)年4月1日	
労働安全衛生法	産業医・産業保健機能の強化、労働時間の状況把握の義務化等		H31(2019)年4月1日	
短時間労働者及び有期雇用労働者の雇用管理の改善等に関する法律（パート・有期法）	法律の名称変更（「短時間労働者の雇用管理の改善等に関する法律」より）		R2(2020)年4月1日	
	均等・均衡待遇規定（いわゆる「同一労働同一賃金」）の整備、待遇差の内容・理由等に関する説明の義務化、裁判外紛争解決手続（行政ADR）の整備等		R2(2020)年4月1日	R3(2021)年4月1日
労働契約法	20条（期間の定めがあることによる不合理な労働条件の禁止）の削除		R2(2020)年4月1日	R3(2021)年4月1日
労働施策総合推進法	法律の名称変更（「雇用対策法」より）、働き方改革の基本理念等		H30(2018)年7月6日	
	事業主のパワハラ防止措置義務化（30条の2）		R2(2020)年6月1日	R4(2022)年3月31日までは努力義務
	パワハラに関する国・事業主・労働者の責務（30条の3）、紛争解決制度等の整備（30条の4～）等		R2(2020)年6月1日	
男女雇用機会均等法	セクハラに関する国・事業主・労働者の責務（11条の2）、妊娠・出産についてのマタハラに関する国・事業主・労働者の責務（11条の4）の導入等		R2(2020)年6月1日	
育児介護休業法	育児休業等についてのハラスメントに関する国・事業主・労働者の責務（25条の2）の導入等		R2(2020)年6月1日	

（※1）

業種	資本金の額または出資の総額		常時使用する労働者数
小売業	5,000万円以下	または	50人以下
サービス業	5,000万円以下		100人以下
卸売業	1億円以下		100人以下
その他（製造業、建設業、運輸業、その他）	3億円以下		300人以下

（※2）

事業・業務	猶予期間中の取扱い（R6(2024)年3月31日まで）	猶予後の取扱い（R6(2024)年4月1日以降）
建設事業	上限規制の適用なし	・災害の復旧・復興の事業を除き上限規制がすべて適用 ・災害の復旧・復興の事業に関しては、時間外労働と休日労働の合計について、「月100時間未満・2～6か月平均80時間以内」とする規制は適用なし
自動車運転の業務		・特別条項付き36協定を締結する場合の年間の時間外労働の上限は年960時間 ・時間外労働と休日労働の合計について、「月100時間未満・2～6か月平均80時間以内」とする規制は適用なし ・時間外労働が月45時間を超えることができるのは年6か月までとする規制は適用なし
医師		具体的な上限時間は今後、省令で定める
鹿児島県および沖縄県における砂糖製造業	時間外労働と休日労働の合計について、「月100時間未満・2～6か月平均80時間以内」とする規制の適用なし	上限規制がすべて適用

　実務家とはいえ、やはり基本書は手元に置いておくべきである。特定の論点について調べたい、確認したいという場合でも、まずは基本書にあたらないと全体的な理解を誤る可能性がある。もう少し掘り下げた解説が読みたいというときにはコンメンタールにあたることもあろう。また、具体的な事件を処理していくうえでは、一般的な解説ではなく、たとえば裁判実務では何が求められているのかを把握しておかないと実務に対応できない。そのために解説書が必要になる。労働法は、条文に具体的な基準まで書き込まれていないことが多いため、判例や行政通達・指針なども把握しておく必要もある。判例集もぜひ手元に置いておきたい。

　労働法の分野でも近時、多数の基本書、解説書が発刊されているため、信頼できる書籍を選ぶのが難しくなっている。以下では、多くの実務家が利用していると思われる実務書を紹介しているので、参考にしていただければ幸いである。なお、第0章で述べているとおり、労働法分野では近時法改正が頻繁で、それに伴い行政通達・指針も次々と発出されるので、文献も常に最新のものを用意したい。

■ 基 本 書 ■

菅野和夫
『労働法〔第12版〕』（弘文堂・2019年）
労働法務に携わる実務家が調べ物をする際に必ず参照する定番の基本書。団体的労使関係法や労使紛争の解決手続までカバーしているほか、多数の裁判例を引いており、また大きな偏りのない安定した記述といえる。

土田道夫
『労働契約法〔第2版〕』（有斐閣・2016年）
個別的労働関係法に絞った基本書。本文では多数の裁判例を引いており、有益な情報との出会いが多い。また、実務上の取扱いについて書いたコラムが多数あり参考となる。より実務家向けの一冊といえる。

荒木尚志
『労働法〔第3版〕』（有斐閣・2016年）
「菅野労働法」とともに、定評ある基本書の1つである。脚注で多数の文献・裁判例が引用されており、リサーチの手がかりとしても便利である。

■ コンメンタール ■

荒木尚志 = 菅野和夫 = 山川隆一
『**詳説労働契約法〔第2版〕**』（弘文堂・2014年）

労働契約法の最も定評のあるコンメンタールである。立法の経緯も含めた詳しい解説がなされており、労働契約法の条文解釈を確認する際には、必ず参照すべき一冊。

厚生労働省労働基準局編
『**平成22年版労働基準法（上・下）（労働法コンメンタール3）**』
（労務行政・2011年）

次頁に挙げた「解釈総覧」とセットで確認すべき厚労省の条文解説。働き方改革関連法による改正には未対応だが、行政の考え方を知るには必携。

東京大学労働法研究会編
『**注釈労働基準法（上・下）（有斐閣コンメンタール）**』
（有斐閣・2003年）

信頼性では厚労省の平成22年版労基法コンメ（上掲）と双璧をなす、研究者による逐条解説。行政の立場が中心の前者に対し、解釈論が手厚い。

■ 解 説 書 ■

白石　哲編
『**労働関係訴訟の実務〔第2版〕**』（商事法務・2018年）

東京地裁労働部に配属された経験のある裁判官が執筆した書籍。通称「白石本」。実務上重要な30の論点につき、攻撃防御の構造があり、求められる主張立証、心証形成のあり方などが把握できる。訴訟対応するうえでは必ず参照したい。

佐々木宗啓ほか編
『**類型別 労働関係訴訟の実務**』（青林書院・2017年）

同じく、東京地裁労働部に配属された経験のある裁判官が執筆した書籍。通称「類型別」。こちらは論点をより細かく分け、簡潔なQ&A方式をとっている。参考裁判例も多く引いており、ポイントと参考情報をコンパクトに把握できる。

山川隆一 = 渡辺弘編
『**最新裁判実務体系 労働関係訴訟Ⅰ〜Ⅲ**』（青林書院・2018年）

労働法における86項目の主要論点について、全国の裁判官を中心とした執筆者による解説を集めた一冊。いずれの論文においても、関連する学説・裁判例をふまえた詳細な検討がなされており、個々の論点をより深く理解するのに最適である。

山川隆一 = 水口洋介 = 浅井隆編
『ローヤリング労働事件』（労働開発研究会・2015 年）
第一線で活躍する労使双方の弁護士が、労働紛争の予防および解決にあたり、どのような点に留意しながら活動しているかを、裁判手続、労働委員会、法律相談、労基署対応などの場面ごとに平易な言葉で解説した本。労働実務のイメージ作りにも最適。

山口幸雄 = 三代川三千代 = 難波孝一編
『労働事件審理ノート〔第 3 版〕』（判例タイムズ社・2011 年）
労働事件に対応する場合はもちろんのこと、裁判を想定してどのような資料が必要になり、どのような点が争点になるかを確認するためには必携。裁判官が執筆した書籍は多数あるが、「時間がない」という場合は、まずは本書を読むこと。

第二東京弁護士会労働問題検討委員会編
『労働事件ハンドブック』（労働開発研究会・2018 年）
労働実務のあらゆる場面について豊富な裁判例を紹介しながら解説した実務書。ただし、単なる解説にとどまらず、徹底して実務家に寄り添い、経験に裏打ちされた実務対応の勘所や労使それぞれの視点などが随所に盛り込まれており、辞書的な使い方も含め、実務家必携。

■ 法 令 集 ・ 判 例 集 ■

厚生労働省労働基準局編
『労働基準法解釈総覧〔改訂 15 版〕』（労働調査会・2014 年）
労働法では通達の把握が重要であるが、労働基準法の通達であればこの本を参照すると早く正確に主要な通達にたどり着ける。労働基準法の条文ごとに主要な関係通達が記載されている便利な一冊であるが、ここ 5 年以上改訂されていないことが残念である。

須藤典明 = 清水響編
『労働事件事実認定重要判決 50 選』（立花書房・2017 年）
東京地裁労働部で勤務した経験のある裁判官が執筆を担当。下級審と上級審とで判断が分かれた裁判例を中心に取り上げ、判断の分かれた理由を検討した一冊である。主要な労働事件類型における事実認定のポイントを知るうえで参考になる。

第**0**章

労働事件を処理する際の心構え

1 「労働法」の法的性質を正しく理解する

　「労働法」という名称の法律はない。「労働法」は、「労働市場、個別的労働関係および団体的労使関係に関する法規整の総体」であり（菅野・労働法1頁）、労働基準法、労働契約法、労働組合法、労働安全衛生法等々、数多くの法律が「労働法」に含まれる。

　そして、労働法には、刑罰法規であるもの、行政法規であるもの、民事法規であるもの、これらの複数の性質を有するものが混在している。たとえば、労働基準法は刑罰法規かつ行政法規であり公法に位置づけられるが、労働契約法は純然たる民事法規であり私法（民法の特別法）である。このような法的性質の違いから、法律ごとに「違法」の効果も異なるため、各法の性質を正しく理解したうえでアドバイスをすることが重要となる（クライアントが法の性質を正しく捉えられていないことも多く、その誤解を解くことも時に必要である）。たとえば、解雇の有効性を規律するのは労働契約法であるため、無効な解雇をした場合に、それは、労働契約法との関係では違法である（労働契約法16条により無効となる）が、労働基準法との関係で違法になるわけではなく、よって、無効な解雇をしたことについて使用者に何らかの行政上の措置が講じられたり罰則が科せられたりすることはない。また、時折クライアントが「解雇の有効性を労働基準監督署に確認した」と述べることがあるが、労働基準監督署（以下「労基署」という）は労働契約法に関する取締機能を有していないため、その確認には法的には意味がないといえる（解雇の有効性について相談を受けた労基署が一定の見解を示すことはあるが、解雇の有効性に関する最終的な判定機関である裁判所において同一の結論となるとは限らない）。

このように、「労働法」にはいろいろな性質の法律が含まれるものの、いずれも、労使間に大きな交渉力格差があることを前提に、労働者側をサポートするものであることは共通している。労働法は、「労働市場における労使の交渉力の基本的な不均衡を直視し、労働者保護のために一般市民に共通の契約自由原則を修正することを出発点」としているのである（菅野・労働法 25 頁）。言い換えれば、どの労働法も、使用者に対しては常に懐疑的な目線を向け、さまざまな手段により労働者の弱い交渉力を補完している。それゆえ、使用者としては「思うようにならない」ことも多いが、法律家としては、法の理念を常に理解し、クライアントに対し適切なアドバイスをしなければならない。法の内容のみならず、法の精神をふまえた行動こそコンプライアンスの基本である。

2　下級審裁判例にも事実上先例としての価値がある

　労働法の実務では、最高裁による判例だけでなく、下級審裁判例も事実上、規範として価値を有しているといえる。それは、労働法では、規範的要件を定めた条文が多いため、具体的事実を前提とした裁判所の法解釈・あてはめを検証しなければ、条文の具体的意味内容をくみ取ることが難しいからである。たとえば、解雇や懲戒処分は、「客観的に合理的な理由を欠き、社会通念上相当であると認められない場合」は無効と定められているが（労契 15・16）、何が「客観的に合理的な理由」となり、どのような場合に「社会通念上相当」ではないとされるのかは、条文を眺めるだけでは読み取れない。

　また、基本的で重要な概念について、定義が法文上明確に示されていないものもある。その典型例は「労働時間」概念であり、どのような時間が「労働時間」に該当するかを定めた条文は存在しない。そのため、最高裁（最判平成 12・3・9 民集 54 巻 3 号 801 頁［三菱重工長崎造船所事件］）が示した「労働基準法 32 条の労働時間とは、労働者が使用者の指揮命令下に置かれている時間をい〔う〕」との解釈が実務で

は「労働時間」の定義として用いられているが、いかなる場合に「使用者の指揮命令下に置かれている」と評価できるのかを理解するには、下級審裁判例によるあてはめの検証が必要となる。

　このように、クライアントに適切にアドバイスするにあたっては、下級審裁判例によるあてはめを理解し、解釈の方向性や傾向をつかむことが必須となる。また、規範的要件であるがゆえに、有効・無効の結論が下級審と上級審で異なることもままあるため、下級審と上級審の両判決の比較検討が必要となる場合もある。さらには、裁判所の判断は社会の変化とともに変容していくものであるため、判例知識の不断のアップデートも欠かせない。

　また、規範的要件の多さは、裁判で争われた場合の予測可能性の立てにくさにも直結する。クライアントは、自身が行おうとしている解雇や懲戒処分等の処分について、弁護士からあらかじめ「お墨付き」をもらいたいと考えることも多く、弁護士に、有効・無効の見通し判断を求めてくることもある。裁判になった場合の結論は、立証されたあらゆる評価根拠事実・評価障害事実を総合的に判断して出されるため、いまだ事実の全体像が見えているとは言い難い状況下で見通しを表明することは決して容易ではない（特に、自信をもって「有効」と述べることには躊躇を覚えることが多い）。もっとも、そのような場合であっても、下級審裁判例を含めた豊富な判例知識があれば、見通しを述べることへの不安感をある程度払拭できるし、また、結論の見通しが立ちづらい場合であっても、少なくとも、裁判所がどのような事実を重視するのかといった方向性についてはクライアントに案内することができ、そのような情報提供も予防法務にとっては有用である。

　なお、判例知識を蓄積していくためには、労働法専門の判例雑誌を日常的にチェックしておくことが欠かせない。そのような判例雑誌としては、『労働判例』（産労総合研究所刊、原則として判決文全文を掲載、判例秘書でPDFの閲覧可能）、『労働経済判例速報』（経団連事業サービス刊、原則として判決文全文を掲載、WestlawでPDFの閲覧可能）、『労

働判例ジャーナル』（労働開発研究会刊、原則として判決文の要旨を掲載、TKC ローライブラリーの掲載情報記載あり）などがある（後者より順に、速報性が高いといわれている）。

3 　紛争解決手続の特徴を理解することの重要性

　労働法の分野では、司法と行政がそれぞれに、簡易・迅速・低廉で公平な紛争解決手続を用意している。ほかの法分野よりも、行政が紛争解決に対して果たしている役割が大きいといえるであろう。近時の法改正では、行政による ADR 手続の拡充が盛り込まれることも多い。

　司法の解決手続も行政の解決手続も、それぞれに特徴があり、進め方は大きく異なるので、あらかじめ各手続についてイメージをもち、メリット・デメリットを理解して流れを予測できるようにしておくとよい。適切な手続選択は、特に労働者側でサポートする場合に重要となるが、使用者であっても、手続の特徴を理解しそれをふまえて適切に対応することは、円滑な紛争解決にとって肝要である。

　実務上、利用例が多く特に重要なのは、司法であれば労働審判、行政であれば都道府県労働局によるあっせん手続である。労働審判は、裁判所において行われるものであるが、通常訴訟とは手続の流れがまったく異なるので、十分留意しなければならない。

　紛争解決手続について、詳しくは第 13 章で紹介する。

4 　当事者等の感情面への配慮の必要性

　労働契約は、原則として、長期間にわたる継続的法律関係を前提とするものである。契約当事者である労使が日々直接顔を合わせることから、契約期間存続中に感情的対立が生じることは少なくない。そして、労働者にとっては生活がかかっており（会社人生が「人生そのもの」であることもある）、他方、使用者も「自分の会社だ」などと考えていて、ひとたびトラブルが生じると、労使ともに「裏切り」を感じるなどして感情的対立が先鋭化しがちである。労働法分野は、労使い

ずれの立場であっても、クライアントの感情面への配慮や「気長さ」が求められることも、あらかじめ心得ておくとよいであろう。労働事件の処理は、家事事件処理に通じるところがあるといえる。

　また、労働契約は、使用者と1人ひとりの労働者との間に個々に存在するものであるが、同一空間にほぼ同じような内容の労働契約関係が多数存在することから、ほかの労働契約の当事者、すなわち、周囲の従業員の「集団的感情」や公平性に対する配慮も、特に使用者側においては、円滑な企業運営のために欠かせない。

　このほか、労働法が徹底して「労働者寄り」であるため、「思うようにならない」ことに経営者が怒りを顕わにすることもある。とはいえ経営者感情に寄り添うだけでは適切な紛争解決を導くことはできないため、経営者の思いをくみ取りつつ、いかにして法の精神を理解してもらうかは、悩ましくも、弁護士としての腕の見せどころである。

5　労働立法に関する情報のアップデートも常に必要

　近年、労働法分野の立法が極めて頻繁に、また、広範囲になされている。内容としても、実務を大きく変える重要なものが少なくない。たとえば、平成25（2013）年から令和元（2019）年までの主要な法制度・法改正をピックアップすると、**図表1**のとおりになる。法改正が広範囲であることが読み取れるであろう。特に近年において法改正が多いのは、第2次安倍政権が労働分野を経済政策と捉えて「働き方改革」を政治的に主導し、労働立法に積極的に介入していることが影響している。つまり、労働法は、政治動向による影響を受けやすい分野といえる。

　クライアントに的確にアドバイスをするには、裁判例だけでなく、立法に関する知識のアップデートも常に必要となる。特に、使用者側のほうが、法改正によって新たな規制の対象となったり、就業規則の改正等の対応が必要になったりすることから、立法動向に関する正確な知識の獲得やクライアントに対する早期かつ積極的な情報提供が求

▼ 図表 1　平成 25（2013）年から平成 31・令和元（2019）年までの主な労働立法

平成 25 (2013) 年	障害者雇用促進法改正	障害者に対する差別禁止、合理的配慮の義務づけ
平成 26 (2014) 年	労働安全衛生法改正	ストレスチェック制度の導入
	過労死防止対策推進法制定	政府による過労死防止対策推進を目的とするもの
	専門知識等を有する有期雇用労働者等に関する特別措置法制定	無期転換ルール（労契 18 ①）の例外を制度化
平成 27 (2015) 年	労働者派遣法改正	「26 業務」を廃止し新たな派遣可能期間制限を導入、雇用安定措置・直接雇用みなし等の派遣労働者保護規定の整備
	女性活躍推進法制定	企業が自ら女性活躍状況を把握するとともに、目標を設定して達成度を公表するという新しい仕組みの労働立法（10 年間の時限）
	青少年雇用促進法制定	若年者の就職準備・活動、就職後のキャリア形成などに関する対策の促進
平成 28 (2016) 年	育児介護休業法改正	有期雇用労働者の育児休業の取得要件を緩和、子の看護休暇の半日取得の導入、介護休業の分割取得の実現、マタハラ防止措置義務の導入
	男女雇用機会均等法改正	マタハラ防止措置義務の導入
	雇用保険法改正	育児休業給付率・介護保険給付率を引き上げ、65 歳を越える高齢者へ雇用保険を適用
平成 29 (2017) 年	育児介護休業法改正	育児休業の取得可能期間を、一定の場合に子が 2 歳になるまでに延長
	職業安定法改正	労働者の募集や求人申込みのルールの整備
平成 30 (2018) 年	働き方改革関連法成立	長時間労働の是正と柔軟な働き方の実現のための労働基準法、労働契約法、労働安全衛生法、短時間有期パート法、労働者派遣法等の一括改正
平成 31・令和元 (2019) 年	労働施策総合推進法改正	パワハラ防止措置義務の導入等
	女性活躍推進法改正	行動計画策定・情報公表義務の対象企業の拡大等

められる。そして、労働法の多くは、行政による取締りを想定した公法的性格を有するため、新法や改正法が成立すると、それに伴い行政通達や行政指針等も新たに発出されることから、それらの内容を把握することも必要となる。

　このように、法規制が複雑多様化している労働法分野の専門性は、ますます高まってきている。

第 **1** 章

労働契約の当事者

1 「業務委託契約」を締結すれば 労働関係法規は適用されないか

Case

　Y社は、Webページ制作の請負を行う会社であり、3名のWebデザイナーを雇用して、A社長の指示のもとで、顧客から受注したWebページの制作を行っている。そのうちの1人であるXは、3年前からY社の従業員として雇用されて勤務してきたが、生活スタイルが夜型であるため、Y社の定時に縛られずに働きたいと考えた。そこで、Xは、A社長に対し、労働契約から業務委託契約に切り替えたうえで、自分の好きな時間にWebページの制作業務を行いたいと申し出た。A社長としても、顧客への納品に支障が生じないように働いてもらえるなら、業務委託契約とすることは構わないと考え、これに応じることにした。

　ただし、A社長がXの作業の進捗を確認して修正の指示などを出せるよう、毎週、ある程度の時間は、Y社のオフィスに来て作業を行ってもらうことにしたいと考えている。

• • •

ノボル：Y社から、Xと締結する業務委託契約書を作成してほしいという依頼がありました。契約書式集を参考に起案すれば大丈夫ですよね？

姉　弁：その前に、業務委託契約の締結を進めて、本当に大丈夫かしら？　労働法の潜脱にならない？

ノボル：そのことも考えてみたんですが、契約切替えを希望しているのはXのほうなので、Y社のほうが労働法を潜脱しようとしているわけではなさそうです。

姉　弁：うーん、それは1つの考慮事情にはなるかもしれないけど、それだけで

労働法の適用がなくなるわけではないのよ。ＡとＸの関係は、今は良好かもしれないけど、万が一、将来悪化したら、Ｘがどういう主張をしてくるかわからないわよ。

ノボル：たしかに、一転して「労働者」だと主張してくるかもしれませんね。

姉　弁：そうね。後から話がこじれちゃう例は本当にいっぱいあるのよ。業務委託契約の締結後にＸが「労働者」と認定されると、Ｙ社にはどんなリスクがあるかしら？

ノボル：えっと、労働基準法上の「労働者」と認定されると、時間外・休日・深夜労働について、割増賃金を請求される可能性があります。

姉　弁：そうね。ほかにはどう？

ノボル：ほかには…うーん…。

姉　弁：「労働者」ってことになると、Ｙ社からの契約解消は「解雇」よね。そうなると、解雇権濫用法理が適用されるから、業務委託契約の解消よりもずっと難しくなるわよ。

ノボル：なるほど、労働基準法だけの問題ではないんですね。えっと、それじゃあ、契約切替えに伴う法的リスクを整理したうえで、それでも切替えを実施するのか、Ｙ社に判断してもらえばよいでしょうか。

姉　弁：判断しろって言われても、Ｙ社もどうしたらいいか困ってしまうんじゃないかしら。「労働者」と認定されるリスクをゼロにすることはできないけど、可能な限りリスクを減らせる方法を考えてあげましょう。

ノボル：業務遂行の時間を管理しないとか…。

姉　弁：そうね。Ｙ社のほうは、毎週、ある程度の時間、ＸにＹ社のオフィスで作業してほしいと言ってるけど、その時間が長ければ長いほど、「労働者」の働き方に近づくわよね。本当にその必要があるのかしら。Ｘにどういうふうに業務を行ってもらうつもりなのかＡ社長からよくヒアリングしたうえで、注意点をまとめてあげましょう。業務委託契約書に反映できるものは、契約書に書き込んでおくべきね。

ノボル：わかりました。Ａ社長によく確認してみます。

〔 解説 〕

1 「労働者」性

　労働法規においては、「労働者」に該当するか否かによって、その法律の規制が及ぶか否かが決まってくることが多い。労働基準法は、「労働者」を「職業の種類を問わず、事業又は事務所（……）に使用される者で、賃金を支払われる者」と定義している（労基9）。労働基準法上の「労働者」の定義は、他の法律でも参照されている（安衛2(2)、最賃2(1)、賃確2②）。労働者災害補償保険法上の「労働者」につ

いても、労働基準法上の「労働者」と同一と解されている（参考判例①）。

　労働契約法は、「労働者」を「使用者に使用されて労働し、賃金を支払われる者」と定義している（労契2①）。これと、労働基準法上の「労働者」の概念とは、基本的に同一のもの（労働基準法では「事業に使用される」という要件が加重されている）と解するのが通説である。

　なお、労働組合法においても「労働者」という概念が用いられているが（労組3）、その範囲は、労働組合による団体交渉の助成を目的とする労働組合法の保護をいかなる者に及ぼすべきかという観点で決せられ、労働基準法および労働契約法上の「労働者」よりも広いと解されている。

2　契約形式と「労働者」性の関係

　会社と個人との間で「業務委託契約」や「請負契約」という名称の契約を締結しても、そのことだけで、労働法規が適用されなくなるわけではない。「労働者」に該当するか否かは、実態に即して客観的に判断されるからである。労働基準法上の「労働者」性の判断基準として、実務上よく参照されるのは、昭和60年12月19日付労働省労働基準法研究会報告書「労働基準法の『労働者』の判断基準について」である（以下「労基研報告書」という）。労基研報告書は、労働基準法9条の「使用される」および「賃金を支払われる」の2つの基準をまとめて「使用従属性」と表現し、次頁の**図表2**の1および2の事情を勘案して総合的に判断するものとしている。

　なお、労基研報告書のほか、建設業手間請け従事者および芸能関係者の労働基準法上の「労働者」性の判断基準については、平成8年3月付労働基準法研究会労働契約等法制部会・労働者性検討部会報告書も公表されているので、併せて参照されたい。

1　使用従属性に関する判断基準	2　労働者性の判断を補強する要素
(1) 指揮監督下の労働 　①仕事の依頼、業務従事の指示等に対する諾否の自由の有無 　②業務遂行上の指揮監督の有無 　③拘束性の有無 　④代替性の有無（指揮監督関係の判断を補強する要素） (2) 報酬の労務対償性	(1) 事業者性の有無 　①機械、器具の負担関係 　②報酬の額 (2) 専属性の程度 (3) その他 　①選考過程における正規従業員の採用との異同の有無 　②給与所得としての源泉徴収の有無 　③労働保険の適用の有無 　④服務規律の適用の有無 　⑤退職金制度、福利厚生の適用の有無

3　「労働者」と認定されないために注意すべきポイント

　業務委託契約を締結する場合に、契約形式に反して「労働者」と認定されないために注意すべき主なポイントを、以下解説する。

(1)業務の依頼に対する諾否の自由　個々の業務の依頼を断ることが許されていることは、「労働者」性を否定する重要な要素である。その前提として、すでに受託している業務と新規の業務とを区別できる必要があるから、業務委託契約書における委託業務の内容をできるだけ具体的に記載するべきである。一定の包括的な業務を受託したという場合には、そのような包括的な業務の一部である個別具体的な業務の依頼について、拒否する自由が制限されることがあるが、そのことをもってただちに指揮監督関係が肯定されるわけではない。しかし、「委託業務」の内容があまりに抽象的だと、いかなる業務に対する報酬であるのかも不明確になり、個々の業務の依頼を断ってよいのか否

かも不明確となる。たとえば、委託業務を「会社が都度指定する業務」として、報酬を「月額30万円」と定めた場合、個々の業務と報酬の対応関係が薄く、固定報酬を支払われている以上、会社が指定する業務は断れないということにもなりかねない。したがって、いかなる業務を委託し、それに対していかなる報酬を支払うのか、相手方との間で認識を共通にしたうえで、その内容を具体的に業務委託契約書に書き込むべきである。

（2）業務遂行上の指示　たとえば、Webページの作成業務を委託する業務委託契約を締結する場合、委託者側から、Webページの仕上がりや修正についての作業指示を行う必要があるのは当然のことである。このような作業指示があるとしても、通常委託者が行う程度の指示にとどまる場合は、指揮監督関係が否定される。この点は、指揮命令の程度問題であり、委託者として必要な範囲の指示を行うほかは、基本的に受託者の裁量に委ねるべきである。

（3）業務場所や業務時間の拘束性　業務場所や業務時間が指定され、管理されていることは、指揮監督関係の基本的要素である。業務委託契約とする以上、業務場所や業務時間は、受託者の裁量に委ねるべきである。なお、業務の性質上、業務を提供する場所や時間が必然的に定まる場合もあるが、「労働者」の就労形態（たとえば、週5日、1日8時間、特定の場所に勤務する等）に近接しないよう注意が必要である。

（4）報酬の定め方　委託業務の内容が具体的で、それに対応する一定の報酬が定められている場合は、委託業務と報酬の結びつきが明確であるため問題が少ない。他方、報酬に固定給部分があるなど、報酬に生活保障的な要素が強いと認められると、「労働者」性を肯定する方向に働きうる（「専属性の程度」として考慮される）。報酬の額が、当該企業において同様の業務に従事している正規従業員に比して著しく高額であれば、「労働者」性を弱める要素となりうる。

　委託業務の性質によっては、時間単価に業務時間を乗じる方法で報酬を算定するのが合理的な場合もありうるから、そのことのみで、時

給制で勤務する労働者に近いと評価されるわけではない。ただし、労基研報告書によれば、「欠勤した場合には応分の報酬が控除され、いわゆる残業をした場合には通常の報酬とは別の手当が支給される等報酬の性格が使用者の指揮監督の下に一定時間労務を提供していることに対する対価と判断される場合には、『使用従属性』を補強することとなる」とされている。

(5)専属性　受託者が他社の業務に従事することを契約上制約すると、「労働者」と評価される方向に働きうる。契約上制約されていなくても、時間的余裕がなく、他社の業務に従事することが事実上困難な場合も、経済的な従属性が認められ、「労働者」性を補強する要素となりうるので注意が必要である。

4　法人との業務委託契約の場合の違い

　会社と個人との間ではなく、会社と会社の間で「業務委託契約」や「請負契約」を締結した場合、法人である受託会社が「労働者」となることはない。したがって、上記 **1～3** で解説した受託者の「労働者」性という問題は生じない。しかし、委託会社が受託会社の労働者に指揮命令を行うと、いわゆる「偽装請負」として、労働者派遣法違反などの問題が生じうる。違法な「労働者派遣」と評価されないためのポイントについては、厚生労働省パンフレット「労働者派遣・請負を適正に行うためのガイド」において詳細に解説されているので、参照されたい。

▶ **参 考 判 例** ······

①**最判平成 8・11・28 労判 714 号 14 頁 ［横浜南労基署長（旭紙業）事件］**　傭車運転手の労働基準法および労働者災害補償保険法上の「労働者」性が争われた事案について、業務用機材であるトラックを所有し、自己の危険と計算のもとに運送業務に従事していたこと、運送という業務の性質上必要とされる指示のほかは特段の指揮監督を受けていなかったこと、時間的・場所的な拘束の程度も一般の従業員と比較してはるかに緩やかであったこと等を理由に、「労働者」性を否定した。

②**最判平成 17・6・3 民集 59 巻 5 号 938 頁 [関西医科大研修医事件]**　研修医の労働基準法上の「労働者」性が争われた事案について、研修医が医療行為等に従事する場合も、病院の開設者の指揮監督のもとにこれを行ったと評価できる限り「労働者」に該当するとしたうえで、臨床研修の実態（病院の休診日を除き、指定された時間・場所で指導医の指示に従って医療行為等に従事していたこと、奨学金等として研修医に金員が支払われ、給与等にあたるものとして源泉徴収まで行われていたこと等）を理由に、「労働者」性を肯定した。

③**最判平成 19・6・28 労判 940 号 11 頁 [藤沢労基署長（大工負傷）事件]**　作業場をもたない一人親方の大工の労働基準法および労働者災害補償保険法上の「労働者」性が争われた事案について、自分の判断で工法や作業手順を選択することができたこと、工期に遅れない限り所定の作業時間の範囲内では作業日・作業時刻は自由であったこと、発注元との報酬の取決めは完全な出来高払いの方式が中心とされていたこと等を理由に、「労働者」性を否定した。

〖 *Answer* 〗

　Y 社は X に対して Web ページの制作業務を委託することになるが、委託業務の内容は、プロジェクトごと、作業ごとというように、具体的に特定して、それに対応する報酬を定めるべきであろう。

　作業の進捗確認・指示のミーティングのために、Y 社への来社を求めることは、業務委託契約と両立しうる。しかし、たとえば、頻繁に来社してもらい、相当の時間、Y 社のオフィスで作業をしてもらうということになると、契約形態の切替え前の就労実態に近づくことになりかねない。Y 社のオフィスでの業務は、作業の進捗確認・指示に合理的に必要な範囲にとどめ、あとは、業務場所・業務時間を X の裁量に委ねるべきである。

　いずれにしても、労基研報告書の示す各判断要素に照らして、想定する働き方や取扱いを 1 つずつ確認し、使用従属性を弱める方策を検討すべきである。「労働者」性の判断は、最終的には就労実態が重要になるとはいえ、契約書の文言も考慮要素の 1 つにはなる。委託業務や報酬の定め方のほか、業務場所・業務時間を拘束しないことや、他社の業務に従事することを禁止しないことなど、契約書に反映できる点については、積極的に書き込んでおくのがよい。

第 **2** 章

募集・採用

2... 募集時に示した条件と異なる 労働条件で採用できるか

Case

　Y社は、事務職員を中途採用しようと考え、求人サイトに求人広告を出すことにした。Y社は、いったん、基本給月額を25万円とする求人広告を掲載したが、目ぼしい候補者からの応募がなかったため、その求人広告を取り下げたうえで、基本給月額を28万円として、求人広告を掲載し直した。

　これを見たXからの応募があり、Y社のA社長が面接を実施したところ、特に問題は見当たらず、Xを採用することにした。Y社は、事務職員の人手が足りない状況だったので、A社長は、Xに対し、面接の数日後から勤務を開始するよう依頼した。しかし、ちょうどA社長が忙しい時期であったこともあり、雇用契約書の作成は後回しにしてしまった。Xのほうも、労働条件は求人広告どおりになるものと考えて、雇用契約書のことについては特に何も述べずに、勤務を開始した。

　その後、A社長は、最初の給与支払日前になって、Xとの雇用契約書が未作成であることを思い出した。A社長は、募集当時は基本給月額28万円でもよいかとも考えていたが、Xの職歴や、他の従業員の給与水準をふまえ、やはり月額25万円が妥当であると考え直し、その旨を記載した雇用契約書をXに提示した。

　そうしたところ、Xから、「求人広告の内容と話が違う。基本給月額28万円にしてもらわないと納得できない」と抗議を受けてしまった。

● ● ●

ノボル：Xは基本給月額28万円だと思って応募したのに、働き始めてから月額
　　　　25万円を提示するなんて、だまし討ちですよ。Y社のほうに非がある
　　　　気がします。最近、「求人詐欺」という言葉もよく聞きますよね。

兄　弁：Y社がこのまま、毎月25万円を支払ったらどうなる？　Xは差額の3
　　　　万円を請求できるのかな？

ノボル：請求できないとおかしいですよ！　Xは月額28万円の前提で入社したん
　　　　ですよ!?　まったく…。

兄　弁：まあまあ、もうちょっと冷静になって分析的に考えてみようよ。賃金額
　　　　を月額28万円とする意思の合致はあるかい？

ノボル：基本給月額28万円と書かれた求人広告が「申込み」で、候補者が応募
　　　　したことにより、その労働条件に「承諾」したことになるんじゃないで
　　　　すか？

兄　弁：それだと、応募しただけで労働契約が成立することにならないかな？

ノボル：あれっ…たしかにヘンですね。

兄　弁：そう。だから求人広告は、それをもって雇用契約の「申込み」とみるこ
　　　　とはできないとするのが裁判例の立場だよ。

ノボル：普通なら、入社時に改めて労働条件通知書を交付したり、雇用契約書を
　　　　締結したりするわけですから、その時に契約内容が確定するはずなんで
　　　　すよね。今回のように入社時に改めて書面が作成されない場合はどうな
　　　　るんだろう…。

兄　弁：労働条件について意思の合致がないから、労働契約は不成立かな？

ノボル：実際に働き始めていますし、労働契約不成立では違和感がありますね。

兄　弁：うんうん。これはそれなりに裁判例もある論点だから、まずは調べてみ
　　　　てよ。それにしても、労働条件通知書も交付せずに雇い入れるなんて、
　　　　Y社は労務管理がズサンだなあ。この機会に、労働条件明示義務につい
　　　　てY社に指導しておかないとな。

ノボル：労働基準法上の労働条件明示義務のことですね。

兄　弁：そのほかに、職業安定法にも、募集時の労働条件明示義務が定められて
　　　　いるよ。最近、法改正もあったから、押さえておく必要があるね。

□求人広告には賃金額を含む労働条件がどのように記載されて
いるか［→ 3・4］

□面接時には、労働条件について、当該労働者との間でどのよ
うなやり取りがあったか［→ 4・5］

□雇入れ時まで、または雇入れ後に、労働条件について、当該
労働者との間でどのようなやり取りがあったか［→ 4・5］

□労働条件通知書は交付されているか［→ 4・5］

［ 解 説 ］

1 採用の自由とその限界

　使用者は、経済活動の一環として、契約締結の自由を有する。そし
て、労働契約も契約であるから、契約締結の自由（採用の自由）が妥
当し、使用者が誰を雇用するのか、どのような条件で雇用するのかは、
「法律その他による特別の制限」がない限り、原則として自由に決定
することができる（最大判昭和 48・12・12 民集 27 巻 11 号 1536 頁［三菱
樹脂事件］）。募集・採用における「法律その他による特別の制限」と
しては、たとえば、男女差別の禁止（均等 5）、年齢にかかわりない均
等な機会の確保（労働施策推進 9）、障害者差別の禁止（障害者雇用促進
34）等がある。これらに違反する行為については、行政による取締り
の対象となる。また、民事上、応募者に対する不法行為が成立するこ
とがあるが、雇用が強制されることになるわけではない。

2 「公正な採用選考の基本」

　使用者は、採用の自由の一環として、採否の判断に必要な情報を入
手する自由を有するのが原則である。しかし、応募者の適性・能力に

関係しない事項を把握して採用選考を行うことは、法律上禁止された差別や、その他の就職差別につながるおそれがある。そこで、厚生労働省は、パンフレット「公正な採用選考をめざして」を公表して、就職差別につながるおそれがある14事項を掲げている。たとえば、本人に責任のない事項（本籍・出生地に関することや、家族に関すること等）や思想・信条に関わること（宗教、支持政党に関すること等）について、応募用紙等に記載させたり、面接で尋ねて把握することは、就職差別につながるおそれがあるとしている。採用選考の過程でこのような情報を把握してしまうと、応募者の適性・能力に基づいて合否の判断を行った場合でも、応募者が就職差別を受けたと感じて、トラブルとなりかねない。会社の採用担当者が上記パンフレットの内容を知らないようであれば、これを紹介して、よく確認してもらうべきである。

3　募集にあたっての労働条件の明示義務

　使用者（求人者）は、労働者の募集を行うにあたって、従事すべき業務の内容および賃金、労働時間その他の労働条件を明示しなければならない（職安5の3①）。明示すべき労働条件は募集要項の中に記載すべきであり、スペースの関係等でやむを得ない場合は、一部について、「詳細は面談の時にお伝えします」と記載して別途明示することもできるが、求人者と求職者（応募者）が最初に接触する時点までに、すべての労働条件を明示する必要がある。明示する労働条件は、虚偽または誇大な内容としてはならない。明示すべき事項や明示の方法については、職業安定法施行規則や関連する指針の内容も確認する必要があるが、厚生労働省の「募集・求人業務取扱要領」に情報が一元的にまとまっているので、参考にするとよい。

　なお、職業安定法や省令・指針の改正（平成30（2018）年1月1日施行）に伴い、固定残業代制をとる場合のその詳細など、一定の事項が明示事項に追加されるとともに、当初明示した労働条件が変更される

場合は、変更内容について明示しなければならないとされた。

4　求人広告等の法的位置づけ

　求人広告や、ハローワークに掲示する求人票は、労働契約の「申込みの誘引」であり、労働契約の「申込み」ではない（参考判例①）。しかし、求人広告等に記載された労働条件は、当事者間においてこれと異なる別段の合意をするなど特段の事情がない限り、その内容で労働契約が成立するものと解される（参考判例②）。したがって、使用者が、求人広告等の内容と異なる労働条件を何ら表示せずに労働者を採用した場合、求人広告等に記載された内容が労働契約の内容となる。

5　求人広告等とは異なる内容の合意

　使用者と労働者の間で、求人広告等で提示された労働条件と異なる合意をすることは妨げられない（参考判例③）。使用者は、労働契約の締結の際にも労働条件を明示する義務があるから（労基15①、労基則5）、通常は、労働条件通知書や雇用契約書の形で、最終的な契約内容が明示され、その内容で合意に至ることになる。ただし、近時の裁判例では、求人票の記載とは異なる合意について、「労働者の自由な意思に基づいてされたものと認めるに足りる合理的な理由が客観的に存在するか否か」の観点で有効性を検討したものもある（参考判例④）。「自由な意思」に基づく合意であることが否定されないよう、求人広告と異なる内容で契約を締結する場合には、特に、労働者に十分に説明を行うべきである。

▶ 参 考 判 例 ────────────────────────────────

①**東京高判平成 12・4・19 労判 787 号 35 頁 [日新火災海上保険事件]**　求人広告で、所定の者と「同等」の給与額とする旨が記載されていたが、実際は、その者の平均的格付けではなく、下限に位置づけられた事案について、平均的格付けによる給与を支給する旨の合意は否定したが、会社の説明が信義則に違反し、不法行為を構成するとした（慰謝料 100 万円）。

②**大阪高判平成2・3・8労判575号59頁［千代田工業事件］**　労働者が雇用期間欄に「常用」と記載のある求人票を見て応募し、採用されたところ、会社が1年の有期労働契約であると主張して雇止めを行った事案について、無期労働契約の成立を認めた。

③**東京高判平成22・5・27労判1011号20頁［藍澤證券事件］**「採用面接等の協議の結果、就職希望者と使用者との間に求人票と異なる合意がされたときは、従業員となろうとする者の側に著しい不利益をもたらす等の特段の事情がない限り、合意の内容が求人票記載の内容に優先すると解するのが相当である」と判示した原判決を維持した。

④**京都地判平成29・3・30労判1164号44頁［福祉事業者A苑事件］**　求人票には契約期間の定めおよび定年の定めがなかったが、労働条件通知書（求人票記載の雇用期間の始期の1か月後に労働者が署名押印）には、1年の期間の定めおよび65歳定年の定めが記載されていた事案について、求人票記載の労働条件による労働契約の成立を認定したうえ、労働条件通知書への署名押印は労働契約の変更と捉えて、変更の有効性を否定した。

【 *Answer* 】

　Xが応募の前提とした求人広告には、基本給月額28万円と記載されていたのであるから、これと異なる合意をしないままにY社がXを雇い入れたのであれば、基本給月額を28万円とする労働契約が成立したと認定される可能性が高い。

　なお、基本給月額を28万円とする合意が成立したことを前提に、これを25万円に引き下げる合意を新たに行うことも難しいものと考えられる。そのような合意はX側に何のメリットもないため、仮に合意書を取りつけることができたとしても、自由な意思に基づくものとは認められないと判断される可能性が高いからである。

3 … 内定・内々定を取り消したり、本採用を拒否したりすることはできるか

Case

Y社は不動産の仲介等を行う会社であり、営業職の従業員の増員を図るため、中途採用の募集を行った。応募してきた候補者の中で、Xと複数回面接を行ったところ、会社としてぜひ採用したい人材だと判断するに至った。そこでY社は、Xに採用の意思を伝え、Xも入社の意思を示したため、互いに入社日や賃金額等の入社条件を詰めることとなった。

そうこうしているうちにY社は、偶然にも、同業他社の知り合いから、Xの噂を聞く機会があり、現職の会社での同僚とのトラブルの話を耳にした。そのため、Y社は、Xの採用に急に不安を覚え、社内で改めて検討した結果、Xの採用を取りやめることとした。

Y社がXに対して採用見合わせを通知したところ、Xから「貴社からの内定を受けて、現職の会社に退職の意思を伝えてしまった。不当な内定取消しだ」とクレームを受けている。

• • •

姉 弁：「現職の会社での同僚とのトラブル」って、具体的にはどういうものだったのかしら？

ノボル：Xは高圧的なところがあるみたいで、同僚と言い争いになったり、部下がメンタルヘルスを害してしまうこともあったみたいですよ。伝聞なので、真偽のほどはわかりませんが。

姉 弁：採用ってホントに難しいわよね。面接だけで能力や人柄を見抜くのは限界があるのよね…。その点ノボル君は、面接の時の印象どおり、一生懸命がんばってくれているわね。うん。

ノボル：（なんかプレッシャーかけられているような・・・）ところで先輩、「内定」
　　　　って労働契約の成立ですよね。内定取消しは契約破棄なので、Y社に分
　　　　が悪そうな相談のように思いました。

姉　弁：Xのほうは「内定」と言っているみたいだけど、法的にみて労働契約の
　　　　成立といえるのかしら？

ノボル：Y社は採用の意思を伝えているし、Xも入社の意思を示しているので、
　　　　意思の合致はあるように思うのですが。

姉　弁：入社日とか賃金額とか、まだ全然具体的に決まっていないじゃない？
　　　　具体的な条件が決まっていないのに契約成立って、おかしくないかしら。

ノボル：たしかに・・・。でも、新卒入社の時って、入社条件を細かく聞かないま
　　　　まに内定式を迎えているような気もします。

姉　弁：新卒採用と中途採用は分けて考えましょう。新卒採用の場合、労働条件
　　　　が画一的に決まっていて、個別交渉が想定されていない面があるのよ。

ノボル：「内定」が成立していなければ、採用の取りやめも自由なんですか。

姉　弁：契約締結過程の期待利益の侵害や信義則違反で不法行為責任が認められ
　　　　ることもあるわ。文献や裁判例をリサーチしてみて。Xとの交渉方針
　　　　は、そのリサーチ結果もふまえて検討しましょう。

Check List

□入社予定者は新卒採用か、それとも中途採用か［→ 1・2・3］

□入社予定者とどのようなやり取り（面接、メール、電話等）
　をしたか［→ 2・3］

□内定通知書は交付したか［→ 2・3］

□入社予定者から提出を受けた書類（入社承諾書、誓約書等）
　はあるか［→ 2・3］

□入社予定者の賃金額など具体的な条件は確定しているか［→ 3］

［ 解説 ］

1　新卒採用の場合の内定・内々定

　新規学卒者の採用（新卒採用）のための活動は、実際に入社する日（4月1日）よりもかなり前から開始されるのが通常である。日本経済団体連合会は、採用活動の早期化が学生の学業の支障となることから、入社年度ごとに「採用選考に関する指針」を公表し、採用活動日程を定めている。たとえば、広報活動の開始（会社説明会解禁）が「卒業・修了年度に入る直前の3月1日以降」、選考活動の開始（面接等の選考解禁）が「卒業・修了年度の6月1日以降」というように定められる。

　同指針では、「正式な内定日は、卒業・修了年度の10月1日以降とする。」とされているため、9月30日までを「採用内々定」とし、10月1日以降の内定式の開催や入社承諾書等の取り交わしにより、「採用内定」と扱っていることが多い。

　「採用内定」と「採用内々定」の用語の区別は、会社による取扱いの区別を指しているにすぎない場合もあれば、法的に労働契約が成立している段階を「採用内定」と呼び、それに至らない段階を「採用内々定」と呼んでいる場合もある。文脈に応じて注意が必要である。

2　新卒採用の場合の労働契約の成立時期

　上記1で述べた新卒採用活動の実態の中で、どの時点で労働契約が成立するかについて、判例は、採用内定の実態が多様であることから、当該企業の当該年度における事実関係に即して検討する必要があるとしたうえで、採用内定通知のほかに労働契約締結のための特段の意思表示が予定されていなかった事案について、会社による募集を「申込みの誘因」、労働者の応募を労働契約の「申込み」、これに対する会社からの採用内定通知を申込みに対する「承諾」と捉え、採用内定通知により「始期付解約権留保付の労働契約」が成立していると判示した（参考判例①）。

判例の立場によれば、会社が「採用内定」を通知したとしても、その時点で労働契約が成立したといえるかは、事実関係に即した検討が必要である。当事者が「採用内定」という用語を用いているからといって、そのことのみで労働契約が成立したと評価できるわけではない（逆に、「採用内々定」と称しているからといって、労働契約がまったく成立しえないわけでもない）。大企業では、10月1日以降に内定式を開催して、入社承諾書の提出を受けていることが多く、その時点で労働契約が成立したものと評価できる場合も多い。

3　中途採用の場合の労働契約の成立時期

　中途採用の場合も、実際に就労を開始する前に採用内定、すなわち始期付解約権留保付の労働契約が成立していると評価できる段階が生じうる。しかし、新卒採用と異なり内定式等が開催されるわけではないため、労働契約の成立時点の判断も、より個別性が強くなる。

　裁判例においては、新卒採用の場合は就業規則等で給与などの条件が定められていることが通常であることを指摘し、それと異なる中途採用の場面では、給与額をいくらにするかが労働契約における最も重要な要素であると述べて、給与についての合意がなされていない時点では労働契約は成立していないと判示したものがある（参考判例②）。そのため、入社すること自体に意思の合致が認められる場合でも、労働契約が成立したとは評価できない場合がありうる。

4　採用内定の取消しの可否

　採用内定（労働契約の成立）後、就労開始前に採用内定を取り消すことができるかは、留保解約権の適法な行使といえるかの問題である。内定取消事由は、必ずしも採用内定通知書や入社承諾書に記載されたものに限定されるわけではないが、「採用内定当時知ることができず、また知ることが期待できないような事実であって……解約権留保の趣旨、目的に照らして客観的に合理的と認められ、社会通念上相当とし

て是認することができるものに限られる」（参考判例①）とされている。

これをみたさない内定取消しは無効であるから、内定者の労働契約上の地位の確認請求が認容されうる。また、不法行為または債務不履行に基づく損害賠償請求も認容されうる。

5 採用内々定の取消しの可否

新卒採用の場合、採用内定（労働契約の成立）に至らない時点での採用の取りやめを、採用内々定の取消しということがある。採用内々定の場合は、いまだ労働契約は成立していないため、不当な取消しが行われた場合でも労働契約上の地位確認請求は認められない。

ただし、取消しが行われた時期や会社側の言動によっては、労働契約が確実に締結されるであろうという応募者の期待が法的保護に値する程度に高まっていたと評価できる場合があり、その期待利益の侵害を根拠に、不法行為ないしは契約締結上の過失に基づく損害賠償請求が認容されることがある（参考判例③）。この点は、中途採用において採用内定（労働契約の成立）とまではいえない場合についても同様である（参考判例②）。

6 （参考）試用期間中または満了時の本採用拒否

採用内定と同様に「解約権留保付労働契約」の関係にあると考えられる期間として、「試用期間」がある。採用決定の当初は、会社としても労働者の適格性の有無を判断するために必要な調査や資料の収集を十分に行うことができないため、後日の調査や観察に基づく最終的決定（解約権）を留保する趣旨で、試用期間が設けられる。このような留保解約権の行使（本採用拒否）の適法性については、第9章**20**の解説も参照されたい。

▶ 参 考 判 例 ⋯⋯⋯⋯⋯⋯⋯⋯⋯⋯⋯⋯⋯⋯⋯⋯⋯⋯⋯⋯⋯⋯⋯⋯⋯⋯⋯⋯
①**最判昭和54・7・20民集33巻5号582頁［大日本印刷事件］**　会社が7月に

採用内定通知を交付し、同月に応募者が入社誓約書を提出したが、翌年2月に採用内定を取り消した事案について、会社の採用内定通知交付により、入社誓約書の提出と相まって、就労始期を大学卒業直後とし、それまでの間、入社誓約書記載の採用内定取消事由に基づく解約権を留保した労働契約の成立を認め、内定取消しを解雇権濫用にあたるとして無効とした。

②**大阪地判平成 17・9・9 労判 906 号 60 頁 [ユタカ精工事件]**　労働者が転職を決意して勤務先に退職の意思を伝えた後、転職先との間で具体的待遇の協議が行われないまま推移し、退職日直前のやり取りで初めて希望賃金額の大幅な開きが判明して採用に至らなかった事案について、労働契約の成立は否定したものの、会社の契約締結上の過失責任を認め、2割の過失相殺により、96万円の慰謝料を認めた。

③**福岡高判平成 23・3・10 労判 1020 号 82 頁 [コーセーアールイー（第 2）事件]**　会社が、新卒者に対して、10月に正式な内定を行うことを前提に内々定通知を行い、その後内々定を取り消した事案について、労働契約の成立は否定したが、労働契約締結の期待権侵害として50万円の慰謝料を認めた。

【 *Answer* 】

　Xへの対応方針を定めるにあたっては、Y社とXの間に採用内定（労働契約）が成立しているのか、それに至らない段階であるのかの見極めが、決定的に重要である。Y社とXとの間のやり取りの具体的な内容や、書面の交付の有無・内容を十分に確認する必要があるが、賃金額を含む入社の具体的な条件が確定していない段階であれば、労働契約の成立は認められない可能性が高いと思われる。ただし、労働契約が確実に締結されるであろうというXの期待が法的保護に値するまで高まっていたと評価できる場合は、期待権侵害として慰謝料請求が認容されることがある。

　現時点で、Xの要求内容は明らかではないが、金銭的な補償の要求の場合には、労働契約締結過程の期待権侵害が問題となった裁判例も参考にして、補償の要否や水準を検討し、交渉方針を定めることとなろう。（必ずしもY社に非があるとは言い難いものの）Xにおいて、Y社への転職を前提にして勤務先に退職の意思を伝えてしまっていることからすると、Xはそのまま職を失う可能性も否定できない。その場合、期待権侵害に対する慰謝料程度の金額ではXが納得しない可能性もあり、交渉による解決は難航することも予想される。

第 3 章

労働時間・休憩・休日・休暇

4…労働時間・休憩とは何か

Ｃａｓｅ

　倉庫業を営むＹ社では、作業時には更衣室で作業服への着替えを義務づけているが、作業着の着替え時間は労働時間にはカウントしないこととされていた。また、荷物の配送時間が一定時間に集中するため、実作業が想定されない時間帯は、倉庫内にある休憩室で喫煙や飲食をすることを許可し、配送の連絡があった場合にはただちに現場に戻ることとし、休憩室にいる時間は休憩時間と扱っていた。これを不満に思っていたＹ社の従業員Ｘは「倉庫内での着替えは労働時間であり、休憩室にいる時間も配送の連絡があればただちに現場に戻るのであるから休憩時間ではなく労働時間である」と主張し、それまで労働時間としてカウントされていない時間分の賃金の支払いを求めた。

●●●

ノボル：今回の事案は単純な賃金請求というより、割増賃金の請求が関連するわけですよね。だから、就業規則にある労働時間の規定だけじゃなくて、給与規程等にある割増賃金の計算方法に関する規定もチェックしたほうがいいですよね。

姉　弁：正解。労働時間や休憩時間に関する相談は、割増賃金請求とセットにして検討する必要があるってことね。

ノボル：労働時間かどうかについては、判例がたくさんありますよね。これは大変だ・・・。

姉　弁：そうね。代表的な判例や裁判例は調べておいて。ただ、どうしても個別事情ごとの判断になるから、細かい部分は打ち合わせで確認しましょう。事前に確認しておくべき点として気づいた点はある？

ノボル：えーっと・・・、労働時間の記録を確認します。

姉　弁：そうね。タイムカードなどの労働時間の記録があれば持参してもらって。あと、労働時間の把握方法も確認しておいて。ちなみに、厚生労働省からガイドラインが出ているから、その内容には目を通しておいてね。

ノボル：わかりました。

姉　弁：それから、労働基準法上の労働時間と休憩時間の概念についても確認しておくこと。今度の相談では、Y社からは「わが社では着替え時間や休憩室にいる時間は労働時間ではないとする取扱いです」と言われるはずよ。その点についてY社にどう説明するのか、よく考えておいて。

ノボル：ろ、労働基準法が強行法規であることを説明すればいいんでしょうか・・・？

姉　弁：ちょっとピントがズレてるわね・・・。三菱重工長崎造船所事件の判例は読んだ？

ノボル：はい。労働時間に該当するか否かは使用者の指揮命令下にあるか否かで客観的に定まる、と判断した最高裁判決ですよね。

姉　弁：その部分以外にも判決文をきちんと読んでみて。労働時間に該当するか否かの判断方法についても概要が判示されているから。Y社が就業規則などで「これは労働時間ではない」と定めていても、それだけではダメだってことがわかるはずよ。

ノボル：はい。わかりました！

Check List

□労働時間や休憩が問題となる場面を整理したか［→ 1］

□労働基準法上の「労働時間」に該当するか否かについて、①上司からの指示の有無、②遂行した作業の内容（担当業務との関連性）、③作業を行った場所等から「使用者の指揮命令下におかれている」と評価できるかを確認したか［→ 2(1)］

□遂行した作業につき使用者から義務づけられ、または余儀な

くされているか〔→ 2(1)〕

□遂行した作業が業務またはその準備・待機行為といえるか
〔→ 2(1)〕

□「場所的拘束性」や「緊急時対応」の有無や程度はどうなっ
ているか〔→ 2(2)〕

□タイムカードなどの労働時間や休憩時間の把握・記録方法は
どうなっているか〔→ 1・3〕

□パソコンの利用時間、業務用携帯電話の利用記録等の資料は
どのようになっているか〔→ 1・4〕

〔 解 説 〕

1 労働時間・休憩時間が問題となる場面

(1)「労働時間」が問題となっている場面　未払残業代等の割増賃金
請求の事案では、労働基準法上の「労働時間」に該当するか否かが大
きな争点となることが多い。

その際は、「労働時間」や「休憩時間」の法的解釈をめぐる問題の
ほか、入退場記録やパソコンのログオン・ログオフ記録、業務用携帯
電話の利用記録等から、①実際に業務遂行を行っていたのか、②会社
からの業務指示があったのか、③労働時間としてカウントされていな
い時間に業務から離脱している状況にあったのか、も争点となること
が多い。そのため、会社に申告された時間（会社の勤怠管理記録にある
時間）や賃金台帳等にある残業代（割増賃金）の記載内容をチェック
しただけでは、不十分なのである。

また、労働基準法における裁量労働制や事業場外労働による「みな
し労働時間」でカウントされている場合や管理監督者として時間外・
休日労働の割増賃金の対象から除外されている場合には、割増賃金か
らは実際の「労働時間」は見えてこないのである。

▼図表3　労働時間の検討場面

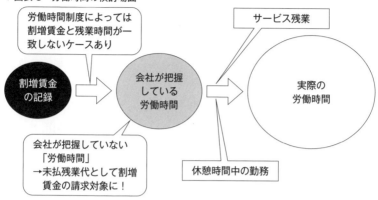

「労働時間」に関する議論をするときには、**図表3**のように、どの場面での議論なのかを区別しておく必要がある。

(2) 労働基準法における「労働時間」　労働基準法32条は、週40時間、1日8時間を「法定労働時間」として規定している（週法定労働時間を44時間とする特例あり。労基40、労基則25の2）。他方、就業規則や労働条件通知書に記載されている労働時間を「所定労働時間」という。

　労働時間としてカウントしていない時間が「所定労働時間」や「法定労働時間」を超えた場合、その超過分の賃金請求が求められることがある。典型的なパターンとしては、出勤時刻前や退勤時刻後に社内で業務を行っていた時間が「労働時間」であるとして残業代請求されるパターンである。

(3) 休憩時間　「休憩時間」に業務をしていた（休憩を取得できなかった）として、休憩時間の該当性が問題となるケースもある。

　「休憩時間」とは、労働者が権利として労働から離れることを保障されている時間をいい、労働基準法34条は、休憩時間について、①労働時間が6時間を超える場合は45分以上、8時間を超える場合は1時間以上を、「労働時間の途中」に付与することを義務づけ、②原則として一斉に与えなければならず、③自由に利用させなければなら

ない、としている。

「休憩時間」は、「労働時間」とともに使用者の拘束下にある時間（拘束時間）であり、通達や判例は、休憩の目的を損なわない限り、使用者の施設管理や企業規律維持の観点からの一定限度の制約を認めている。

もっとも、「休憩時間」は労働者が権利として労働から解放されることを保障されている時間でもあるため、労働者が自由に利用できるのが原則であり（休憩の自由利用。労基34③）、「労働時間」と「休憩時間」の区別が難しい場面が出てくるのである。

2 「労働時間」の判断枠組み

(1)判例の立場 労働基準法上の「労働時間」に該当するか否かをどのように判断するのかについて、三菱重工長崎造船所事件（参考判例①）で、次のとおり判断している（下線は筆者）。

① 「労働者が使用者の指揮命令下に置かれている時間をいい、右の労働時間に該当するか否かは、労働者の行為が使用者の指揮命令下に置かれたものと評価することができるか否かにより客観的に定まるものであって、労働契約、就業規則、労働協約等の定めのいかんにより決定されるべきものではないと解するのが相当である」

② 「労働者が、就業を命じられた業務の準備行為等を事業所内において行うことを使用者から義務付けられ、又はこれを余儀なくされたときは、当該行為を所定労働時間外において行うものとされている場合であっても、当該行為は、特段の事情のない限り、使用者の指揮命令下に置かれたものと評価することができ、当該行為に要した時間は、それが社会通念上必要と認められるものである限り、労働基準法上の労働時間に該当すると解される」

上記判例のポイントは、労働時間と認められた時間帯がどこかという結論部分ではなく、むしろ、その判断方法にある。具体的には、就業規則等で「労働時間に該当しない（始業時刻前・終業時刻後の行為）」と規定しても、「使用者の指揮命令下」と判断されれば、裁判等では「労働時間」と判断されること、換言すれば「労働時間に該当するか否か」を就業規則等で定めることで「労働時間」であることを否定できるわけではないという点である。

　上記判例の判断枠組みからは、実作業に従事していない時間でも、指揮命令から解放されていない時間は「労働時間」となる。実際、大星ビル管理事件（参考判例②）では、「不活動仮眠時間であっても労働からの解放が保障されていない場合には労基法上の労働時間に当たる」と判断しているのである。

(2) 労働時間と休憩時間の区別　休憩時間は、労働者が権利として労働から解放されることを保障されている時間であるため、自由利用が原則である（労基 34 ③）。もっとも、施設管理の観点から場所的拘束を受けたり（場所的拘束性）、緊急時の業務対応のために業務用携帯電話を所持したり（緊急時対応）する場合もある。このような場合に「休憩時間」としての自由利用が保障されておらず、むしろ「労働時間」に該当するのではないかが争われることがあり、待機時間が長い運転手等で問題となることが多い。

　たとえば、トラック運転手の集荷場における荷積み等のための待機時間について、休憩時間には該当せず労働時間に該当するとした裁判例（横浜地相模原支判平成 26・4・24 判時 2233 号 141 頁）がある。他方、夜行バスの交替運転手として車中にいた時間の労働時間性が否定された事案として K 社事件（参考判例③）がある。

3　労働時間の把握・記録方法

　労働時間の把握方法については、「労働時間の適正な把握のために使用者が講ずべき措置についてのガイドライン」が定められている

（平成 29・1・20 基発 0120 第 3 号）。

　もっとも、社内でどのような把握方法で用いても、自宅での残業（風呂敷残業）や在宅勤務の場合をイメージすればわかるように、会社側で把握できる時間には限界がある。また、会社が労働時間として認識・把握していない時間帯でも、退職後になって①実際は在職中に仕事をしていた未申告の時間がある、②休憩時間中に上司から命じられて作業をしていた、として労働時間性が争われることがある。

　そこで、勤務記録（労働時間の記録）の中で労働者側が申告した時間の結果だけをみるのではなく、記録時期や修正過程、実際の業務内容からみて、適正な申告がなされているか、会社が適正に労働時間を把握・管理しているかを定期的にチェックすることが重要になる。

　なお、企業によっては、残業について事前の申告・許可を原則とし、社内規則や残業申請書等を整備しているケースもある。

4　労働時間・休憩時間の該当性を判断する資料

　労働時間に関する証拠としては、タイムカードや IC カード等の記録が代表的なものであるが、注意すべきは、これらの記録が保存・作成されている趣旨である。

　タイムカード等が労働時間管理のために導入されている場合には、これらの打刻時間を用いて実労働時間を算定するのが原則になる。他方、時間管理のためではなく、単なる遅刻欠勤等の確認のための管理（出退勤管理）やセキュリティのために導入されている場合には、出退勤時刻を算定できる他の証拠があれば、これによって実労働時間を算定する方法も検討する必要がある（佐々木宗啓ほか『類型別　労働関係訴訟の実務』（青林書院・2017 年）115 頁参照）。

　実際の裁判では、労働時間に関する証拠は 1 つではなく、労働時間を推認しうるさまざまな証拠と当該証拠にある記録（出退勤時刻や休憩時間）を対比し、個別に正確性・信用性を検討していくことが必要なケースが多い。労働時間の算定が問題となった裁判例について

「労働時間性」だけでなく、どのような証拠で労働時間が算定されたのかに着目すると、実際の相談や裁判対応で参考となるヒントが見つかるだろう。

▶ 参 考 判 例 ··

①**最判平成 12・3・9 民集 54 巻 3 号 801 頁 [三菱重工長崎造船所事件]**　労働基準法上の「労働時間」に該当するか否かについて「労働者の行為が使用者の指揮命令下に置かれたものと評価することができるか否か」という判断基準を示し、(i) 実作業前の作業着・保護具の装着、資材等の受出し、散水等の時間、(ii) 終業時刻後に更衣室等において作業服や保護具の脱離等を終えるまでの時間は、労働時間に該当するとした。

②**最判平成 14・2・28 民集 56 巻 2 号 361 頁 [大星ビル管理事件]**　三菱重工長崎造船所事件（参考判例①）の判断枠組みを前提に「不活動仮眠時間であっても労働からの解放が保障されていない場合には労基法上の労働時間に当たる」とし、仮眠時間中に仮眠室における待機と警報や電話等に対してただちに相当の対応をすることを義務づけられており、仮眠時間は全体として労働からの解放が保障されていないとして、仮眠時間の労働時間性を肯定した。

③**東京高判平成 30・8・29 労経速 2380 号 3 頁 [K 社事件]**　夜行バスの交代運転手として車中にいた時間の労働時間性が争われた事案について、①交代運転手はリクライニングシートで仮眠できる状態であり、飲食することも可能であること、②交代運転手の職務の性質上、休憩する場所がバス車内であることはやむを得ないことであること、③非常用に携帯電話を持たされていたことをもって、携帯電話に関して役務の提供が義務づけられていたとはいえず、使用者の指揮命令下におかれていたものと評価することもできないこと等を挙げて労働時間性を否定した。

【 *Answer* 】

　Y 社との打ち合わせで、いきなり労働時間や休日に該当するかについて議論するよりも、まずは Y 社における就業規則や勤務記録を確認する必要がある。会社が「変形労働時間制度である」、「裁量労働制である」と述べていても、実際には労働基準法の要件をみたしていない場合もある。作業を命じていないと述べていても、実際の現場の構図や写真、業務マニュアルや作業日報などから、業務からの離脱が保障されていないと判断される場合も多い。作業着の着替えについては場所や時間帯が具体的に指定（指示）されていたか、休憩については休憩中の業務対応の頻度や対応義務はどうであったか等を、類似事案における裁判事例を参考にしながら確認す

る必要がある。

　また、勤務記録にある労働時間が、①いかなる方法で把握され、記録されたのか、②記録された労働時間が実際の勤務内容からみて不自然な点はないか、③労働時間の算定でほかに有益な資料はないか、等も確認しておく必要がある。

　三菱重工長崎造船所事件（参考判例①）の「客観的に指揮命令下にあったか否か」という基準だけで労働時間性を判断できるわけではなく、下級審も含めて幅広く裁判例を検討することが必要である。

　判例・裁判例の現状をふまえると、**Case** で問題となっている作業服の着替え時間や休憩室待機の時間は、労働時間と認定される可能性が高いといえる。

　労働時間の問題は、残業代等の割増賃金の問題を契機として相談されることが多いところ、同様の勤務をしている者がいる場合は波及効果が大きい。そのため、今後の労働時間の把握方法や記録方法についてもアドバイスを求められることがある。解説中で挙げた「労働時間の適正な把握のために使用者が講ずべき措置についてのガイドライン」（平成29・1・20基発0120第3号）には十分留意してほしい。

5 … 時間外労働をさせる場合に使用者が守らなければならないルールとは

Case

Y社では、全社平均の時間外労働は1人当たり月30時間程度であるが、ほとんど時間外労働がない一般職もいれば、連日深夜まで勤務する幹部や専門職の従業員もおり、部署によっても繁閑の差が大きく異なっている。また、近時は短時間勤務の正社員や幼い子供がいる従業員から時間外労働を命じても断られるケースが出ている一方で、長時間残業が常態化している従業員も発生するようになった。

そのような中、Y社に対して所轄の労働基準監督署の監督官（労働基準監督官）の立入調査（臨検）が入り、36協定の不備や割増賃金の計算方法に不備について是正勧告を受けた。Y社では、上記是正勧告に対しては是正報告書を提出したが、今後のことを考え、従業員の特性や勤務形態に応じて、時間外労働に関する社内のルールや基準を設定することとした。

● ● ●

ノボル：労働時間に関する相談ですが、法規制が複雑ですね…。

兄　弁：Y社から労働時間に関する相談を受けるのは、今回が最初だよね。必要な資料を事前に送ってもらって、当たりをつけておいたほうがいいかもね。

ノボル：まずは、労働基準監督官から出された是正勧告書と、それに対する報告書をもらっておきます。

兄　弁：あと、是正勧告書で指摘されている36協定や、不備があるとされた割増賃金の計算についても、給与規程などとセットで事前にチェックしておくのを忘れないでくれよ。

ノボル：先輩、労働時間って条文や通達も複雑でわかりにくいんですけど、何か
　　　　コツみたいなものがあるんでしょうか？

兄　弁：そうだね・・・。まずは、厚生労働省のホームページからパンフレットや
　　　　通達等が入手できるから、それらの資料と条文や通達等の根拠規定を対
　　　　比する形で勉強するのが手っ取り早いよ。

ノボル：ありがとうございます！　そういえば時間外労働については、たしか近
　　　　時の法改正で上限規制が設けられたんですよね。規制によっては休日労
　　　　働もカウントする内容だったと記憶しています。Y社の就業規則で労働
　　　　時間や休日の条項を確認しておきますね。

兄　弁：就業規則に記載してあるのは所定労働時間と所定休日だろ。そもそも法
　　　　定労働時間と所定労働時間、法定休日と所定休日といった言葉について
　　　　は説明できるかい？　所定休日に勤務した場合でも、労働基準法上は時
　　　　間外労働でカウントする場合があるんだよ。そこを整理できていないと
　　　　議論がかみ合わないぞ。

ノボル：は、はい。ところでY社では、専門職の従業員もいるということですけ
　　　　ど、年俸制だからといって割増賃金を支給しなくてよいというわけでは
　　　　ないことを説明しようと思うのですが。

兄　弁：当然、その説明はするとしても、実際にどのような選択肢があるかは考
　　　　えたかい？

ノボル：ええと・・・労働時間制は複雑なので・・・。

兄　弁：裁量労働制や管理監督者、新たな制度だけど高度プロフェッショナル制
　　　　度あたりも話題になるかもね。Y社に説明するときには、わかりやすい
　　　　ように工夫してくれよ。

ノボル：が、がんばります・・・。

Check List

□ 36協定はあるか。その内容はどのようなものか [→ **1(1)**]

□ 就業規則等に時間外労働を命じる規定があるか [→ **1(2)**]

□時間外労働は月45時間・年360時間の範囲内か［→ **2**］

□臨時的に限度時間を超えて労働させる場合の例外が妥当するか［→ **2**］

□時間外労働・休日労働・深夜労働が行われた場合に発生する割増賃金はどのように算出されているか［→ **3**］

□時間外労働等の規制が適用されない管理監督者等に該当するか［→ **4**］

［ 解 説 ］

1 時間外労働・休日労働の規制

(1)36協定の有無・内容　法定労働時間を超える時間外労働については、労働基準法所定の割増賃金の支払い以外にも同法36条の労使協定（３６協定）の締結・届出が必要である。

適法な36協定の締結・届出がない場合は、時間外労働は労働基準法違反になる。36協定の労働者側の締結当事者は、①労働者の過半数が加入する労働組合、または②労働者の過半数を代表する者、であることが必要である。②の具体的な内容は同法施行規則6条の2で定められている。たとえば、社内の親睦会（友の会）の代表者が締結した36協定は、協定当事者が労働者の過半数を代表する者ではないから無効となる（参考判例①）。

なお、平成30年の労働基準法改正によって、36協定（届）は様式変更があり、新たな指針（「労働基準法第36条第1項の協定で定める労働時間の延長及び休日の労働について留意すべき事項等に関する指針」）も策定されているので注意されたい。

36協定の検討にあたっては、労働基準監督署に届出を行った書式（様式）自体の確認とその記載内容の双方について、就業規則の規定や時間外労働の実態と整合しているかを確認していくことになる。36

協定の内容や締結方法については、厚生労働省のパンフレット（「時間外労働の上限規制　わかりやすい解説」）のほか、労働調査会出版局編『改訂6版　36協定締結の手引』（労働調査会・2019年）が参考になる。

（2）時間外・休日労働の根拠規定　36協定の締結・届出がある場合でも、労働者に時間外労働を命じる場合には、就業規則等における労働契約上の根拠が必要になる（参考判例②）。通常の就業規則では時間外・休日労働の根拠規定は設けられているが、延長事由や限度時間などが限定されている場合もあるので確認が必要である。

2　時間外労働の上限規制

（1）上限規制の内容　36協定で定める時間外労働には、かつては厚生労働大臣の限度基準告示（「労働基準法第36条第1項の協定で定める労働時間の延長の限度等に関する基準」）によって上限の基準が定められていた。もっとも、上記告示による上限の基準は罰則による強制力がなく、36協定で特別条項を設けることで上限なく時間外労働を行わせることが可能になっていた。

　そこで、平成30年の労働基準法改正では、時間外労働の上限は原則として月45時間・年360時間となった。この原則には『臨時的に限度時間を超えて労働させる必要がある場合』に例外が認められているが、次のような法律上の規制が設けられている（施行日は平成31（2019）年4月1日だが、中小企業は令和2（2020）年4月1日）。③は、隣接する2か月から6か月の時間外労働と休日労働の合計時間の平均が80時間を超えないこと、④は毎月の時間外労働と休日労働の合計が100時間未満にする必要があり、③④とも「休日労働」をカウントする点に注意が必要である。

　　①年間6回（6か月）までの回数制限
　　②年720時間以内
　　③複数月（2か月〜6か月）の平均80時間以内（休日労働含む）
　　④単月100時間未満（休日労働含む）を超えることはできない

(2) 注意点　上限規制で注意すべきなのは「時間外労働」と「休日労働」の双方の管理が必要であり、その前提として「法定休日」と「法定外休日」の区別が必要という点である。

　たとえば、月 45 時間や年 360 時間は「時間外労働」の規制であるが、**(1)**の③④の 80 時間および 100 時間の規制は「時間外労働」と「休日労働」の合計時間に関する規制である。なお、ここでいう「休日労働」は「法定休日」における労働をいい、「法定外休日（法定休日を除く所定休日）」の労働は含まない点にも注意を要する（休日については本章 **6** 参照）。

3　割増賃金の支払義務

　労働基準法 32 条は、週 40 時間、1 日 8 時間を「法定労働時間」として規定している（週法定労働時間を 44 時間とする特例あり。労基 40、労基則 25 の 2）。また、使用者は労働者に対して「毎週少なくとも 1 回の休日」または「4 週を通じて 4 日」の休日を与えなければならず（労基 35）、これが「法定休日」である。

　労働基準法 37 条は、法定労働時間と法定休日に労働させた場合、割増賃金の支払いを義務づけており、時間外労働の割増率は 25％、法定休日労働の割増率は 35％ である。また、午後 10 時から午前 5 時までの深夜労働の場合は 25％ が加算される（割増賃金の計算方法については第 4 章 **9** を参照）。

4　時間外労働の規制の適用除外

(1) 労働基準法 41 条が定める適用除外（管理監督者等）　労働基準法 41 条は法定労働時間や休日に関する規制条項の適用除外者として、次の 3 種類の労働者を認めている。

　　①農業、畜産業、養蚕業、水産業（別表第一 6 号・7 号）の労働者
　　（1 号）

②管理監督者の地位にある者または機密の事務を取り扱う者（2号）

③監視または断続的労働の従事者で行政官庁の許可を受けた者（3号）

上記の中で実務上重要なのは②の「管理監督者」である。

管理監督者が適用除外者とされるのは、企業において経営管理的な立場にあるため、職務上労働時間の規制になじまないとともに、規制しなくとも保護に欠けることのない実態にあるためである。したがって、管理監督者の範囲を使用者が任意に決めることはできず、適用除外者はあくまで労働基準法上認められた範囲の者に限られる。

管理監督者の範囲については実務上もよく問題となり、裁判例等をみると管理監督者性を否定されているケースも多い。就業規則等で管理監督者に関する規定を設ける場合、管理監督者に該当するか否かの判断要素をふまえた制度設計が必要である（管理監督者に該当するかの判断要素については、第4章10を参照）。

③の監視・断続的労働の従事者の例としては、社員寮の管理・賄人、宿日直勤務者や役員専属自動車運転者などがあるが、その判断基準が明確でないため、行政官庁（具体的には労基署長）の許可を要件としている。

なお、労働基準法41条が定める労働時間規制の適用除外者であっても、年次有給休暇および深夜業に関する労働基準法上の規制（深夜勤務の割増賃金支払義務、年少者・妊産婦の深夜業禁止規定）は適用除外とならない点に注意されたい。

(2)高度プロフェッショナル（高プロ）制度（労基41の2）　時間外労働・休日労働・深夜労働をした場合、労働基準法では割増賃金の支払いを義務づけている。**(1)**で説明した同法41条2号の管理監督者では、時間外労働および休日労働の割増賃金の対象外となっているが、深夜労働の割増賃金の支払いは必要である。

裁量労働制（専門業務型・企画業務型）でも、一定の労働時間と「み

なす」ことができるが、休日および深夜の割増賃金の支払いは必要であるし、みなされた労働時間で時間外労働分が発生している場合には、その分の割増賃金が発生する（労基 38 の 3・38 の 4。裁量労働制については後掲のコラムを参照）。

　高度プロフェッショナル制度（以下「高プロ」という）は、時間外・休日・深夜の割増賃金に関する規定を適用しないという制度であるが、同制度の対象者は高い職業能力と年収（賃金）を有していることを前提としているうえ、導入にあたっての要件も労使委員会の決議を要するなど厳格である。高プロの制度設計や運用で不備があると、高プロで認められた法的効力が否定され、過去にさかのぼって割増賃金が発生するおそれがある（労基 41 の 2 ①ただし書）。高プロを導入する際は、厚生労働省のパンフレット（「高度プロフェッショナル制度　わかりやすい解説」）や指針（「労働基準法第 41 条の 2 第 1 項の規定により同項第 1 号の業務に従事する労働者の適正な労働条件の確保を図るための指針」）の十分な検討が必要である。

▶ 参 考 判 例 ……………………………………………………………………………………

①**最判平成 13・6・22 労判 808 号 11 頁 [トーコロ事件]**　社内の親睦会（友の会）の代表者が締結した 36 協定について、「協定当事者が労働者の過半数を代表する者ではないから本件 36 協定が有効であるとは認められず、被上告人が本件残業命令に従う義務があったということはできない」とし、労働者の時間外労働義務を否定した。

②**最判平成 3・11・28 民集 45 巻 8 号 1270 頁 [日立製作所武蔵工場事件]**　就業規則において、36 協定の範囲内で一定の業務上の必要性があれば時間外労働を命じることできる旨を定めているときは、その内容が合理的なものである限り、労働者が、時間外労働をする義務があると判断した。

③**東京地判平成 20・1・28 判時 1998 号 149 頁 [日本マクドナルド（店長）事件]**　全国展開するハンバーガー店の店長の管理監督者性が問題となった事例において、裁判所は「管理監督者に当たるといえるためには、店長の名称だけでなく、実質的に以上の法の趣旨を充足するような立場にあると認められるものでなければならず、具体的には、①職務内容、権限及び責任に照らし、労務管理を含め、企業全体の事業経営に関する重要事項にどのように関与しているか、②その勤務態様が労働時間等に対する規制になじまないものであるか否か、③給与（基本給、役付手当等）及び一時

金において、管理監督者にふさわしい待遇がされているか否かなどの諸点から判断すべき」とし、同店の店長は労働基準法41条2号の管理監督者に該当しないとして、割増賃金およびその5割にあたる付加金の支払いを命じた。

【 *Answer* 】

　Y社は36協定や割増賃金の計算方法に不備があったというのであるから、就業規則や時間外労働の実態と整合しているかを再度確認し、割増賃金の計算方法についても、時間外労働では25%、法定休日労働では35%、深夜労働では25%加算となっているかを確認し、今後の割増賃金の計算やその前提となる労働時間の把握方法についても徹底していくようにアドバイスすべきである。

　労働基準監督官が労働基準法や労働安全衛生法違反を発見した場合に、事業主に対して違反事項を指摘し、期日を指定して是正を命じることが「是正勧告」であり、その際に交付されるのが「是正勧告書」である。是正勧告に関する相談を受けた場合の弁護士の対応としては、是正勧告書に記載された法違反の理由や根拠規定を確認して是正方法を検討し、その内容を報告（是正報告）することをアドバイスすることになる。

◆ コラム ▶ 弾力的な労働時間制度

　週40時間、1日8時間という労働時間の原則については労働基準法32条があり、その例外として、変形労働時間制（労基32の2・32の4・32の4の2・32の5）およびフレックスタイム制（同32の3）が規定されています。また、時間外および休日労働ならびに割増賃金については同法36条・37条に規定され、その例外として事業場外労働みなし制（同38の2）および裁量労働制（同38の3・38の4）が規定されています。これらの制度については「弾力的な労働時間」や「自律的な働き方」の制度とも呼ばれ、割増賃金（残業代）請求事件でしばしば問題となります。事業場外労働みなし制は、通信技術の発達に伴い「労働時間を算定し難いとき」にあたるといえるかどうか、裁量労働制や変形労働時間制は、

手続面で適法に導入できているかどうかが争われることが多いようです。フレックスタイム制はほかに比較すると紛争事例が少ないように思われます。なお「うちは裁量労働制だから」と宣言するだけでまったく法定の手続を意識せず、ただ割増賃金の支払いをしないだけの使用者も存在しますが、このような使用者は、「自称裁量労働制」「なんちゃって裁量労働制」と揶揄されたうえ、多額の割増賃金支払義務を負うことになります。

　訴訟等で割増賃金を請求する場合に「きょうとソフト」をはじめ公開されている割増賃金計算シートが用いられることが多いのですが（第4章9-2(2)も参照）、変形労働時間制については計算シートの多くが対応できていません。そのため、労働者側代理人が、変形期間における各日の労働時間の特定など導入要件の具備について鋭く争う例が少なくありません。変形労働時間制自体が無効となれば、通常の割増賃金計算に戻るため、争う実益も大きいのだろうと思われます。

（軽部龍太郎）

6…休日は自由に設定できるのか

Ｃａｓｅ

　Ｙ社は短納期の受注を繰り返す業態であり、受注の状況によって１か月の中でも繁閑の差が大きい会社である。現在は土日を休日とする週休２日制であるが、繁忙期には休日に労働させ、閑散期に代休をとってもらう制度が望ましいと考えている。また、可能であるならば、土日を休日とする週休２日制ではなく、毎月、予測される月内の閑散期を休日として指定したいと考えている。

• • •

ノボル：労働者の立場からすると、あまりコロコロと休みの日を変えられるのは困りますよね。休日の予定も立てられないですし。代休がとれるといってもねえ…。

姉　弁：代休と振替休日の違いって知ってるかしら？

ノボル：えっ、違うんですか？　単なる言葉の違いだけだと思ってましたけど。

姉　弁：労働法の領域では、違うものとして議論されているのよ。これくらいきちんと押さえておかないと。それから、法律上、週休は何日与える必要があるかは知ってる？

ノボル：週休は２日必要なんじゃないですか？　だって１日８時間、週40時間労働なんですから、５日勤務だという前提でしょう？

姉　弁：それはあくまで労働時間の上限よ。１日７時間にすれば、６日目も５時間働かせることができるでしょう？　だから、休みを何日与える必要があるかは、また別の規制になるのよ。

ノボル：そうなんですか…。それにしても、「繁忙期には休日に労働させ、閑散期に代休をとってもらう制度」や「毎月、予測される月内の閑散期を休

日として指定」する制度なんて、本当に許されてるんですかね？　休日
って、就業規則の必要的記載事項ですよね。いつも同じ曜日で特定して
おく必要はないんでしょうか？

姉　弁：労働基準法には労働時間の規制が書いてあるんだから、休日の規制も書
いてあるんじゃないかしら。

ノボル：そうですね。まずは条文確認します！

Check List

□就業規則において休日および法定休日は特定されているか
　［→ 1・2］
□ 36 協定、就業規則において休日労働規定はあるか［→ 1］
□就業規則において休日振替規定、代休規定はあるか［→ 4］

［ 解説 ］

1　労働基準法における休日の原則

　労働基準法の第 4 章は「労働時間、休憩、休日及び年次有給休暇」
と題されている。そして休日に関する原則を定めた条文は 35 条であ
り、「使用者は、労働者に対して、毎週少くとも 1 回の休日を与えな
ければなら」ず（1 項）、「前項の規定は、4 週間を通じ 4 日以上の休
日を与える使用者については適用しない」（2 項）とされている。これ
については「週 1 回か、ずいぶん少ないな」と思うかもしれない。
これは労働基準法改正の経緯によるものである。

　すなわち、昭和 22 年の労働基準法制定時に「1 日 8 時間、週 48 時
間」が明文化された。この時点では週休 1 日を想定していたわけで
ある。その後、昭和 37 年 ILO 勧告「労働時間の短縮に関する勧告」
が出て、「週 40 時間、週休 2 日」が目標となった。その実現には時

間がかかったが、昭和 62 年の労働基準法改正で、32 条 1 項に週 40
時間規制が定められ、同時に附則で経過措置が定められた。同経過措
置に従って週 40 時間規制は段階的に施行されることになり、平成 2
年に週 44 時間、平成 5 年に週 40 時間となった。この段階的施行の
間に、まずは大企業から、いわゆる「半ドン」（土曜は午前中のみ働
く）の時代を経て週休 2 日制の導入が進んだ。すなわち、現在でも休
日は週 1 日あるいは 4 週で 4 日以上与えれば足りるのであるが、1 日
8 時間労働を前提とすると平日の 5 日だけで週 40 時間規制の上限に
達してしまうため、大半の事業者では週休 2 日制を導入しているの
である。実際に、法定時間外労働および法定休日労働に対して割増賃
金を支払うなどして、週休 1 日あるいは 4 週 4 休（4 週間の間に 4 日の
休日を与えること）で稼働している業種・業界もある。

　週休 2 日制を導入している場合、うち 1 日が「法定休日」、他方の
1 日が「法定外休日」（所定休日）として区別される。使用者が労働者
に対し法定休日に労働させようとすると、労働基準法 36 条 1 項所定
の労使協定（いわゆる 36 協定）を締結して労働基準法違反を避けるほ
か、就業規則に休日労働を命じることができる旨の規定を入れるなど
して労働契約上も休日労働命令ができるようにしておく必要がある。
なお、たとえば土曜日を法定外休日、日曜日を法定休日として就業規
則で特定した場合、土曜日に労働させても労働基準法 36 条 1 項の休
日労働にはあたらないが、平日に週 40 時間労働させていると土曜日
の労働は法定時間外労働となるため、結局 36 協定の締結なしに労働
させることはできない。

2　就業規則における休日の特定

　休日はどの曜日とすることも可能であり、土日祝日、年末年始など
を休日とする必要はない。ただし、休日は就業規則の絶対的記載事項
であり（労基 89(1)）、「法第 35 条は必ずしも休日を特定すべきことを
要求していないが、特定することがまた法の趣旨に沿うものであるか

ら就業規則の中で単に1週間につき1日といっただけではなく具体的に一定の日を休日と定める方法を規定するよう指導されたい」とする通達がある（昭和23・5・5基発682号、昭和63・3・14基発150号）。また、週休2日制を念頭において「労働条件を明示する観点から、就業規則その他これに準ずるものにより3割5分以上の割増賃金率の対象となる休日が明確になっていることが望ましい」と、たとえば土日のどちらが法定休日でどちらが法定休日でないかなど、法定休日の特定を推奨する通達もある（平成6・1・4基発1号）。

3　変形休日制

　労働基準法35条においては、週1日以上休日を与えることが原則であるが（1項）、例外ながら4週4休以上与えることでも足りる（2項）。これを変形休日制あるいは変形週休制と呼ぶ。変形休日制を採用する場合には、就業規則その他これに準ずるものにおいて、4日以上の休日を与えることとする4週間の起算日を明らかにしなければならない（労基則12の2②）。なお、特定の4週間に4日の休日があればよく、どの4週間を区切っても4日の休日が与えられていなければならない趣旨ではないとする通達がある（昭和23・9・20基発1384号）。ただし、休日の多い週とまったくない週を作るなど偏りが生じやすくなるとして問題のある通達だとする指摘もある。

4　振替休日と代休

　休日の理解に関して重要なものとして、「振替休日」と「代休」の区別がある。世間一般では両者の区別がなされていないが、労働法の議論では区別されている。簡易な理解としては「事前に労働日と休日を入れ替えるのが振替休日、休日労働させた後でその代償として別に休日を指定するのが代休」と把握すればおおむね間違いではない。

　振替休日（休日の振替）は、休日が労働契約（就業規則）において具体的に特定されている場合に、これを労働日と入れ替えるという変更

を事前に行うものである。労働者の個別同意なくして休日の振替を行うためには、就業規則等において振替を行いうる旨が規定されていなくてはならない。また、同規定には業務上の必要性等の振替を行うべき事由と振替の方法が定められている必要があると考えられる。もちろん、振替後の状態においても、労働基準法 35 条の週休 1 日あるいは 4 週 4 休の要件はみたしていなければならない。なお、休日振替の要件をみたしているとされた例として三菱重工横浜造船所事件（参考判例①）、みたしていないとされた例としてドワンゴ事件（参考判例②）がある。

　他方の代休は、就業規則所定の休日に労働しただけの状況は、単なる休日労働（法定休日労働または法定外休日労働）にすぎない。そのため、就業規則における休日労働の定め、36 協定締結のほか、休日労働に対する賃金（法定休日であればこれに対応する割増賃金、法定外休日かつ週 40 時間規制を超えていれば法定時間外労働に対応する割増賃金）の支払いがあれば足り、さらに代償として休暇を与える必要はない。逆に、代休を与えたとしても、それ自体で割増賃金の支払いを免れるわけではない。その意味で代休は、就業規則等の定めにより労働者に与えられる権利としての意味が大きいといえる。

▶ **参 考 判 例** ....

①**横浜地判昭和 55・3・28 労判 339 号 20 頁［三菱重工横浜造船所事件］**　就業規則に「業務上必要がある場合」ならびに「災害その他避けることのできない事由によつて臨時の必要がある場合」には休日振替をすることができるとの定めがあるところ、業務上の必要性のほか、適正な手続がとられていたとして事前の休日振替を適法とした。なお、就業規則の定めは「使用者に無条件かつ恣意的な休日振替を許容するものではなく、『業務上必要』あるときにのみ振替えうることを定めたものであり、企業の運営上、休日を変更して他に振替える必要の生ずる場合のあることは容易に理解しうるところであるから、右内容の就業規則の定め自体が無効であるものとは到底解しえない」と判示した。

②**京都地判平成 18・5・29 労判 920 号 57 頁［ドワンゴ事件］**　休日振替の要件として「①就業規則に休日の振替に関する定めがなされていること、②所定休日が到来する前に振り替えるべき日を特定して振替手続が行われること、③休日振替によっ

ても、4週4日の休日（労基法35条2項）が確保されていることが必要である」とされ、当該休日以前の事前振替がなかった（②の要件を充足しない）と認定された。

【 *Answer* 】

　Y社の要望を実現する制度としては、まず変形休日制（労基35②）を採用することが考えられる。これにより、週1日以上の休日を与えるという制約から逃れ、繁忙期に集中して労働させることができる。しかし、いつが繁忙期となるか予想し難く、事前に休日を指定することが困難だという問題が残る。そこで、変形休日制を採用したうえで、就業規則の中で具体的に一定の日を休日と定めるよう指導すべきとする通達（昭和23・5・5基発682号、昭和63・3・14基発150号）は指導方針にすぎないという理解を前提として、就業規則では4週間を通じて4日以上の休日を付与することと4週の起算日だけを定めて休日の具体的な特定はせず、繁閑の予測が立つ時点で休日を特定する方法が考えられる。

　もっとも、現在週休2日制であるところ、休日の日数が減れば明らかに労働条件の不利益変更であるほか、休日の日数が減らなくとも変形休日制の採用自体が労働条件の不利益変更であると解されるから、労働契約の内容の変更を労働契約法8～10条所定の要件をみたして行う必要があり、それが決して容易なことではない点には注意が必要である。新たな休日制度の導入の必要性が真に認められる状況において、変形休日制を導入する代わりに他の面で労働条件を改善するなどの方法をとり、従業員の理解を得る努力をすべきである。

7 … 年次有給休暇とはどのような権利か

Case

　飲食店舗を営む Y 店では、正社員である店長以外は、時給制のアルバイトスタッフで店舗を切り盛りしている。アルバイトスタッフの勤務はシフト制で、前月に店長が希望を集約し、勤務日や勤務時間を決定したシフト表を作成している。Y 店で2年間勤務したアルバイトスタッフである X は、店長に対し、「シフトに入っている5日の勤務日について年休（年次有給休暇）を取得できないでしょうか？」と述べた。これに対して店長は、「X 君は、勤務日が正社員より少ないし、シフトに入っていない日は勤務していないんだから、シフトに入った日にはできるだけ勤務してほしい。仮に取得するとしても店舗の繁忙期は避けて、別の日に変更してほしい」と述べた。

　しかし、結局、X からは5日の年休申請が出たため、Y 店を経営する社長が、今回の年休申請やその後の年休管理について相談に来ることとなった。

• • •

ノボル：年次有給休暇の相談ですね。パートタイムの比例付与と時季変更権が論点ですね。

姉　弁：論点としてはそのとおりだけど、前提の確認が必要よ。年休の発生要件や付与日数は、事前に就業規則や勤務記録できちんと確認しておいてね。

ノボル：わかりました。それで、年休が発生していたとしても、会社としては、「繁忙期なんだから別の日にしてくれ」と時季変更権を行使すればいいんですよね？

姉　弁：そうかしら。時季変更権って、どういう場合に認められるの？

ノボル：うーん、使用者にとって、労働者が指定してきた日では都合が悪いとき
　　　　に認められるんですかね？

姉　弁：そんな簡単には認められないわよ。労働基準法の条文（39条5項ただ
　　　　し書）でも、時季変更権は「事業の正常な運営を妨げる場合」に行使で
　　　　きる、となっているけど、これは労働者の年休指定権の例外になるから、
　　　　単に忙しいとか、その職場が人手不足だとかだけで、自由に時季変更権
　　　　が行使できるわけじゃないのよ。使用者は、労働者が年休をとれるよう
　　　　に、代替要員の手配等、通常可能な配慮をすべき立場にあるとされてい
　　　　るの。裁判例に即してクライアントに説明できるようにしておいて。

ノボル：わかりました。

姉　弁：今回の相談では、今後の年休管理についても質問されるから、準備が必
　　　　要ね。

ノボル：なるべく年休を計画的に消化してもらうのがよいと思いますが・・・。

姉　弁：年次有給休暇については、法改正もあったところよ。厚生労働省からも
　　　　いろんな資料が出ているから、打ち合わせ前に整理して見せてくれる？

ノボル：わかりました。ちなみに、いつまでに準備すればよいですかね・・・。

姉　弁：最近の法改正で新設された年5日の時季指定義務もあるし、計画年休も
　　　　あるから、かなりの分量だと思うわ。私も全部には目を通していないか
　　　　ら、早めにとりかかって自分で目処をつけてね。

ノボル：は、はい・・・。

Check List

□対象労働者は、6か月間の継続勤務と労働日の8割以上の出
　勤という労働基準法39条に規定されている年次有給休暇
　（年休）の発生要件をみたしているか［→ 1(1)］

□対象労働者は、労働基準法39条に照らすと年休の付与日数
　が何日になるか［→ 1(1)〜(3)］

□就業規則や労働契約書には年休発生の要件や日数についてど

のように規定されているか [→ **1(4)**]

□対象労働者は年休を取得する手続をしているか [→ **2(1)**]

□使用者が年休の取得時季を変更できる要件である「事業の正常な運営を妨げる場合」に該当するか [→ **2(2)**]

□対象労働者が自ら請求・取得した年休の日数は何日か [→ **3(1)**]

□使用者が年休の取得時季を指定できる場合にあたるか [→ **3(1)**]

□使用者が計画年休で付与した年休の日数は何日か [→ **3(2)**]

□年休中の賃金の計算方法について就業規則でどのように規定しているか [→ **4**]

□年休の繰越や買上げの約束を確認したか [→ **5(2)**]

［ 解 説 ］

1 年次有給休暇の発生要件

(1)「継続勤務」と「8割出勤」 労働基準法は、次の要件をみたす労働者に対して、年次有給休暇（以下「年休」という）を与えることを規定している（労基39①②）。

①雇入れ日から6か月間を継続勤務し、その間（前6か月）の全労働日の8割以上出勤した場合

②雇入れ日から6か月を経過した後、1年間を継続勤務し、その間（前1年間）の全労働日の8割以上出勤した場合

年休の発生要件である「全労働日の8割以上出勤した」ことのうち、「全労働日」は労働契約上労働義務が課せられている日をいい、具体的には就業規則や労働契約書等で労働日として定められた日をいう。

この要件は、継続勤務1年6か月以上の場合にも適用されるため、初年度において上記要件をみたして10日の年休が付与された場合でも、次年度に上記要件をみたさなかった場合、その翌年度には年休は

発生しないことになる。

(2)年休の対象日　労働基準法上の年休は労働義務を免除するものなので、年休を取得する日は「労働日」であることが前提である。そのため、休日労働を命じられた場合や休職期間中に年休を取得することはできない。

(3)付与日数・基準日　年休の付与日数については、労働基準法 39 条 1 項・2 項が規定している。通常の労働者より所定労働日数が少ないパート労働者についても、その所定労働日数に応じた年休の付与日数が規定されている（労基 39 ③、労基則 24 の 3）。

　労働基準法は、年休の発生について「雇入れ日」を基準としているが、年休管理の便宜のために「雇入れ日」を基準としていない企業もある。通達（平成 6・1・4 基発 1 号）は、①全労働者につき一律の基準日を定めて年休を与える取扱いである「斉一的取扱い」や②初年度において法定の年休の付与日数を一括して与えるのではなく、その日数の一部を法定の基準日以前に付与する「分割付与」について、一定の要件のもとで許容している。

(4)就業規則や労働契約書の確認　上記(1)〜(3)では、労働基準法における年休発生の要件等を説明したが、就業規則や労働契約書は必ずしも法律と同じ内容とは限らない。また、年休管理の方法として、正社員と非正規社員で分けているケースもあるので、検討にあたっては、対象者本人に適用される就業規則の該当条項を確認する必要がある。

　また、年休の消化状況の確認も重要である。平成 30（2018）年の労働基準法改正で使用者に年休管理簿の作成が義務づけられたが（労基則 24 の 7）、このような書類が整備できていないケースも考えられる。単にシフト表に「休み」とだけ記載している場合、それが「休日」なのか「年休」なのか、さらには「欠勤」なのかが後でわからなくなるので、見直しが必要である。

2　年休の取得・時季変更

(1)労働者の時季指定権と使用者の時季変更権　労働者は、年休の取得時季を指定する権利（年休指定権）を有しており、年休をいつ取得するかは、原則として労働者側の自由である。他方、労働基準法39条5項は、使用者側に、労働者が請求した日に年次有給休暇を与えることが事業の正常な運営を妨げる場合に、その取得時季を変更する権利（時季変更権）を認めている。

　「時季変更権」という言葉からすると、別の年休日を指定しなければならないように思うかもしれないが、単に「申請された年休を承認しない」という意思表示で足り、使用者側には、他の時季を指定する義務はない（東京高判平成12・8・31労判795号28頁［JR東日本（高崎車掌区・年休）事件]）。

　また、仮に使用者が他の時季を指定した場合でも、それは時季指定の勧奨以上の意味はなく、労働者側としては、別の日に年休を申請することができる。

(2)時季変更権の要件　使用者の時季変更権は、「事業の正常な運営を妨げる場合」に行使できると規定されている（労基39⑤）。時季変更権は、労働者の年休指定権の例外事由であるから、単に忙しいであるとか、人員不足の部署であることを理由として、使用者の裁量で自由に時季変更権行使ができるわけではない。使用者は一般的に年休確保のために代替要員の手配等、通常可能な配慮をすべき立場にあるとされている（最判昭和62・7・10民集41巻5号1229頁［電電公社弘前電報電話局事件]）。したがって、単に人手不足の業務組織であるといったことを理由として時季変更権が行使できるわけではなく、実務上は、時季変更権の行使が適法であるか否かの判断は容易ではない。

　使用者が時季変更権を行使した場合、それが有効となるか否かは個別事案の判断になるが、以下で代表的な判例を紹介する。

　まず、労働者が長期の年休申請をした時事通信社事件（参考判例①）では、年休申請のあった後半部分について使用者が行った時季変更権

行使を適法とした。

　また、年休を申請している当該労働者の業務が非代替的な性格の業務である場合として、NTT（年休）事件（参考判例②）がある。同事件は、事業遂行に必要な技術者の養成と能力向上を図るため短期間で集中的に、高度な知識・技能を修得させる訓練の期間中、訓練対象者から年休が請求された事案において、時季変更権の行使を違法とした原判決を破棄し、原審に差し戻した。上記判例では、本人の自習による訓練内容の補完については、「自習をすることは被上告人自身の意思に懸かっており……自習がされない場合における事業の運営への影響を考慮することが許される」と判示されている。

3　使用者による年次有給休暇の取得日の指定

(1)年5日の時季指定義務　平成30（2018）年の労働基準法改正により年5日の年休の確実な取得のための制度が設けられた（労基39⑦）。具体的には、同条1項から3項までの規定によって10日以上の年休が付与される労働者を対象として、5日については、付与日（基準日）から1年以内に労働者ごとに時季を指定して取得させるという制度であり、平成31（2019）年4月1日から施行されている（業種や中小事業主の特例なし）。

　時季指定義務が課される5日の年休からは、①労働者が自ら請求・取得した日数、②年休の計画的付与制度で与えた日数は控除される。そこで、使用者は、上記①②または③同法39条7項による時季指定のいずれかの方法で年5日の年休を取得させることが必要になる。

　他方、上記①②③のいずれかの方法で取得させた合計日数が5日に達した場合には、その時点で使用者には同法39条7項の時季指定義務はなくなり、時季指定をすることもできなくなる。

(2)計画年休制度　労働基準法39条6項における年休の計画的付与制度（以下「計画年休」という）によって取得された年休の日数は5日の時季指定義務から控除される（労基39⑧）。

計画年休は、年休の取得促進を目的として、労働者個々人が有する年休のうち5日を超える日数に限って、使用者が過半数労働組合または労働者の過半数代表者との書面による労使協定を締結し、その労使協定で、年休の取得日を決めるという制度であり、次のような方式がある。

> ①企業・事業場全体の休業による一斉付与方式により、全従業員に対して同一日に年休を付与する方式
> ②班・グループ別の交替制付与方式により、それぞれの班・グループごとに交替で年休を付与する方式
> ③年休付与計画表により個人別に付与する方式

　いずれの方式でも、労使協定では、対象となる労働者や具体的な年休の付与日（付与計画表作成による個人別付与方式の場合には計画表を作成する時季・手続等）を定めることになる。

4　年休中の賃金

　年休は「有給」の休暇なので、年休日にも賃金を支払う必要がある。労働基準法39条9項は、この年休日に支払う賃金について、次の3種類を規定している。

> ①所定労働時間労働した場合に支払われる通常の賃金
> ②労働基準法12条の平均賃金
> ③健康保険法99条1項に定める標準報酬日額に相当する金額
> 　（③の場合は労使協定が必要）

　多くの場合、①の方式が採用され、年休取得をしても年休日に所定労働時間労働したものと扱われている。時給制で、労働日によって所定労働時間が異なる場合、①の方法だと、所定労働時間が長い日に年休を取得することで他の日よりも有利になる。②または③の方式を採用すれば問題が解決するかのように思えるが、②または③の方式でも、

労働者側が所定労働時間の短い曜日に年休を集中させる可能性は残る。

　使用者が、年休中の賃金について、自己に有利な方法をそのつど採用することはできず（昭和27・9・20基発675号、平成11・3・31基発168号）、結局のところ、労働時間自体を平準化したり、日頃の労務管理で処すべきということになる。

5　その他の制度

（1）繰越　当該年度内に発生した年休を取得できなかった場合、これを次年度以降に繰り越すこと（年休の繰越）は、年休権は年休発生から2年間は消滅時効にかからないので（労基115）、次年度への繰越は可能である。

（2）年休の買上げ　年休の買上げによって年休日数を減らすことは、年休申請を抑制するものとして労働基準法上認められていない。労働基準法の規定上も年休を「与えなければならない」（労基39①）として、現実に休業させることを要求しており、所定労働日に休業させないに代わりに金銭を支給するのでは年休を与えたことにはならないからである。

　通達も「年次有給休暇の買上げの予約をし、これに基づいて法第39条の規定により請求し得る年次有給休暇の日数を減じないし請求された日数を与えないことは、法第39条の違反である」（昭和30・11・30基収第4718号）としている。もっとも、後掲のコラムにあるとおり、退職等の理由で年休が消滅するような場合に、残日数に応じて金銭を給付することは、事前の買上げとは異なるものとして、同条違反にはならない。

　また、労働基準法が定める年休の日数（法定日数）を超えて与えられている有給休暇については、買上げをしても同条違反にはならない（昭和23・3・31基発513号、昭和23・10・15基収3650号）。

（3）不利益取扱いの禁止　年休を取得した労働者に不利益な取扱いをすることはできない（労基136）。判例は、年休取得日を、賞与の算定

で欠勤扱いとしたことを無効としているが（最判平成 4・2・18 労判 609 号 12 頁［エス・ウント・エー事件］）、皆勤手当の算定に際して欠勤扱いとすることは有効としている（参考判例③）。

▶ 参 考 判 例 ···

①**最判平成 4・6・23 民集 46 巻 4 号 306 頁［時事通信社事件］** 事前調整を経ない長期連続（約 1 か月）の年休の時季指定に対して、企業側が代替勤務者の確保が難しいとして後半の期間に対して時季変更権を行使した事案について、最高裁は、使用者が行った上記時季変更権の行使を適法とした。

②**最判平成 12・3・31 民集 54 巻 3 号 1255 頁［NTT（年休）事件］** 短期間で集中的に高度な知識・技能を修得させる訓練の期間中に年次有給休暇が請求された事案について、時季変更権の行使を違法とした原判決を破棄した。なお、差戻審（東京高判平成 13・11・28 労判 819 号 18 頁［NTT（年休・差戻審）事件］）は、会社が時季指定した日に従事すべき業務は非代替的な業務であったこと等を理由に上記時季変更権行使は適法なものであったとした。

③**最判平成 5・6・25 民集 47 巻 6 号 4585 頁［沼津交通事件］** 年休取得を理由とする不利益取扱いの措置について、年次有給休暇を取得する権利の行使を抑制し、労働基準法が年次有給休暇を保障した趣旨を実質的に失わせるものと認められるものでない限り、公序に反して無効とはならないとし、皆勤手当の算出上年休取得日を欠勤とする取扱いを有効とした。

【 *Answer* 】

　労働者が特定の日に年休申請（年休指定）をした場合、労働者の意思に反して使用者が時季変更権を行使することは容易ではない。

　そこで実務では、使用者が、事情を説明して取得時季を変更するよう要請し、これに労働者が応じているというケースが多い。もっとも、使用者が年休申請の取下げや時季変更を強引に求めることは、年休取得への妨害行為として問題となる可能性があるので注意を要する（大阪高判平成 24・4・6 労判 1055 号 28 頁［日能研関西ほか事件］参照）。

　平成 30（2018）年の労働基準法改正で年 5 日の時季指定義務が使用者側に課されており、今後は、パートタイムで勤務するアルバイトスタッフも含めて、積極的に労働者側に年休の計画的消化を促すとともに、これらの年休取得をふまえた人件費や人員の確保が必要になってこよう。

◀ コラム ▶ 退職直前の年次有給休暇の連続取得を拒否できるか

　実務では、退職者がたまっている年休を自己都合退職前にまとめて取得し、退職日よりも前から出社しなくなることがままあります。会社とすれば、引継ぎなどで出社してもらいたいこともあるでしょう。どうしたらよいでしょうか。

　まず、労働基準法 39 条 5 項の時季変更権の行使を考えてみましょう。時季変更権は、退職または解雇の効力発生日までの間でしか行使できないので、申請された年休日数が解雇または退職の日を超える場合には、超えた部分については時季変更権の行使の余地はないことになります（昭和 49・1・11 基収第 5554 号参照）。

　もっとも、行政解釈では、労働基準法が定める年休の日数（法定日数）について、「労働者が年次有給休暇権を行使せず、その後時効、退職等の理由でこれが消滅するような場合に、残日数に応じて調整的に金銭の給付をすることは、事前の買上げと異なるのであって、必ずしも本条に違反するものではない」（厚生労働省労働基準局編『平成 22 年度　労働基準法（上）』（労務行政・2011 年）585 頁）と解されています。

　実務では、退職前に年休申請があったものの、業務の引継ぎ等の必要があって就労してもらいたい場合には、調整的に金銭を給付して、年休の全部または一部を取り下げてもらうことがあります。その場合、買上げ単価については、法的な規制はないので、労使の協議で決定することになりますが、年休取得日の賃金を基準にするのが一般的です。

　労働者が未消化年休の買上げには応じない場合、使用者としては申請どおりの日数の年休を与えるしかありません。

　そのため、退職予定者に対しては、なるべく早い段階で年休の消化についての意向確認を行って、計画的に年休が消化されるように心がけるべきでしょう。なお、第 8 章 18-3 も参照してください。

（高仲幸雄）

第 4 章

賃金

8 … 賃金の支払方法に関するルールにはどのようなものがあるか

Ｃａｓｅ

　Ｙ社の従業員Ｘは職場で小さなトラブルを多数起こしてきた人物であったが、このたび会社の予算で私物を購入していた疑いが強まり、その事実関係を質されるや出勤しなくなり、退職代行業者を通じて退職届を提出してきた。Ｙ社は、月末に支払い予定の最後の給与から、横領の被害代金を控除することを検討している。また、Ｘ在籍時の金銭のやり取りを再度確認していたところ、１年前の給与支払いの際に歩合給の計算を誤り、約５万円多く支給していたことが判明した。最後の給与からこの約５万円を控除することも検討している。

● ● ●

ノボル：顧問先Ｙ社からの相談は２点ですね。①横領の被害代金を最後の給与から控除できるか、②過去に約５万円多く支給していた給与を最後の給与から控除できるか、です。

兄　弁：ほほう、回答すべきポイントはちゃんと絞れたね。それで、どう考える？

ノボル：労働者の立場からすると、給与から勝手に控除されたら困りますよね。「横領の疑いがあるからその分引いておく」とか、「以前計算を誤ったから、その分引いておく」といきなり言われても、給与をきちんと支払ってもらわないと生活が成り立ちません。

兄　弁：たしかに、そういう常識的な感覚は大切だね。労働法の領域では労働者の保護に関わる規律が多いから、いったん労働者の立場に立ってみて、そういう不利な感覚があったら慎重に調べてみること。で、Ｙ社の考えている措置には、法的にどんな問題があるの？

ノボル：（基本書を開いて）ええと・・・、あっ、ありました。「賃金全額払いの原則」に反するおそれがあります！

兄　弁：その「賃金全額払いの原則」は法令に書いてあるの？　ナニ法ナン条？　それとも判例法理？

ノボル：労働基準法 24 条 1 項です！

兄　弁：そのとおり。これから何百回も何千回も引く有名条文だよ。即答できないとね。さて、24 条 1 項本文に賃金全額払いの原則が謳われている。これが「原則」。そして、ただし書には「例外」が書いてある。

ノボル：となると、Y 社の考えている措置が、その「例外」にあたるかどうかですね。

兄　弁：そう。そして 24 条 1 項ただし書にある「例外」は限定列挙なのか例示列挙なのか・・・なんて徐々に焦点を絞っていくのが、条文解釈ってもんだよ。

ノボル：なるほど。あとは 24 条 1 項に関する裁判例や解釈例規、学説を基本書、コンメンタール、判例検索システムで調べれば質問に回答できそうですね。

兄　弁：それだけだとまだ 50 点。だいたい、社長は「横領」だなんて穏やかじゃない言い方をしているけど、どれほどの裏づけがあるんだい？　それから、「Y 社の考えた手段はとりえない」という結論になるなら、代わりにどんな手順で解決につなげていくのかも助言しないとね。もちろん、法的にできることとできないことがあるから、できる範囲でベストと思われる手順を伝えることになるんだけど。

ノボル：わかりました。法令解釈の調査だけじゃなくて、解決までの段取りを考えます！

Check List

☐使用者が労働者に対して債権を有しているか ［→ 2］
☐労働者の不正を裏づける客観的証拠はあるか ［→ 3］

□被害届の提出、刑事告訴等の刑事手続上の措置を含む法的措置は検討したか［→ **4**］

□労働者への接触方法は確保されているか［→ **5**］

□賃金過払いのあった時期、金額、労働者が受け取っていた賃金の水準はどうであったか［→ **6**］

［ 解 説 ］

1　賃金全額払いの原則（労基 24 ①本文）

　労働基準法 24 条 1 項は、「賃金は、通貨で、直接労働者に、その全額を支払わなければならない。ただし、……〔中略〕……場合においては、賃金の一部を控除して支払うことができる」と定める。賃金を全額払うべきことは一見すると当然と考えられるが、賃金は労働者の生活の基盤をなすものであるため、全額が確実に労働者の手に渡るように定められた強行規定である。

　なお、労働基準法 24 条は、1 項で「通貨払い」「直接払い」「全額払い」を定め、2 項で「毎月 1 回以上の定期払い」を定めており、合わせて 4 原則として把握されている。また、労働基準法では「賃金」の語が用いられるが、11 条で「この法律で賃金とは、賃金、給料、手当、賞与その他名称の如何を問わず、労働の対償として使用者が労働者に支払うすべてのものをいう」と定義されている。公務員法では「給与」「給料」「俸給」といった語が用いられ、税法や会計の分野でも「給与」「給料」が標準となるが、（民間の）労働法の領域では「賃金」が基本である。

2　賃金全額払いの原則の例外（労基 24 ①ただし書）

　賃金全額払いの原則には例外があり、労働基準法 24 条 1 項ただし書に列挙されている。すなわち、「法令に別段の定めがある場合」ま

たは「当該事業場の労働者の過半数で組織する労働組合があるときは
その労働組合、労働者の過半数で組織する労働組合がないときは労働
者の過半数を代表する者との書面による協定がある場合」である。
「法令に別段の定めがある場合」とは、給与所得税の源泉徴収（所税
183）、社会保険料控除（厚年84、健康保険法167、労働保険の保険料の徴
収等に関する法律32など）などである。他方の労使協定による場合は
多様な協定内容がありうるが、労使協定の締結のみでは、労働基準法
との関係でいわゆる免罰的効果（罰則の適用を免れる効果）を得るほか
強行法規違反として違法無効とされることはなくなるものの、労働契
約関係（使用者と労働者との間の契約関係）においては控除の根拠が別
途必要となる。すなわち、就業規則の定めや労働者の同意（その有効
性は厳しく吟味される）などが必要となる。

　では、法令に別段の定めもなければ、労使協定もない場合はどうな
るか。たとえば、使用者が労働者に対して何らかの債権を有している
場合の相殺は許されず、労働者が不正を働いたことがうかがわれる場
合でも一切控除は許されないのか。これについてはいずれも最高裁判
例の関西精機事件（参考判例①）と日本勧業経済会事件（参考判例②）
がリーディングケースであるが、両判例からわかるのは、賃金は労働
基準法24条1項ただし書に定める例外を除きその全額を支払わなけ
ればならないこと、使用者の労働者に対する債権をもってする相殺も
「控除」の一種として許されないこと、これは同債権が不法行為を原
因とするものであっても許されないこと、である。そうすると、労働
者が不正を働いたことがうかがわれる場合であっても、損害額を賃金
から控除するような解決方法はとり難いといえる。

3　労働者の不正を裏づける客観的証拠の有無

　労働者が不正を働いたことがうかがわれる場合であっても、損害額
を賃金から控除する方法はとりえないとすれば、賃金は全額支払うこ
とを前提として、損害賠償請求によって解決を図ることになる。ただ

し、**Case** および対話部分のように、労働者の挙動から不正がうかがわれるにすぎない場合は、依頼者の推測に同調する前に、まずは客観的証拠を固める必要がある。会社の現預金を用いて私物を購入していた疑いがある場合であれば、領収書、振込票、通帳などを突合したうえ、不明点については小売店へ照会するといった調査を行う。もちろん、各種資料の改ざん可能性にも留意する必要がある。そして、調査結果を客観的証拠とともに一覧表にまとめるのがよい。

4 法的措置の検討

　客観的証拠とともに調査結果をまとめることができたら、民事の損害賠償請求のほかに、被害届の提出、刑事告訴等の刑事上の措置を検討する。在職中であれば懲戒処分も検討する。もっとも、通常はこれらの措置を急がず、まずは労働者に接触を図り、調査結果に対する弁明を促すこととなる。これは、誤解に基づく懲戒処分や刑事告訴等を回避することが第一の目的であるが、労働者が合理的な弁明ができない場合には今後法的措置をとる可能性があることを告知しつつ、任意弁済等を含むスピーディで合理的な和解につなげるためでもある。

5 労働者への接触方法

　不正の疑念を投げかけられた労働者が、不満を抱いて、あるいは追及を恐れて突然退職届を提出し、出社しなくなる事態はしばしば発生する。また、近時はいわゆる退職代行業者を利用して退職届を提出し、一切の接触を断つという態様の退職もみられる。退職代行業者は、弁護士法72条（非弁護士の法律事務の取扱い等の禁止）に抵触しないよう、同条にいう「代理」ではなく「使者」にすぎないと標榜するのが一般的である。したがって、損害賠償請求等に関し労働者に接触を図る場合においては、退職代行業者を介する必要はなく、労働者本人に対して通知を行う。

　電話・メール等への応答が期待できなければ、使用者は代理人弁護

士を選任し、代理人の名において内容証明郵便・特定記録郵便・普通郵便等を送付し、疑念の内容を示し、弁明を求めることになる。これらについても一切反応がなければ、現時点で有する資料をもって民事・刑事の法的措置をとるかどうか、改めて検討することになる。

6 賃金過払いのあった時期、金額、労働者が受け取っていた賃金の水準

　過去の賃金過払い分について今後の賃金から控除することは可能であるか。これは「調整的相殺」と呼ばれる問題である。実はこの「調整的相殺」を許容した最高裁判例がある。理由としては、賃金計算における過誤、違算等により、賃金の過払いが生ずることのあることは避け難いこと、賃金と関係のない他の債権を自働債権とする相殺の場合とは趣を異にし、実質的にみれば、本来支払われるべき賃金は、その全額の支払いを受けた結果となることなどが挙げられている。ただし、まったく無制約であるわけではなく、その行使の時期、方法、金額等からみて労働者の経済生活の安定との関係上不当と認められないものである限りにおいて許される。具体的には、過払いのあった時期と賃金の清算調整の実を失わない程度に合理的に接着した時期においてされ、また、あらかじめ労働者にそのことが予告されるとか、その額が多額にわたらないとか、要するに労働者の経済生活の安定をおびやかすおそれのない場合でなければならないとされている（以上につき参考判例③）。現に、賃金過払いの場合であっても調整的相殺を許さなかった最高裁判決もある（参考判例④）。したがって、賃金過払いのあった時期、金額、労働者が受け取っていた賃金の水準などに着目することになる。

▶ **参 考 判 例** ┈┈┈┈┈┈┈┈┈┈┈┈┈┈┈┈┈┈┈┈┈┈┈┈┈┈┈┈┈┈┈┈

①**最判昭和31・11・2民集10巻11号1413頁［関西精機事件］** 「労働基準法24条1項は、賃金は原則としてその全額を支払わなければならない旨を規定し、こ

れによれば、賃金債権に対しては損害賠償債権をもつて相殺をすることも許されない」とした。

②**最大判昭和36・5・31民集15巻5号1482頁［日本勧業経済会事件］**　労働基準法24条1項につき、「賃金は同項但書の場合を除きその全額を直接労働者に支払わねばならない」「労働者の賃金債権に対しては、使用者は、使用者が労働者に対して有する債権をもつて相殺することを許されない」「その債権が不法行為を原因としたものであつても変りはない」とした。

③**最判昭和44・12・18民集23巻12号2495頁［福島県教組事件］**　賃金過払いの場合におけるいわゆる調整的相殺を許容した判例。ただし、「その行使の時期、方法、金額等からみて労働者の経済生活の安定との関係上不当と認められないもの」であることが必要で、「過払のあつた時期と賃金の清算調整の実を失わない程度に合理的に接着した時期においてされ、また、あらかじめ労働者にそのことが予告されるとか、その額が多額にわたらないとか、要は労働者の経済生活の安定をおびやかすおそれのない場合でなければならない」とした。

④**最判昭和45・10・30民集24巻11号1693頁［群馬県教組事件］**　福島県教組事件（参考判例③）の判旨を引用しつつ、過払いを原因とする相殺も無制限ではなく、このような相殺を許容すべき例外的な場合にあたるか否かの判断にあたっては労働基準法24条1項本文の法意を害することのないよう慎重な配慮と厳格な態度をもって臨むべきものであり、みだりに例外の範囲を拡張することは厳に慎まなければならないとして、当該事例における調整的相殺を許さなかった。

【 *Answer* 】

　Case のうち①横領の被害代金を最後の給与から控除できるかについては、賃金全額払いの原則に反するため、仮に横領があったという前提に立っても控除はなしえないといえる。そこで別の解決方法を考えることになるが、まず Y 社のいう「横領」について客観的裏づけがどの程度あるかを地道に調査することになる。相応の裏づけが得られれば、当該労働者に接触を図って弁明を促し、合理的な弁明がなされなければ、法的措置をとる可能性がある旨を告知して、和解によるスピーディな解決を目指すことが考えられる。

　②過去に約5万円多く支給していた給与を最後の給与から控除できるかについては「調整的相殺」が可能といえるかを、約1年前という時期や5万円という額も加味して検討すべきである。そして、過払い分の清算を求めるとしても、最後の給与から全額控除してしまうことが「過払のあつた時期と賃金の清算調整の実を失わない程度に合理的に接着した時期におい

てされ、また、あらかじめ労働者にそのことが予告されるとか、その額が多額にわたらないとか、要は労働者の経済生活の安定をおびやかすおそれのない場合」（参考判例③）といえるかどうかを吟味することになる。

　Y社はXが横領をしたものと考えているので、ノボル弁護士が法的検討の結果推奨する手段は、保守的で迂遠であると感じるかもしれない。もし、そのような印象をクライアントに与えてしまうことを予期するならば、「迂遠と思われるでしょうが」「もどかしいと感じられるかもしれませんが」といったいわゆる「クッション言葉」を入れつつ説得にあたるべきである。法的検討によって予測されるY社の「損得」だけではなく、Y社の「納得」にも配慮する必要がある。ただし、「納得」については、現時点で強硬な態度をとることにより溜飲が下がるという効果にとらわれてはならない。Xが法的に対抗してきて、最終的にY社に不利益な結果を及ぼすことになれば、それはY社にとってはかえって不愉快というべき事態であり、弁護士との信頼関係も損なわれてしまいかねないことに留意するべきである。

9 … 割増賃金(残業代)はどのような場合に発生するか

Case

　Y社は従業員に対して「業務手当」と称していわゆる固定残業代の支払いを行っている。従業員Xの雇用契約書には、賃金月額について「基本給32万円　業務手当5万円」との記載があった。また雇用契約締結時には「採用条件確認書」がXに交付されており、「業務手当5万円（みなし時間外手当25時間分）」と記載されていた。さらにY社の賃金規程には「業務手当は、一賃金支払期において時間外労働があったものとみなして、時間外手当の代わりとして支給する」と記載されていた。XはY社に5年勤務した後退職し、ほどなくして内容証明郵便を送付して、「在職中、毎月30時間以上の時間外労働を強いられた。これらに対する割増賃金は一切支払われていないので過去5年分の残業代、遅延損害金及び付加金を請求する。なお、業務手当は時間外手当との名目で支払われたものではなく、割増賃金の支払いとはいえない。また何時間働いても業務手当以上の金員が支払われることはなかったことからしても、業務手当が割増賃金の支払いとみなすことはできない。」と、未払残業代の支払いを求めた。

・・・

ノボル：雇用契約書には「業務手当」とだけ書いてあります。この「業務手当」が時間外手当の意味をもつことについては、採用条件確認書や賃金規程に書いてある、というのがY社の言い分ですね。

兄　弁：名称はともかく支払いの趣旨が時間外手当であればいいのか、時間外手当であるとどこかに明示しておく必要があるのか、その明示は雇用契約

書でなければならないのか、といった点を調べる必要があるね。

ノボル：この「業務手当」は 25 時間分の時間外割増賃金に相当するということ
　　　　のようですけど、これを超えて労働しても割増賃金が支払われてこなか
　　　　った、ということも X は言っていますね。

兄　弁：だから、業務手当の支払いも割増賃金としての支払いにあたらないと言
　　　　っているわけだね。つまり、時間外労働に対する割増賃金は一銭も支払
　　　　われていないという主張さ。さらに怖いのは、基本給だけではなくて、
　　　　この業務手当も加えた金額で時間単価を計算して、割増賃金を請求して
　　　　くることなんだよ。

ノボル：どういうことですか？

兄　弁：業務手当が割増賃金の支払いなら、基本給だけで時間単価を計算するこ
　　　　とになる。そのうえ、計算された割増賃金のうち、業務手当の分は支払
　　　　済みということになる。逆に、業務手当が割増賃金の支払いでないなら、
　　　　時間単価は上がるわ、割増賃金は一円も支払っていないことになるわで
　　　　ダブルパンチなんだよ。

ノボル：割増賃金のつもりで支払っていたら、逆に未払割増賃金を増やすことに
　　　　なってしまうと…！

Check List

☐就業規則における労働時間、休日の定めはどうなっているか
　[→ 1(1)(2)]

☐就業規則における賃金計算期間、賃金支払日の定めはどうな
　っているか [→ 1(1)〜(4)]

☐就業規則（賃金規程）、雇用契約書等の雇用関係書類に、固
　定残業代に関する明確な説明があるか [→ 4(4)]

☐固定残業代は、何時間分の時間外労働に相当する金額か [→4(2)]

☐時間外労働が固定残業代に相当する時間を超過した場合に、
　不足分の割増賃金が支払われているか [→ 4(4)]

［ 解 説 ］

1 割増賃金計算の基礎知識

(1)「残業代」「割増賃金」「時間外手当」「割増賃金」は労働基準法 37 条に登場する表現で、これが俗にいう「残業代」である。就業規則等に手当として位置づけられる場合は「時間外手当」「休日手当」といった名称を付される例が多い。労働者は、1 週 40 時間、1 日 8 時間の法定労働時間を超えて労働する義務を負わない（労基 32）。法定労働時間を超えて労働させるには、36 協定（同 36）を締結したうえで、時間外労働に応ずべき労働者の義務について労働契約上の根拠を設け、さらに法定労働時間を超える労働時間について割増賃金を支払わなければならない。法定休日労働についても同様である。

(2)法定の割増率　法定の割増率は法定時間外労働について 1.25 倍、法定休日労働について 1.35 倍である（労基 37 ①、「労働基準法第 37 条第 1 項の時間外及び休日の割増賃金に係る率の最低限度を定める政令」）。なお、所定労働時間（就業規則や労働契約等で定められた労働時間。休憩時間は含まない）がたとえば 1 日 8 時間未満である場合には、8 時間に満つるまでの労働は「割増」率を乗じる必要はない。すなわち、9 時始業、昼休 1 時間、17 時終業（所定労働時間 7 時間）において、17 時から残業に入ったとすれば、18 時までの残業は時間単価の 1.00 倍、18 時以降は 1.25 倍となる。さらに午後 10 時から午前 5 時までの間は深夜労働としてさらに 2 割 5 分の割増が生じるため（労基 37 ④）、午後 10 時以降は 1.50 倍となる。このほか、法定時間外労働が 1 か月あたり 60 時間を超えた場合は、その超えた時間の労働については 1.50 倍となるのが原則で（同①ただし書）、労働基準法 138 条所定の中小事業主は除外されているが、この除外ルールは令和 5（2023）年 4 月 1 日から廃止され、中小事業主も原則に従うこととなる。

(3)割増の基礎となる時間単価　ここまで「1.00 倍」「1.25 倍」などと表記しているが、割増賃金は、「通常の労働時間又は労働日の賃

金の計算額」（労基37①）に割増率を乗じて計算するものである。この「通常の労働時間又は労働日の賃金の計算額」をどのように計算するのかについては労働基準法施行規則19条1項に定められており、時間給、日給、週休、月給、出来高払い等のそれぞれの場合について言及されているが、いずれも最終的に時間単価（時給）に換算するものと理解すればよい。このようにして計算された時間単価を用いて割増賃金の額を算出する。すなわち、（労働基準法施行規則19条1項に基づいて計算される時間単価）×（時間外労働の時間）×（割増率）で算出することとなる。

(4)割増賃金の未払いに対する遅延損害金、付加金、消滅時効　賃金が毎月1回払いであることを前提とすると、遅延損害金は各月の支給日の翌日から発生する。たとえば過去2年分の割増賃金請求であったとすると、遅延損害金は24か月それぞれの支払期日の翌日から支払済みまで発生する。

　遅延損害金の利率は、商法514条により会社や商人に対しては年6％であったが、平成29年民法改正に伴い同条は削除されることとなり、改正法施行後は民事法定利率による。退職後については利率が年14.6％となる（賃確6①、同法施行令1）。さらに、割増賃金を裁判により請求する場合には、未払割増賃金と同額の付加金（労基114）の請求が可能である。付加金命令が出された後には、付加金に対しても遅延損害金が発生する（民事法定利率）。

　割増賃金債権の消滅時効期間は2年である（労基115）。過去2年分に限って請求されることが多いのはこのためである。付加金については「ただし、この請求は、違反のあつた時から2年以内にしなければならない」（同114）とされており、この2年は時効ではなく除斥期間であると解されている。

2　網羅的な文献および計算シートの利用
(1)計算方法に関する細かいルールに従う必要性　**1**で多数のルール

を記したが、この程度はあくまで基礎知識である。実際に割増賃金を正確に計算するには、さらに細かいルールを熟知する必要がある。割増賃金の基礎となる賃金に算入しない賃金（いわゆる除外賃金、労基則21）、法定休日の特定、法定労働時間が週44時間となる場合、変形労働時間制・事業場外労働みなし制・フレックスタイム制・裁量労働制、管理監督者など知っておかなければならない事項は多数ある。

　また、具体的な計算に取りかかってみると、いわゆる法内残業（所定時間外であるが法定時間内の労働）と法外残業（法定労働時間外労働）の区別、1日8時間超と週40時間超のカウント、これらと別に休日労働のカウント、月60時間超のカウント、深夜割増の加算を行う必要がある。さらに、月給制をとっているような場合には、労働基準法施行規則19条1項4号が月給を「月によつて所定労働時間数が異る場合には、1年間における1月平均所定労働時間数」で除して時間単価を求めるという定めになっているため、毎年のカレンダーを参照して所定休日・所定労働日数を数えて年間所定労働時間を割り出し、これを12で除して「1月平均所定労働時間数」を割り出すという地道な作業も必要となる。このうえ、昇給等によって1年の途中で時間単価が変わってしまい、もう一度計算が必要となることもある。

(2)入手すべき文献および計算シート　このような煩雑な処理を正確に行うためには、割増賃金計算のルールを網羅した資料と、表計算ソフトを使用した専用の計算シートが必要である。

　前者については、藤井聖悟「残業代請求事件の実務（上）（中）（下）」（判タ1365号（2012年）4頁、1366号（2012年）24頁、1367号（2012年）59頁）を基本文献に据えることを薦める。2012年時点の論稿であるが、法令・通達・判例について最も網羅性が高く、訴状における請求の趣旨の記載のあり方や、訴訟運営のあり方についても説明がなされている。これに加え、割増賃金請求に関する実務書も出版されているため、著者が割増賃金請求訴訟実務に精通しており、かつ図解を用いたものや最新の裁判例までカバーしたものを副読本とし、相

互に参照するとよい。

　後者の計算シートについては「きょうとソフト」の普及が進められている。「きょうとソフト」は京都弁護士会所属弁護士と京都地裁所属裁判官の協働により作成された割増賃金計算シートで、日弁連の会員向けサイトからダウンロードすることができる。利用方法のマニュアル（ただし簡潔なもの）もダウンロードできるほか、判例タイムズ1436号（2017年）17頁にも利用上の注意点をまとめた記事が掲載されている（ただし、ver. 1.0に関するもの）。完成した計算シートを訴状に別紙添付することにより請求原因の特定を行うこととなる。

3　実労働時間

（1）実労働時間は1日ごとに特定して主張しなければならない　割増賃金請求の対象となる労働時間は実労働時間であり、休憩時間はもちろん、遅刻、早退、欠勤等により現実に労務を提供していない時間は除外される。割増賃金請求訴訟において実労働時間（労務提供の事実）は請求原因であり、原告（労働者）が主張立証責任を負う。実労働時間は労働日ごと（1日ごと）に特定して主張する必要があり、概括的に「1か月あたり30時間」といった主張は失当である。

（2）実労働時間を示す証拠　立証の材料としては、タイムカードが多く提出されるが、そのほかにも、出退勤管理システムの記録、パソコンのログイン・ログオフ記録、オフィスの入退館記録、交通系ICカードの利用記録など機械的な記録が多く提出される。機械的な記録でなくとも、業務日報や、時には労働者が個人的につけている日記・メモ類も提出される。日記・メモ類は客観性に乏しく、単独では証明力が低いが、他の客観的証拠と整合的なものであれば客観的証拠が欠ける部分の記録を補うこともありうる。

（3）使用者側の認否反論　他方、使用者は労働時間の適正把握義務を負うと理解されている。これは賃金全額払いの原則（労基24①）や厳格な労働時間規制の存在が理由とされており、現に「労働時間の適正

な把握のために使用者が講ずべき措置に関するガイドライン」が策定されており、始業・終業時刻の確認および記録の原則的な方法としては「使用者が、自ら現認することにより確認し、適正に記録すること」「タイムカード、IC カード、パソコンの使用時間の記録等の客観的な記録を基礎として確認し、適正に記録すること」のいずれかによるべきとされている。

　また、法定時間外労働、休日労働および深夜労働の時間数は賃金台帳の記入事項とされている（労基 108、労基則 54 ①(6)）。これらのことから、実労働時間に関する記録は使用者側に存在するはずであるという前提のもと、割増賃金請求訴訟においては、原告の主張に対し、被告に積極的な認否反論が求められるという実情がある。

　実労働時間についても、早出、着替えの時間、休憩取得の実態、手待ち時間、承認のない残業、持ち帰り残業など多様な論点があるが、基本的な構造は以上のとおりである。

4　固定残業代

(1)固定残業代制を導入する動機　いわゆる固定残業代とは、一定時間分の時間外労働、休日労働および深夜労働に対して定額で支払われる割増賃金である（職業安定法に関する平成 29 年厚生労働省告示第 232 号参照）。

　固定残業代制を導入したとしても、上記「一定時間分」を超えた部分については追加で割増賃金を支払わなければならず、そのために計算を要する場合もある。また、固定残業代を基本給に組み込む等して労働条件が好条件であるように見せかけるという手法（いわば賃金の水増し）も用いられてきたが、平成 29 年職業安定法改正により、固定残業代制も募集・求人時の明示義務の対象とされているため、このようなメリットも消失したといえる。以上のことから、固定残業代制の導入・維持にメリットがあるのかという意味では疑問が残るが、現実にこの仕組みを採用している事業者は多い。

（2）固定残業代制が導入されている場合の争点　固定残業代制を採用している事業者を被告として割増賃金請求訴訟が提起された場合、被告の主張する固定残業代の支給が、果たして割増賃金の支払いとして認められるか否かという問題がある。これは未払割増賃金がいくらになるのかという計算に大きな影響を及ぼす争点となる。すなわち被告の主張する固定残業代の支給が割増賃金の支払いと認められないとすると、「固定残業代」として主張していた部分も割増賃金算定における時間単価の計算に含まれる部分となり、時間単価自体が大きくなる（労基則 19 ①）。そのうえ、割増賃金はまったく支払っていなかったことになるので、未払割増賃金は大きく膨らむ。割増賃金請求事件を多く取り扱う弁護士の間で「ダブルパンチ」などと呼ばれる結果である。

　逆に、被告の主張する固定残業代の支給が割増賃金の支払いと認められれば、当該部分は時間単価計算の基礎とはならず、時間単価自体が低くなる。その低い時間単価で計算された割増賃金のうち、固定残業代として支給された部分は支払済みであるから、未払額はかなり減る。

（3）固定残業代制の類型　固定残業代制は、その類型として、①手当支給型と②基本給組込型に分けて論じられることがある。①手当支給型の場合については「（固定）時間外手当」といった名称ではなく「業務手当」「精勤手当」など別の名称で支払っていると問題になりやすい。②基本給組込型は、基本給のうち一体いくらが固定残業代として支給されているのか判別できるか、が問題になりやすい。いずれも、割増賃金の支払いがあったと認められるか（弁済の抗弁が通るか）どうかの問題である。

（4）固定残業代制に関する裁判例の流れ　固定残業代制に関する従来のリーディングケースとして小里機材事件（参考判例①）がある。これは、使用者が、労働者の雇用にあたり、基本給に月 15 時間分の時間外労働に対する割増賃金を加算して支給する旨合意した、と主張した事案である。これは②基本給組込型であるが、裁判所は、基本給の

うち割増賃金にあたる部分が明確に区分されていないこと等を理由に被告の主張を排斥した。いわゆる「明確区分性」要件あるいは「判別可能」要件と呼ばれるものである。

この明確区分性要件はその後の裁判例でも維持され、ほかに何か要件が必要かという点が問題となっていた。近年、厳格な考え方として、テックジャパン事件（参考判例②）の櫻井龍子判事補足意見で「支給時に支給対象の時間外労働の時間数と残業手当の額が労働者に明示されていなければならない」のみならず、（固定残業代でカバーする時間を）「超えて残業が行われた場合には当然その所定の支給日に別途上乗せして残業手当を支給する旨もあらかじめ明らかにされていなければならない」と論じられた点が大きく注目された。

しかしその後の日本ケミカル事件判決（参考判例③）はこの補足意見とは異なる内容となっている。同事件は①手当支給型のものであるが、原審が定額残業代制度について厳格な立場をとったのに対し、「雇用契約においてある手当が時間外労働等に対する対価として支払われるものとされているか否かは、雇用契約に係る契約書等の記載内容のほか、具体的事案に応じ、使用者の労働者に対する当該手当や割増賃金に関する説明の内容、労働者の実際の労働時間等の勤務状況などの事情を考慮して判断すべきである。しかし、労働基準法 37 条や他の労働関係法令が、当該手当の支払いによって割増賃金の全部または一部を支払ったものといえるために、……原審が判示するような事情が認められることを必須のものとしているとは解されない」と論じた。今後の割増賃金請求訴訟は、テックジャパン事件判決における櫻井龍子判事補足意見ではなく、日本ケミカル事件判決の判旨に沿った攻撃防御が中心になると見込まれる。

▶ 参 考 判 例 ┈┈┈┈┈┈┈┈┈┈┈┈┈┈┈┈┈┈┈┈┈┈┈┈┈┈┈┈┈┈┈┈┈┈┈

①**最判昭和 63・7・14 労判 523 号 6 頁 [小里機材事件]**　基本給組込型の事案において、明確区分性が必要である旨論じた（第一審の東京地判昭和 62・1・30 労判

523 号 10 頁の判決を是認）。

②**最判平成 24・3・8 労判 1060 号 5 頁 [テックジャパン事件]**　櫻井龍子判事の補足意見において、固定残業代が割増賃金の支払いと認められるためには明確区分性以外にも厳格な要件の充足が必要であるとした。

③**最判平成 30・7・19 労判 1186 号 5 頁 [日本ケミカル事件]**　手当支給型の固定残業代制において、時間外労働等の対価として支払われたか否かの判断要素を示した。

【　*Answer*　】

　X は「過去 5 年分の残業代、遅延損害金及び付加金を請求する。」としているが、割増賃金の消滅時効期間は 2 年であるため、それ以前の部分は時効を援用することができる。また、付加金は裁判上請求する必要があるため、X の請求は前提を欠く。「毎月 30 時間以上の時間外労働を強いられた」との主張については、X に 1 日ごとに時間外労働を特定させるべきである。もっとも、労働時間適正把握義務を負う Y 社としては、手元の資料、それもできるだけ機械的に記録される客観的資料により、過去 2 年にわたる X の実労働時間を一覧にして把握を図るべきである。また、「きょうとソフト」を利用して、未払割増賃金を概算しておくべきである。

　未払割増賃金の計算においては、「業務手当」が割増賃金の支払いにあたるか否かが計算結果に大きな影響を与えることとなる。この点、「業務手当は時間外手当との名目で支払われたものではなく、割増賃金の支払いとはいえない」とする X の主張は、参考判例③が「雇用契約に係る契約書等の記載内容のほか、具体的事案に応じ、使用者の労働者に対する当該手当や割増賃金に関する説明の内容、労働者の実際の労働時間等の勤務状況などの事情を考慮して判断すべき」と論じていることに照らすと単純すぎるものである。実際、**Case** の雇用契約書、採用条件確認書および賃金規程の記載内容は日本ケミカル事件（参考判例③）の事例に類似したものであるが、同事件では割増賃金の支払いとして認められている。したがって、Y 社としては、「業務手当」が割増賃金の支払いにあたることを前提に反論すべきであろう。

10… 割増賃金(残業代)請求訴訟での主な争点は何か

Case

　Y社はいわゆるシステムインテグレータであるが、「年俸制」と称して毎月定額の賃金を支払うのみで、法定時間外労働が行われた場合にも割増賃金の支払いは一切行っていなかった。また、タイムカード等による労働時間管理も一切行っていなかった。XはY社に5年勤務した従業員であり、システム開発部第1課長であったが、退職直後にY社に内容証明郵便を送付し、自らの試算に基づく過去5年分の割増賃金支払いを求めてきた。Y社がこれを無視していると、Xは代理人弁護士を選任して労働審判手続を申し立て、過去2年分に限定した割増賃金、遅延損害金、付加金の支払いを求めてきた。これらの積算については、労働審判手続申立書の別表として表計算ソフトによる計算表が添付されていた。証拠としては、Xが使用していたパソコンのログイン・ログオフ記録のプリントと、Xが退社時刻をメモした手帳の写しが添付されていた。

• • •

ノボル：課長って管理職ですよね。管理職には残業代なんてないんじゃなかったでしたっけ？

兄　弁：それは俗説！　労働基準法41条2号の「監督若しくは管理の地位にある者」を「管理監督者」と呼んでいて、これに該当すれば法定時間外労働に対する割増賃金の支払いの必要がなくなるのは確かだよ。ただ、課長くらいだと、管理監督者にあたる例は少ないんだ。管理職イコール管理監督者というのは世間の大いなる誤解！

ノボル：ひえ～、そうだったんですか…。じゃあ、残業代不払いなんて世間に

あふれている、というわけですね。するとあとは、労働時間が主な争点ですね。

兄　弁：本件だとたしかにそうなる可能性が高いね。ほかにも計算方法についてもいろいろ論点はあるから、実際の訴訟では主張整理と計算の確認が大変だけど。

ノボル：タイムカードはなかったようですけど、パソコンのログイン・ログオフの記録なんてとれるんですね。あとは手帳ですか。どの程度の証明力があるのかなぁ。5年分だから結構な金額だなぁ。

兄　弁：残業代は過去2年分だってよく言うだろ？　時効期間を確認して。

ノボル：わかりました。根拠規定を調べます！

Check List

□当該労働者の職務内容および責任・権限はどのようなものか [→ 2(1)]

□当該労働者は労働時間規制になじまないような立場にあるか [→ 2(1)]

□当該労働者の待遇（賃金）は一般労働者に比べて優遇措置が講じられているか [→ 2(1)]

□就業規則における労働時間、休日の定めはどうなっているか [→ 4]

□就業規則における賃金計算期間、賃金支払日の定めはどうなっているか [→ 4]

□賃金はどのように計算されるか（月給、日給月給、時給、歩合給など）[→ 4]

□基礎賃金に算入されている手当はあるか、労働基準法施行規則21条の除外手当にあたるものが算入されていないか [→ 4]

□休憩時間をどれだけ取得した前提で計算がなされているか [→ 4]

□残業について事前申請・許可制を導入していたことはないか
[→ **4**]

□持ち帰り残業の時間が含まれていないか [→ **4**]

□労働者側の提出した計算表の計算式に誤りはないか [→ **4**]

□所定時間外労働、法定時間外労働（1日8時間超、週40時間超のそれぞれ）、休日労働について法令に忠実な形に区分して計算されているか [→ **4**]

□使用者が中小企業に該当する場合、月60時間超の法定時間外労働について、割増率が50%で計算されていないか [→ **4**]

□始業時刻と終業時刻を裏づけるものとして提出されている証拠は何か [→ **3(2)**]

□労働時間に関する労働者の主張を否定しうる客観的証拠はあるか [→ **3(2)**]

［ 解 説 ］

1 年俸制

「年俸制」を標榜する事業者は相当数存在する。しかし、年俸制は一般的に、時間外割増賃金支払いの対象外となる管理監督者や裁量労働制の適用対象者に対して導入される制度である。このような区別なく全従業員に同制度を適用し、法定時間外労働が生じた場合も割増賃金を支払わないとなると、それは単なる割増賃金の不払いである。

2 管理監督者

(1)管理監督者の範囲 次に、課長のようないわゆる管理職の地位にあることは割増賃金支払義務とどのように関係するか。管理職には残業代（割増賃金）が支払われないという「一般常識」が人口に膾炙しているが、これは俗説である。

割増賃金支払義務は労働基準法37条に定められているが、その例外として同法41条「労働時間等に関する規定の適用除外」がある。このうち、2号の「監督若しくは管理の地位にある者」が「管理監督者」と呼ばれており、使用者側が頻繁に用いる抗弁である。この「管理監督者」と、会社の役職である「管理職」の範囲が一致しないという点が重要である。会社組織では一般に課長以上を管理職として把握している。そして、課長に昇進すると割増賃金が支給されなくなる会社は多いが、これは「管理監督者」として取り扱う範囲が広すぎ、違法の可能性が高い。通達においては「一般的には、部長、工場長等労働条件の決定その他労務管理について経営者と一体的な立場にある者の意であり、名称にとらわれず、実態に即して判断すべきものである」とされている。このうち「労務管理について経営者と一体的な立場にある者」の部分が特に重要である。そのほか、重要な職務と責任を有し、現実の勤務態様も労働時間規制になじまないような立場にあること、待遇（賃金）も一般労働者に比して優遇措置が講じられているか否かに留意すること、スタッフ職（非ライン）についても企業内の処遇によっては管理監督者に該当しうること等が言及されている（昭和22・9・13発基17号、昭和63・3・14基発150号）。

　以上を勘案すると、部長と課長がおかれている場合において、課長まで「労務管理について経営者と一体的な立場」にあるのか、労働時間管理や待遇はどうなのか、といった点で管理監督者該当性に疑義が生じる。実際、管理監督者に関する裁判例は多いが、公刊されたものを概観すると、否定例のほうが多い（参考判例①・②）。なお、割増賃金の支払いを回避するため、著しく多くの者に「課長」等の職位を与えて管理職扱いする例がみられるが、その場合は相応の待遇であるべきことのほか、「労務管理について経営者と一体的な立場にある者」といえなければ、割増賃金支払義務を免れない。いわゆる「名ばかり管理職」問題である。

（2）適用除外者に対する深夜割増賃金の支払い　ほかに注意すべき点

として、管理監督者を含む適用除外者についても、深夜労働（労基37④）に対する割増賃金は支払う必要があるという点がある。深夜労働規制は、労働が1日のうちのどのような時間帯に行われるかに着目した規制であり、労働時間の長さに関する規制とは趣旨・目的を異にすることを理由とする。もっとも、管理監督者に該当する労働者の所定賃金が労働協約、就業規則その他によって一定額の深夜割増賃金を含める趣旨で定められていることが明らかな場合には、その額の限度では当該労働者が深夜割増賃金の支払いを受けることを認める必要はないとされる（参考判例③）。

3　実労働時間の主張立証

(1)実労働時間は1日ごとに特定して主張しなければならない　割増賃金請求訴訟・労働審判において、使用者側は、管理監督者の抗弁だけで戦うことは困難な場合が多い。そこで、実労働時間が次の争点として浮上する。

　割増賃金請求訴訟において実労働時間（労務提供の事実）は請求原因であり、原告（労働者）が主張立証責任を負う。実労働時間は労働日ごと（1日ごと）に特定して主張する必要があり、概括的に「1か月あたり30時間」といった主張は失当である。

(2)実労働時間を示す証拠とその証明力　証拠については、最も多く提出されるものはタイムカードであり、そのほかには出退勤管理システムの記録、パソコンのログイン・ログオフ記録、オフィスの入退館記録、電子メール送信記録、タコグラフ、交通系ICカードの利用記録、日報、週報、日記、カレンダーへの書き込み等が提出される。

　これら書証はそれぞれ、①情報の客観性、②作成目的、③情報内容と労働時間の結びつきに違いがあり、証明力の違いにつながる。タイムカードは①②③すべての面から証明力が高いものと考えられている。パソコンのログイン・ログオフ記録や電子メールの送信記録は③情報内容と労働時間の結びつきが必ずしも強いとはいえず、メモや手帳に

なると①情報の客観性が低いといえる。使用者としては、労働者が提出した証拠を厳しく吟味して認否反論を行うべきである。

(3) 使用者側の認否反論　他方、使用者は労働時間の適正把握義務を負うと理解されている。「労働時間の適正な把握のために使用者が講ずべき措置に関するガイドライン」では、始業・終業時刻の確認および記録の原則的な方法としては「使用者が、自ら現認することにより確認し、適正に記録すること」「タイムカード、IC カード、パソコンの使用時間の記録等の客観的な記録を基礎として確認し、適正に記録すること」のいずれかによるべきとされている。割増賃金請求訴訟においては、実労働時間に関する記録は使用者側に存在するはずであるという前提のもと、原告（労働者）の主張に対し、被告（使用者）に積極的な認否反論が求められるという実情がある。「合理的な理由がないにもかかわらず、使用者が、本来、容易に提出できるはずの労働時間管理に関する資料を提出しない場合には、公平の観点に照らし、合理的な推計方法により労働時間を算定することが許される場合もある」として、被告が労働時間管理のための資料を合理的な理由もなく廃棄したなどとして提出しないという状況を認めたうえ、推計計算の方法により割増賃金の支払いを命じた裁判例もある（参考判例④）。

4　計算方法の確認

実労働時間を示す証拠の吟味のほか、原告（労働者）による割増賃金計算方法の吟味も必要である。それらしい計算シートが添付されているからといって、安易に信用してはならない。実際に吟味してみると、多数の疑問が生じる場合がある。

この作業においては、就業規則における労働時間・休日・賃金計算期間・賃金支払日の定め、月給・日給月給・時給・歩合給の別、基礎賃金に算入されている手当の有無（労働基準法施行規則 21 条の除外手当にあたるものが算入されていないか）、休憩時間をどれだけ取得した前提で計算がなされているか、残業について事前申請・許可制を導入し

ていたことはないか、持ち帰り残業の時間が含まれていないか、労働
者側の提出した計算表の計算式（表計算ソフトの各セルに入力されてい
る計算式）に誤りはないか、所定時間外労働・法定時間外労働（1日8
時間超、週40時間超のそれぞれ）・休日労働について法令に忠実な形に
区分して計算されているか、使用者が中小企業に該当する場合、月
60時間超の法定時間外労働について割増率が50%で計算されていな
いか、など1つひとつチェックをかけていく必要がある。

5　消滅時効、付加金等

　割増賃金債権の消滅時効期間は2年である（労基115）。**Case**にお
いてXが労働審判手続申立てに際して過去2年分に限定して請求し
たのはこのためである。付加金については「ただし、この請求は、違
反のあつた時から2年以内にしなければならない」（同114ただし書）
とされており、この2年は時効ではなく除斥期間であると解されて
いる。なお、労働審判委員会は、労働基準法114条にいう「裁判所」
ではなく、付加金支払いを命じることはできない。もっとも、労働審
判手続において調停が成立せず労働審判が出され、これに対して当事
者の一方が異議を申し立てた場合には労働審判申立ての時に訴えの提
起があったとみなされるため（労審22①）、上記除斥期間との関係で、
労働審判申立て時から付加金請求をしておくことには意味があるとさ
れる。

▶ **参 考 判 例** ···

①**東京地判平成22・10・27労判1021号39頁［レイズ事件］**　営業本部長に
ついて、事業経営に対する関与、労務管理に対する関与、出退勤における勤務実態、
特別手当その他待遇を総合考慮して、管理監督者に該当しないとした。
②**東京地判平成23・12・27労判1044号5頁［HSBCサービシーズ・ジャパ
ン・リミテッド事件］**　外国銀行の日本支店に出向し、年俸制でプロジェクト管理業
務を担当していたVice Presidentについて、管理監督者にふさわしい職務内容や権限
を有していなかったとして、労働時間管理を受けていなかったこと、報酬が相当に高
額であったことを考慮しても管理監督者に該当しないとした。

③**最判平成21・12・18労判1000号5頁[ことぶき事件]** 管理監督者を含む適用除外者について、深夜労働に対する割増賃金は支払う必要があるとした。
④**東京地判平成23・10・25労判1041号62頁[スタジオツインク事件]** 被告が労働時間管理のための資料を廃棄したなどとして提出しない状況において、推計計算の方法により割増賃金の支払いを命じた。

【 *Answer* 】

　Ｙ社の立場で労働審判手続に対応する場合、まず「年俸制だから割増賃金支払義務を負わない」と主張しても一蹴されるだけである。管理監督者の抗弁は主張すべきであるが、課長の地位で管理監督者として認められるためには、相当の説得力が必要である。Ｙ社の組織図や権限分掌規程等によりＸの職務内容、権限の大きさを証明し、労働時間の裁量、待遇と併せて主張することになる。労働審判は最大3回の期日が予定されているが、実際には第1回期日で主張立証を終え、第2回・第3回期日はもっぱら調停を行う運用が多い。そのため、答弁書において実労働時間の点でも認否反論を行うべきである。時間的制約もあることから、使用者側として厳密な計算を行うことまでは困難かもしれないが、労働者側の書証の信用性や計算方法を厳しく吟味して対応すべきである。

11… 賞与や退職金の支払いに関する ルールはあるか

Case

X は、長年 Y 社に勤務してきたが、ここ数年は Y 社の業績悪化に伴う事業再編に強く反発したため、直属の上司や役員との関係が著しく悪化していた。X は 3 か月後の 11 月末日に定年退職することになっていたが、継続雇用は希望せず、他社に勤務するとのことであった。X は定年を迎えるにあたり、直属の上司に「自分の退職金がいくらになるのか教えてほしい」と申し出た。これに対し上司は「退職金を支払うかどうかは会社が決める。君みたいな者に退職金があると思うな」「12 月の賞与も出ないぞ。うちは支給日まで在籍していないと、賞与を出さないからな」と冷たい態度で答えた。X はこの回答に反発し、定年後継続雇用されているほかの労働者からの聞き取りに基づき独自に計算した退職金額と、これまでの支給実績と同等の賞与を 12 月に支払うよう求める文書を社長宛に送ってきた。

• • •

姉 弁：自分の退職金の金額をよく知らない人って多いのよね。まあ、単純な制度ならともかく、複雑な制度だったら人事や総務に計算してもらわないとわからないだろうけどね。

ノボル：退職金を払うかどうかなんて、会社が一方的に決めていいんですかね？

姉 弁：退職金がない会社だってあるわよ。だけど、ちゃんとした退職金制度がある場合に支払わないということは困難ね。

ノボル：X は賞与も請求していますよね。支給日まで在籍しないと賞与ゼロだなんて、そんなこと許されるんですかね…。

姉　弁：こういう規定を設けている会社は多いのよ。となると当然、その有効性
　　　　が争われた例があってもおかしくないわね。

ノボル：法令、通達、裁判例のどこかにヒントがあるというわけですね。さっそ
　　　　く調べてみます！

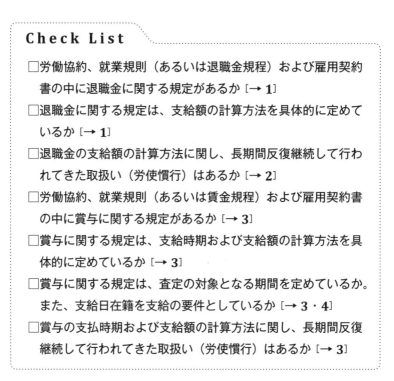

Ｃｈｅｃｋ　Ｌｉｓｔ

□労働協約、就業規則（あるいは退職金規程）および雇用契約
　書の中に退職金に関する規定があるか［→ **1**］

□退職金に関する規定は、支給額の計算方法を具体的に定めて
　いるか［→ **1**］

□退職金の支給額の計算方法に関し、長期間反復継続して行わ
　れてきた取扱い（労使慣行）はあるか［→ **2**］

□労働協約、就業規則（あるいは賃金規程）および雇用契約書
　の中に賞与に関する規定があるか［→ **3**］

□賞与に関する規定は、支給時期および支給額の計算方法を具
　体的に定めているか［→ **3**］

□賞与に関する規定は、査定の対象となる期間を定めているか。
　また、支給日在籍を支給の要件としているか［→ **3・4**］

□賞与の支払時期および支給額の計算方法に関し、長期間反復
　継続して行われてきた取扱い（労使慣行）はあるか［→ **3**］

［ 解 説 ］

1　退職金に関する原則

　退職金は、年季明けの職人に「のれん分け」を認めたことが発端で
ある等といわれる。共済のような仕組みであったり、離職防止を目的
としたりと時代によってそのあり方も意義も変わってきたが、現代で

は①給与の後払い、②長年の功労に対する報償、③老後の生活保障といった性格が併存していると理解されている。退職金の算定方法をみると、「算定基礎額」（退職時の基本給など）に勤続年数を乗じる方式をとっている事業者は多く、①③の性格が見てとれる。他方で、定年退職や会社都合退職と比較して自己都合退職の場合には金額を減らす仕組みになっている（1未満の自己都合退職係数を乗じる）ことも多いなど、②の性格も見てとることができる。

　退職金制度を設けることは使用者の義務ではない。しかし、労働契約締結時の労働条件明示義務（労基15①）の内容として、「退職手当の定めが適用される労働者の範囲、退職手当の決定、計算及び支払いの方法並びに退職手当の支払の時期に関する事項」が含まれており（労基則5①）、就業規則にも「退職手当の定めをする場合においては、適用される労働者の範囲、退職手当の決定、計算及び支払いの方法並びに退職手当の支払の時期に関する事項」を記載しなければならない（労基89（3の2）。相対的記載事項）。したがって、退職金請求権が発生するかどうかについては、まず就業規則の退職金に関する定めを確認することになる。なお、退職金については退職金規程に別途定める旨規定している就業規則が多く、その場合には退職金規程を参照する。就業規則や退職金規程において上記のような支給条件が明確に定められている場合には労働者は退職金請求権を有する。

　退職金のあり方は事業者によって異なるが、一時金方式であるか年金方式であるかが大きな違いである。独立行政法人勤労者退職金機構が運営する中小企業退職金共済（中退共）に加入し、機構から支払われる金員を退職金とする旨定めている例も多くみられる。近年は大企業を中心にポイント式退職金制度や確定拠出型退職金制度の導入も進んでおり、具体的な退職金額を算出するにはさまざまな情報を総合する必要が生じる場合もある。なお、賃金請求権は一般に2年で時効消滅するが、退職金請求権だけは5年とされている（労基115）。ただし、平成29年民法改正に伴い時効期間の統一が図られたことから、

賃金請求権一般の時効期間の見直しも議論されている。

2　労使慣行に基づく退職金請求

　退職金の支給実績があるものの、明文の規定によらず支給している場合もある。このような場合に労働者は退職金請求を行うことが可能か。裁判上請求したとして認められるか。これは「労使慣行」の問題である。労使間において、労働契約、就業規則、労働協約等の明文によらず、あるルールが成立し、反復・継続している場合がある。このような場合に労働契約の内容となりうるかにつき、①同種の行為または事実が一定の範囲において長期間反復継続して行われていたこと、②労使双方が明示的にこれによることを排除・排斥していないこと、③当該慣行が労使双方の規範意識によって支えられていること、を要件として、民法 92 条の事実たる慣習として法的効力のある労使慣行が成立するとする裁判例がある（参考判例①）。退職金の支給に関し、このような労使慣行が労働契約の内容となっていることを認めた例もある（参考判例②・③）。もっとも、規定化あるいは書面化がなされていないにもかかわらず統一的な取扱いがなされていることは例外的であり、労使慣行の成立を主張立証するのは容易なことではない。

3　賞与に関する原則

　いわゆるボーナスである。「賞与」「一時金」「期末手当」など、時代や事業者、労使いずれの立場かによって呼称の違いはある。江戸時代、使用人に対し、盆暮の「もち代」として支給したことが始まりだといわれている。賞与の支給にあたっては、「基本給の 2.0 か月分平均」などと原資のボリュームを決めたうえで、これに評価係数を乗じて個人の支給額を決めるといった例が多い。

　賞与の法的な位置づけは退職金と類似するところがある。まず、賞与を支給することは使用者の義務ではない。しかし、労働契約締結時の労働条件明示義務（労基 15 ①）の内容として賞与が含まれており

（労基則 5 ①(5)）、就業規則にも「臨時の賃金等（退職手当を除く。）及び最低賃金額の定めをする場合においては、これに関する事項」を記載する（労基 89 (4)。相対的記載事項）。したがって、賞与請求権が発生するかどうかについては、まず就業規則の賞与に関する定めを確認することになる。

　もっとも、退職金は退職金規程に計算方法が具体的に記載されている場合が多いのに対し、賞与に関する就業規則や賃金規程の条項は「賞与の額は、会社の業績及び労働者の勤務成績などを考慮して各人ごとに決定する」（厚生労働省「モデル就業規則」（平成 31 年 3 月版）48 条 2 項）という抽象的な文言にとどまり、具体的計算方法の記載がない場合が多い。このような抽象的な定めが存在するにとどまり、算定基準の決定と成績査定、あるいは業績に基づく金額の合意といった事実がない場合には、具体的な賞与請求権は発生せず、裁判上請求することが困難である（参考判例④）。労働者側としては、退職金と同様、労使慣行の成立を主張することは考えられるが、既述のとおり、その要件をみたすことも容易ではない。したがって、労働協約、就業規則あるいは賃金規程、労働契約等に賞与の具体的な計算方法が規定されているか、算定基準の決定と成績査定あるいは業績に基づく金額の合意など金額が具体的に決定された事情がないかどうかが重要調査事項となる。

4　賞与の支給日在籍要件

　賞与については、支給日に在籍した者のみに支給するという定めが就業規則あるいは賃金規程に定められている場合がある。すなわち、賞与算定対象期間に勤務していた者であっても、支給日前に退職してしまった場合には支給しないという内容である。これについては、賞与にも賃金後払いの性格が併存しており、賃金全額払いの原則（労基 24 ①）に反するとの見解もある。しかし、最高裁は自発的退職者の事例で支給日在籍要件の合理性を認め、有効としている（参考判例⑤）。

定年退職者の場合についても有効とした裁判例があるが（参考判例⑥）、死亡や定年による退職の場合には任意に退職時期を選ぶことができないため、学説には批判もみられる。支給日在籍要件自体は有効としつつも、具体的事情をふまえ、その適用を否定する例もあることも念頭において、事案に応じた検討を欠かさぬようにすべきである。

▶ 参 考 判 例 ……………………………………………………………………………………

①大阪高判平成5・6・25労判679号32頁［商大八戸ノ里ドライビングスクール事件］　①同種の行為または事実が一定の範囲において長期間反復継続して行われていたこと、②労使双方が明示的にこれによることを排除・排斥していないこと、③当該慣行が労使双方の規範意識によって支えられていることを要件として、民法92条の事実たる慣習として法的効力のある労使慣行が成立するとした。

②東京地判平成7・6・12労判676号15頁［吉野事件］　書面化された退職金規程「案」（不支給要件を含む）に基づく退職金支給実績が積み重ねられたことにより、退職金支給慣行が確立していたとした。

③横浜地判平成9・11・14労判728号44頁［学校法人石川学園事件］　退職金の計算方法および支給が確立した慣行になっており、雇用契約の内容となっていたとした。

④大阪高判平成17・9・8労判903号73頁［相互信用金庫事件］　給与規定に「賞与の支給は金庫の事業成績等を考慮して決定し、各人への支給基準は、勤務成績、業績等を人事考課により評定してこれを定める。」とされているのみで具体的な支給額の定めや支給額の算定方法に関する定めは設けられていない事例について、その他の事情も考慮し、労働者の賞与請求を認めなかった。

⑤最判昭和57・10・7集民137号297頁［大和銀行事件］　年2回の決算期の中間時点を支給日と定めて当該支給日に在籍している者に対してのみ当該決算期間を対象とする賞与を支給するという就業規則の内容は合理性を有しており、労働者は退職後に支給日が到来する賞与については受給権を有しないとした。自主退職の事例である。

⑥東京地判平成8・10・29労経速1639号3頁［カツデン事件］　いわゆる支給日在籍要件は、受給資格者を明確な基準で確定する必要から定められるものであって十分合理性はあり、給与規定に明記されていることからすれば、支給対象期間経過後支給日の前日までに退職した者に不測の損害を与えるものともいえず、支給日在籍者と不在籍者との間に不当な差別を設けるものということもできないと判示した。定年退職の事例である。

【 *Answer* 】

　退職金にせよ賞与にせよ、とにかく就業規則、賃金規程、退職金規程といった規程類と、労働協約の有無、雇用契約書の記載を調べることである。それらに具体的な計算方法が規定され、具体的に算出可能であり、支給対象者となる要件がみたされていれば、具体的請求権が成立しているといえる。これらがない場合には労働者が労使慣行を主張立証することを試みるが、労使慣行の主張が認められるためには相応の支給実態や規範意識の存在が必要といえる。

　また、賞与の支給日在籍要件については、明文の規定があれば有効性が認められる可能性が高いといえる。しかし、死亡または定年退職者のような退職時期を任意に選択しえない労働者について日割支給もなされないような規定は有効性自体に疑問が残るし、規定の有効性自体が認められても、労働者側が具体的事情をふまえ適用を否定すべきであると主張して争う余地はある。

◀ コラム ▶　年俸制とは

　年俸制は、プロ野球選手の報酬制度として有名ですが、明確に労働基準法上の労働者にあたる会社員の場合は、どのように位置づけられ、どのような制約があるのでしょうか。

　年俸制にはさまざまなバリエーションがあります。単に「うちは残業代を支払わない」と宣言するだけの「自称年俸制」は論外として、一般には、①時間外割増賃金支払いの対象外となる管理監督者や裁量労働制の適用者に対し、②１年単位で賃金額を決定し、③目標の達成度合い（成果）に応じてその額を１年ごとに増減させる制度、であることが多いでしょう。基本年俸に賞与を組み合わせる、基本年俸は前年度の成果によって決めて賞与部分だけ当年度の成果を反映させていく、などの方法もあります。

　年俸制の導入の際に留意すべき点としては、まず賃金の毎月１回以上定期払いの原則（労基24②）があるため、年俸を12分割す

るなどして毎月支払いを行う必要があります。また、就業規則（賃金規程）上の根拠なく年俸を下げると単なる労働条件の不利益変更になり、労働者との合意なく行うことができない（労契8）という問題があります。そのため、年俸の決定方法については就業規則（賃金規程）に定めておく必要があります。少し古い裁判例ですが「期間の定めのない雇用契約における年俸制において、使用者と労働者との間で、新年度の賃金額についての合意が成立しない場合は、年俸額決定のための成果・業績評価基準、年俸額決定手続、減額の限界の有無、不服申立手続等が制度化されて就業規則等に明示され、かつ、その内容が公正な場合に限り、使用者に評価決定権があるというべきである」とするものもあり（東京高判平成20・4・9労判959号6頁［日本システム開発研究所事件］）、相応の制度設計が必要だと考えるべきでしょう。

　ちなみに、年「俸」制であって年「棒」制ではありません。また、読みは「ねんぽうせい」であって「ねんぽうせい」ではありません。誤記・誤読のないよう注意しましょう。　　　　　　　　　（軽部龍太郎）

第 5 章

配転・出向・転籍

12…配転は自由に命じることができるのか

Case

　Ｘは、出版社であるＹ社に新卒採用され、入社後2年間は営業職に従事したが、その後は約10年間、編集者として編集部に配属され勤務している。Ｙ社には東京本社のほか、大阪支社、神奈川配送センターがあり、その就業規則には、「会社は業務上必要があるときは、従業員に異動を命ずることがある。従業員は正当な理由なくして異動を拒むことができない」との規定がある。このたび、Ｙ社は大阪支社の営業職に退職者が出たことから、Ｘに対して営業職として大阪支社への転勤を命じたが、Ｘは共働きの妻がいて、3歳の子どもを保育園に通わせていること、将来両親の介護の必要があること等を理由に、転勤を拒んでいる。

• • •

ノボル：Ｙ社の人事担当者から、配転を拒絶している従業員がいるのだがどうすればよいか、という相談を受けました。

兄　弁：それで、ノボル君はこの配転命令は有効だと思う？

ノボル：Ｘが長年編集者として仕事をしてきたという点が引っかかります。やはり、編集者というのは特殊な技能が必要でしょうから。

兄　弁：つまりＸとＹ社との間に職種を限定する合意があったのというの？

ノボル：たしかアナウンサーなどの場合は、特殊な技能が必要だからアナウンサーから他の職種への配転はできない、という判例があった気がします。

兄　弁：アナウンサーから他の職種に配転する命令を有効とした裁判例もあるよ。職種限定の合意を認定するにはどのような事情が必要なのか、よく調べる必要があるね。

ノボル：Ｘの場合は、共働きで子ども３人を保育園に通わせているという事情も
　　　　あります。僕なんか子ども１人でも大変なのに、Ｘが単身赴任というこ
　　　　とになったら、奥さんは仕事続けられますかね？ Ｘに対する不利益は
　　　　相当大きいと思います。

兄　弁：たしかにＸへの負担は大きくなるね。Ｙ社の配転の必要性との関係では
　　　　どうなの？

ノボル：大阪支社に退職者が出たといいますけど、別に小さい子どもが３人いる
　　　　Ｘが大阪に行かなければならない理由はないと思いますけど。

兄　弁：Ｘでなければならない、余人をもって替え難いという事情が常に必要な
　　　　んだろうか？ 同じ子育て世代だから、Ｘに同情する気持ちもわかるけ
　　　　ど、会社側の事情も含めてもう少し冷静に検討したほうがいいね。

Check List

□配転命令について就業規則等の規定があるか［→ 1］

□当該労働者の業務に特殊な技能や資格を要するか［→ 2］

□当該労働者の採用時に他の職種とは異なる選考試験があった
　か［→ 2］

□当該労働者が入社後に特別の訓練養成を経て一定の技能に熟
　練したか［→ 2］

□他の職種や勤務場所への配転実績があったか［→ 2］

□当該労働者に長期雇用が予定されているか［→ 2］

□現地採用など当該労働者に固定された生活の本拠があること
　が前提とされていたか［→ 2］

□求人票に勤務場所を特定する記載等があったか［→ 2］

□当該労働者の採用面接時に職種や勤務場所を限定するやり取
　りがあったか［→ 2］

□使用者側に業務上の必要性（定期異動、余剰人員の再配置、
　顧客からの信用喪失や職場における協調性の欠如など営業

上・人事管理上の理由、技能の習得や勤務態度の改善を図る
目的、健康管理の必要性）が認められるか〔→ **4**〕

□人選の合理性があるか〔→ **4**〕

□賃金等の労働条件に変更はあるか〔→ **5(1)**〕

□業務権限の縮小を伴うものか〔→ **5(1)**〕

□当該労働者のキャリア形成の点に不利益がないか〔→ **5(1)**〕

□本人・家族の病気、育児、介護等への具体的な影響があるか
〔→ **5(2)**〕

□使用者側に不当な動機・目的がないか〔→ **6**〕

□配転命令が不当労働行為や差別的取扱い、公益通報に対する
不利益取扱い、男女差別等に該当しないか〔→ **6**〕

〔 解 説 〕

1 配転命令の根拠

　配転とは、労働者の配置の変更であって、職務内容または勤務場所
が相当の長期間にわたって変更されるものをいう。配転命令について
は、労働協約や就業規則等に包括的な規定がおかれることが多いので、
出向や転籍と異なり、配転命令権の存在そのものが争われることは稀
である。

2 職種・勤務場所を限定しての採用

　就業規則等により配転に関する包括的な合意が認められる場合であ
っても、使用者と労働者との間の個別合意により職種や勤務場所を限
定している場合には、使用者の配転命令は制限されることになる。職
種や勤務場所を限定する合意は、労働契約で明示されている場合以外
にも、当該職種の内容、その業務に従事した期間、採用時や採用後の
事情、その他諸般の事情を考慮して、その有無が判断されることにな

る。

　具体的には、職種の限定については、技能・資格に特殊性があるか、採用時の特別の選抜や採用後の特別の訓練があったか、当該職種について他の職種への配転の実績があったか等が考慮されることになる。また、勤務地の限定については、固定的な生活本拠地があることを前提とした採用であったか、求人票の記載内容や採用面接の内容から勤務場所を限定するやり取りがあったか、総合職として採用され社内でのキャリア形成が予定されていたか、同種の労働者について配転の実績があったか等が考慮されることになる。

3　配転命令の濫用

　配転命令権の行使は権利濫用にあたってはならない。具体的には、①配転についての業務上の必要と②労働者に対する著しい不利益が比較衡量され、さらに③不当な動機・目的がないことが考慮要素となる（参考判例①）。

4　業務上の必要・人選の合理性

　業務上の必要性については、当該転勤先への異動がその人でなければならない、他の人ではつとまらないといった高度の必要性に限定することは相当でなく、労働力の適正配置、業務の能率増進、労働者の能力開発、勤務意欲の高揚、業務運営の円滑化など企業の合理的運営に寄与する点が認められる限りは、業務上の必要性の存在を肯定すべきであるというのが判例の立場である（参考判例①）。より具体的には、定期異動、余剰人員の再配置、顧客からの信用喪失や職場における協調性の欠如など営業上・人事管理上の理由、技能の習得や勤務態度の改善を図る目的、健康管理の必要性等を勘案して業務上の必要性が判断されることになる。

　人選の合理性についても問題とされることがある。差別的、狙い撃ち的な異動の場合は合理性を欠くとされることがある。

5 労働者に対する著しい不利益

　配転命令の濫用の一要素となる労働者に対する著しい不利益には、職業上の不利益と生活上の不利益がある。

(1)職業上の不利益　職業上の著しい不利益としては、大幅な賃金の引下げ等の労働条件の引下げ、業務権限の縮小、キャリア形成への支障などが挙げられる。

(2)生活上の不利益　生活上の著しい不利益としては、労働者本人や家族の病気、介護、子育て、共働き等の家庭の事情が挙げられる。また、配転に伴う一定の手当（引越代、支度金、単身赴任の場合の賃料や帰郷交通費等）の支給等不利益の緩和措置も考慮される。

6 不当な動機・強行法規違反

　退職を仕向けるような配転、内部通報や組合活動に対する報復的な目的での配転は不当な動機をもつとして濫用的とされる。配転命令が不当労働行為や差別的取扱い、公益通報に対する不利益取扱い、男女差別等に該当する場合には、強行法規違反となり配転命令は無効となる。

▶ **参 考 判 例** ·················

①**最判昭和61・7・14労判477号6頁［東亜ペイント事件］**　全国各地に支店をおく会社の神戸営業所勤務の大学卒営業担当従業員（実母、妻子とともに大阪府堺市内の実母所有の家屋に居住）に対する名古屋営業所への転勤命令が権利の濫用にあたるということはできないとした。

②**東京地決平成14・12・27労判861号69頁［明治図書出版事件］**　共働きの夫婦の夫の東京から大阪への転勤命令について、業務上の必要性を認めたうえで、重度の皮膚炎に罹患した3歳以下の子2人の育児の不利益は、労働者に通常甘受すべき程度を著しく超える不利益を負わせる特段の事情が存するとして、権利の濫用として無効であるとした。

【 *Answer* 】

　Y社には配転命令の根拠が就業規則上あり、また、Xが営業職を経て編集部に配属されていることからすると、職種を編集者に限定する合意があ

ったと認定するのは困難であろう。問題は、妻が共働きであり、子ども３人が保育園に通っていること、将来両親の介護があることが配転を拒む「正当な理由」にあたるかであるが、業務上の必要性と労働者の受ける不利益の比較衡量によることになる。大阪支社の欠員補てんは業務上の必要性として十分であるし、Ｘがかつて営業職を経験していることに鑑みれば、人選自体にも問題がない。将来の親の介護は労働者の現実の不利益とはいえない。３人の幼児と妻の共働きの点は、Ｙ社側の不利益緩和措置の内容にもよるが、これだけでは業務上の必要性を上回ると認められるのは難しいのではないかと思われる。

13…出向や転籍はどのような場合に命じることができるのか

Ｃａｓｅ

　Ｘは、電子機器メーカーのＹ社に新卒採用され、その後、同社の研究所等で勤務してきた。Ｘの勤続26年目に、Ｙ社は業績不振からグループ会社全体で5％の人員削減をすることを決定し、退職希望者を募集することとなった。Ｙ社としては業務効率が資格ないし給与に見合わない者あるいは削減しても事業への影響がない者を余剰人員として各事業から5％ずつ選ぶこととし、その結果、Ｘもその対象となった。Ｙ社はＸに対して退職勧奨を行ったが、Ｘがこれを拒絶したため、Ｙ社はＸをグループ会社に転籍ないし出向させることを検討している。

• • •

ノボル：顧問先のＹ社から、退職勧奨に応じない研究職の従業員を転籍させることに問題はないのかという相談を受けました。転籍をさせるのであれば、従業員との間で合意がないと難しいと答えたら、ならば出向ではどうかという質問を受けました。

姉　弁：出向命令だとすると、会社の規定で根拠になるものはあるの？

ノボル：組合との労働協約の中に出向協約があるとのことでした。

姉　弁：出向協約の内容をきちんと確認したほうがいいわね。ところで、Ｙ社はその人をどのような会社でどのような業務につかせようとしているの？

ノボル：運送会社のようです。おそらくは、そこの配送センターで荷物の仕分けとかそういう業務を行うらしいです。

姉　弁：職種も変わっちゃうのね。それで、出向先での給料とかはどうなるの？

ノボル：さぁ…。どうなるんでしょう？

姉　弁：そ、そこが肝心なところじゃない！　きちんとヒアリングしないと。

ノボル：でもＹ社からすると、整理解雇を回避するための出向ですし、退職勧奨
　　　　とか手順を踏んでいるので、出向なら問題ないんじゃないでしょうか。

姉　弁：労働者の受ける不利益の内容を考えないと軽々に判断はできないわ。も
　　　　ういちどＹ社の担当者に会って、きちんとヒアリングしなさい！

Ｃｈｅｃｋ　Ｌｉｓｔ

☐転籍について労働者との間で合意があるか［→ **2**］

☐出向について労働者との間で合意があるか［→ **2**］

☐出向について就業規則等に規定があるか［→ **2**］

☐出向規程に出向期間、出向手続、出向者の従業員の地位、勤
　務形態、賃金・退職金・出向手当、昇格・昇給等について規
　定されているか［→ **2**］

☐使用者側に業務上の必要性（定期異動、余剰人員の再配置、
　顧客からの信用喪失や職場における協調性の欠如など営業
　上・人事管理上の理由、技能の習得や勤務態度の改善を図る
　目的、健康管理の必要性）が認められるか［→ **3**］

☐人選の合理性があるか［→ **3**］

☐労働者に対する不利益（賃金等の労働条件の変更の有無、業
　務権限の縮小、キャリア形成への影響、本人・家族の病気、
　育児、介護等への具体的な影響、配転に伴う経済的手当の支
　給の有無）があるか［→ **3**］

☐出向期間、復帰条件等労働者への配慮はあるか［→ **3**］

☐使用者側に不当な動機・目的がないか［→ **4**］

☐強行法規違反（不当労働行為、差別的取扱い、男女差別、公
　益通報行為に対する報復等）にあたらないか［→ **4**］

☐組合との事前協議を要するか［→ **4**］

[解 説]

1 出向、転籍の意義

　出向とは、労働者が自己の雇用先に在籍したまま、他の企業の従業員ないし役員となって相当な長期間にわたり他企業の業務に従事することをいう。転籍とは、労働者が自己の雇用先企業から他企業へ籍を移して当該他企業の業務に従事することをいう。いずれも、企業の人事管理の手段として配転と同様に活用されているが、企業が業務命令としてするには以下のとおり法的な根拠が必要となる。

　なお、出向は、自己が雇用する労働者を出向先の指揮命令のもと、出向先のために労働させるという点で労働者派遣に類似するが、出向元と労働者との労働契約を維持しながら出向先と当該労働者との間で労働契約を締結する点で、労働者派遣とは異なる。

2 出向、転籍の根拠

　出向は、労務の提供の相手方が変更されることになるので、使用者が出向命令を発するには労働協約や就業規則上の明示の根拠規定が必要となる。また、労働者の個別の同意がない場合には、根拠規定とともに、労働協約や就業規則の中に出向先の限定、出向社員の身分・待遇等が明示的に定められていることが必要とされる。

　転籍の場合は、労働契約の当事者が変更することになるため、労働者の個別の同意が必要となる。就業規則や労働協約に規定があるだけで転籍を命じることはできない。

3 業務上の必要性と労働者に対する著しい不利益

　出向命令、転籍命令が権利濫用と認められる場合は、当該命令は無効となる。権利濫用となるかについては、業務上の必要性、人選の合理性、労働者の職業上・生活上の不利益の内容や程度等を比較衡量して判断される。配転とは異なり、出向や転籍は労働条件に及ぼす影響

が大きいため、労働者の受ける不利益についてはより慎重な検討がなされる。

4 不当な動機・目的、強行法規違反、手続違反

　配転と同様に、出向命令、転籍命令が不当な動機や目的に基づく場合は権利濫用となり、強行法規違反の場合には無効となる。また、労働組合との事前協議など労働協約に定められた手続に違反する場合もその効力が問題となる。

5 出向中の労働契約関係

　出向労働者は、出向元と出向先の両者と労働契約関係を有することになるため、両者の服務規律に服することになるが、出向元には労務の提供をしていないため、労務提供を前提にする規律は出向先の規律に従うことになる。

　給与の支払いは出向元が出向労働者に支払うケースと、出向先が労働者に支払い、不足分を出向元が支払うケースが一般的である。

▶ 参 考 判 例 ··

①**最判平成 15・4・18 労判 847 号 14 頁［新日本製鐵事件］**　労働協約に社外勤務の定義、出向期間、出向中の社員の地位、賃金その他処遇等に関して出向労働者の利益に配慮した詳細な規定があるという事情のもとにおいては、使用者は、当該労働者に対し、個別的同意なしに出向を命ずることができるとした。
②**神戸地判平成 11・2・18 判タ 1009 号 161 頁**　関連会社への出向命令が、要員の合理化、競争力の強化、業務移管を図るもので合理性があり業務上の必要があること、労働者の収入が減少したがこれにより労働条件が大幅に低下し著しい不利益を受けているとはいえないとして人事権の濫用にあたらないとした。
③**東京地判平成 25・11・12 労判 1085 号 19 頁［リコー子会社出向事件］**　長年開発部門の職務に従事してきた労働者を立ち仕事や単純作業が中心の業務の子会社に出向させたことは、当該労働者のキャリアや年齢に配慮したものとは言い難く、人選の合理性を認めることはできないとして、人事権の濫用として無効とした。

【 *Answer* 】
　転籍の場合は、労働者との間で転籍先やそこでの労働条件等について個別の合意があれば転籍は有効となろう。

　出向の場合で、個別の合意がないときは、労働協約や就業規則に出向先企業、労働条件、出向期間等が規定されていれば出向の根拠となる。もっとも、26 年間研究職として働いてきた者を配送センターに出向させることは労働者への職業上の不利益が大きく、人選の合理性が問題となって人事権の濫用とされるおそれが大きい（参考判例③）。

第 6 章

労働条件の変更・就業規則法理

14 … 労働条件を変更するにはどのような方法があるか

Case

　Y社は20年前の設立以降、順調に売上を拡大していたが、徐々に競合他社も増えてきたことにより、直近では業績が伸び悩み、3期連続赤字を記録している。Y社のオフィスは東京の1拠点のみであり、約100名の従業員が勤務しているが、拡大期に好条件で採用を続けていたこともあり、人件費が会社の財務状況を圧迫している状況にある。

　Y社としては、外注先の見直しや、オフィスの経費節減など、コスト削減策を講じてはいるものの、なかなか業績は回復しないことから、人件費の見直しの検討に着手している。Y社としては、社員の雇用は維持しつつ、給与を減額することによって対応できないかを考えている。

・・・

ノボル：Y社は労働者の賃金カットをしないと経営が立ち行かない状況みたいで、どうやって進めたらよいか相談がありました。賃金カットは労働契約の変更なので、各労働者から同意をとらないとダメですよね。

姉　弁：それが大原則ね。ただ、約100人全員から同意がとれるとは限らないわね。

ノボル：たしかに・・・。

姉　弁：ほかに方法はないかしら？

ノボル：そういえば、ロースクールの授業で似たような裁判例を読んだような気が・・・そうだ、「就業規則の不利益変更」の回です。そうか、賃金規程を変更するという方法もありますね。

姉　弁：そうね。ただ、賃金規程をどう変えるのか、具体的に考えたほうがいい

わよ。そもそも、どの賃金項目に手をつけるのかしら？

ノボル：賃金項目…。基本給とか手当とか、そういう意味ですか？

姉　弁：そう。手当を廃止する場合はどう？

ノボル：手当の条文を削除したり、金額を変更したりすることになりますね。

姉　弁：基本給はどうかしら？

ノボル：あれ、賃金規程には基本給の金額は書いてないな…。

姉　弁：どの賃金項目をどの程度減らさなければいけない状況なのか、よく整理
　　　　したうえで方法を検討する必要があるわね。賃金に関する就業規則変更
　　　　の「合理性」は、そう簡単には認められないから注意が必要よ。

Check List

□賃金引下げの対象となる労働者の範囲、労働者数はどの程度
　か［→1・2］

□社内労働組合は存在するか［→1・3・5］

□社内労働組合の加入率はどの程度か［→1・3・5］

□社内労働組合との関係は良好か［→1・3・5］

□引下げの対象とする賃金は手当なのか、それとも基本給なの
　か［→1・4］

□引下げの対象とする賃金は、就業規則（賃金規程）に定めら
　れたものか［→1・4］

□直近5年間程度の会社の決算は赤字なのか黒字なのか［→5］

□決算書等に示された会社の損失の程度や損失の出ている期間
　はどのようなものか［→5］

□会社はこれまでにどのような経費削減策を講じてきたか。そ
　の結果はどうだったか［→5］

□会社の事業収支で人件費の占める割合はどの程度か［→5］

□賃金引下げ以外の方法はないのか［→5］

□賃金引下げの幅はどの程度か。労働者の生活にどの程度の影

響を与えるものか [→ **5**]

□引き下げる賃金の内容・程度は、会社の客観的な経営状況か
らやむを得ない範囲にとどまっているか [→ **5**]

［ 解 説 ］

1　労働条件の変更の方法

　賃金を含む労働条件の変更の方法としては、①使用者・労働者間の
個別合意による方法、②使用者と労働組合との間で労働協約を締結す
る方法、③就業規則を変更する方法がある。いずれの方法を選択すべ
きかについては、変更の対象となる労働者数、労働組合の有無・組織
率、変更が必要となった経営上の理由、変更する労働条件の内容・程
度など、個別の事案に応じて判断する必要がある。

　なお、就業規則において、人事評価制度の仕組みと、その結果が不
良だった場合に賃金が引き下げられる旨および引下げ幅が定められて
いることがある。その内容が合理的なものである限りは、賃金引下げ
について新たに①〜③の方法をとる必要はなく、あとは人事評価権の
濫用の有無の問題となる。

2　①個別合意による方法（労契 8）

　労働条件の不利益変更（賃金引下げを含む）は、労働者との合意に
よって行うことが大原則である（労契 8、合意原則）。変更の対象とな
る労働者が少数であれば、まずはこの方法を検討することになる。他
方、変更の対象となる労働者が多数であると、全員から合意が得られ
ない可能性も高まる。この場合に、合意に応じた労働者の労働条件の
みが引き下げられるのでは、職場内の不公平感を生むという問題があ
る。そのため、多数の労働者の労働条件を統一的に変更する場合、②
または③の方法が現実的であることが多い。①個別合意による方法に

ついて、実務上は、以下の点に注意すべきである。

　まず、合意の内容については、必ず労働者との間で書面（変更合意書、覚書、同意書など）を交わすべきである。書面を取りつけておかないと、のちに合意の存在を立証するのに困難が生じるからである。

　次に、賃金・退職金を含む重要な労働条件を変更する合意については、単に労働者がこれを受け入れたというだけではなく、「労働者の自由な意思に基づいてされたものと認めるに足りる合理的な理由が客観的に存在する」といえる必要がある（参考判例①）。変更の内容を労働者に説明し、労働者が異議を申し出ていないことにより、労働者が黙示に承諾したといえるような場合であっても、「自由な意思」に基づく承諾は簡単には認められない（参考判例②）。また、書面上の合意があったとしても、「自由な意思」に基づく合意ではないと判断されることもありうる。使用者側においては、変更の必要性だけでなく、労働者に生じる不利益の内容・程度についても丁寧に説明を行ったうえで、合意書に署名・捺印してもらう必要がある（参考判例①）。

　さらに、変更する労働条件が就業規則に定められたものである場合、就業規則の最低基準効により、それを下回る個別合意が無効となる可能性がある（労契12）。たとえば、賃金規程に定められた手当について、賃金規程を変更しないままに不支給の合意をしても、その合意は無効となりうるため、このような場合は、賃金規程の変更も併せて行う必要がある。

3　②労働協約の締結による方法（労組16）

　労働協約における「労働条件その他の労働者の待遇に関する基準」を定める部分（規範的部分）は、個々の労働契約を直接規律する効力（規範的効力）が与えられている（労組16）。労働協約が締結されれば、原則として規範的効力が認められ、例外的に、労働組合内の意見集約手続や協約締結権限の授権手続に瑕疵がある場合や、特定または一部の組合員をことさら不利益に扱う内容であるなど、労働組合の目的を

逸脱して締結された場合には、規範的効力が否定される。労働協約による労働条件の変更の効力は、当該労働組合の組合員である労働者についてのみ及ぶのが原則であるが、事業場の4分の3以上の同種の労働者が当該労働組合に加入していれば、事業場の他の同種の労働者にも当該労働協約が適用される（労組17。一般的拘束力）。

労働組合の組織率が100%に近く、春闘を含めた労使交渉が活発な会社では、労使交渉を行ったうえで、労働協約を締結する方法も考えられる。ただし、労働協約の締結について、労働組合内の授権手続に瑕疵があると、労働協約の規範的効力が否定されかねない（参考判例①）。会社としては、組合への支配介入（労組7(3)）となるような執拗な仕方に至らない範囲で、労働組合への授権手続の確認は必要であろう。

4 ③就業規則の変更による方法（労契10）

多数の労働者に統一的に新たな労働条件を適用する方法としては、就業規則の変更の方法を用いる場合が多い。①変更後の就業規則の周知と、②就業規則変更の合理性をみたせば、変更後の就業規則の内容が労働条件の内容となる（労契10本文）。

この方法を用いる前提として、変更する労働条件が就業規則で具体的に定まっているものであるかを確認する必要がある。たとえば、手当の廃止・減額であれば、賃金規程の当該手当の条文を削除・変更することで対応可能なことが通常である。基本給の引下げの場合も、賃金規程上で定められた賃金テーブルの金額を全体的に引き下げるのであれば、就業規則の変更の方法を用いることができる。しかし、賃金規程上、「基本給は、本人の職務内容、技能、勤務成績、年齢等を考慮して各人別に決定する」とだけ定められ、具体的賃金額は個別の契約で定められていることも多く、その場合には、就業規則の変更の方法は適さないことになる。

基本給は退職金の算定基礎になっていることも多く、基本給の引下

げは、手当の減額に比して労働者に与える不利益が大きいことが多い。そのため、賃金の引下げを検討せざるを得ない場合、まずは手当の整理から検討するべきである。

5　不利益変更の合理性の各判断要素

　労働契約法10条は、就業規則の変更の合理性の判断要素について、①労働者の受ける不利益の程度、②労働条件の変更の必要性、③変更後の就業規則の内容の相当性、④労働組合等との交渉の状況、⑤その他の就業規則の変更に係る事情を掲げている。白石哲編『労働関係訴訟の実務〔第2版〕』（商事法務・2018年）166頁以下の論文（西村康一郎執筆）では、各判断要素に関連する裁判例が詳細に紹介されているので、参照されたい。

　賃金・退職金という重要な労働条件の不利益変更の場合、そのような不利益を労働者に法的に受忍させることを許容できるだけの高度の必要性に基づいた合理的な内容のものである必要があるとされており（最判昭和63・2・16民集42巻2号60頁［大曲市農業協同組合事件]）、そのハードルは相当高いことに注意すべきである。

　各判断要素のうち、②労働条件の変更の必要性は、会社の客観的な経営状況に関する事情であり、会社の財務状況を示す客観的資料の徴求や担当者からのヒアリングを通じて、十分に確認すべきである。また、これまでに会社が講じてきたコスト削減策とその結果を確認することによって、賃金引下げに踏み切る以外の方法が本当にない状況なのか、という視点での検討を行うことが重要である。

　それ以外の判断要素は、これから実施する会社の対応に関するものであり、相談を受けた弁護士としては、文献・裁判例をよくリサーチしながらアドバイスする必要がある。

　①労働者の受ける不利益の程度や、③変更後の就業規則の内容の相当性は、どの程度の賃金引下げを実施するかに関わる問題である。会社の財務状況に照らして真に必要とされる範囲の引下げにとどめなけ

ればならず、「何％未満であれば問題がない」とは一概にはいえない。真に必要とされる範囲の引下げであったという点については、使用者側で事後的に立証できるようにしなければならない。たとえば、引下げの対象となる賃金項目や引下げ金額について、複数の案をもとに財務予測のシミュレーションを行い、当該引下げ案を選択せざるを得なかったことを客観的に説明できるようにすることが考えられる（このような資料の作成は、下記の労使交渉の際の説明にも有用である）。また、急激な賃金引下げは労働者に与える不利益が大きいため、一定期間、段階的に調整給を支給するなどの激変緩和措置を設けることも検討に値する。

　④労働組合等との間で十分な交渉を行い、労働組合から同意が得られたという事情は、変更の合理性を基礎づける要素になる。使用者として、結論ありきの、形だけの交渉を行うのではなく、会社の経営状況についての説明を尽くして、労働組合からの要望も十分に検討すべきである。労働組合が存在しない場合も、従業員説明会を開催して、変更の必要性や変更内容を説明するとともに、過半数代表者との間でよく協議を行うべきである。

▶ 参 考 判 例 ···

①**最判平成 28・2・19 民集 70 巻 2 号 123 頁［山梨県民信用組合事件］**　信用協同組合の合併に伴い、職員が合併前の就業規則に定められた退職金の支給基準を変更することへの同意書に署名押印した事案について、署名押印が「自由な意思に基づいてされたものと認めるに足りる合理的な理由が客観的に存在する」か否かの判断にあたり、自己都合退職の場合には支給される退職金額が0円となる可能性が高くなることなど、基準変更によって生じる具体的な不利益の内容や程度について、情報提供や説明がされる必要があったとした。

②**東京高判平成 12・12・27 労判 809 号 82 頁［更生会社三井埠頭事件］**　会社が経営難のために管理職の賃金を20％減額することを通知し、当初は労働者からの異議の申出がなかった事案について、外形上、減額通知を黙示に承諾したと認めることが可能であるとしつつ、それが自由な意思に基づいてされたものであると認めるに足りる合理的な理由が客観的に存在するとはいえないとした。

③**東京高判平成 26・2・26 労判 1098 号 46 頁［シオン学園事件］**　会社が2億

円超の債務超過を抱え、売上高に対する人件費割合が常に7割を超える状況で行った給与規程の変更による基本給引下げ（減額割合は平均8.1%）について、労働契約法10条の変更の合理性を肯定した。

【 *Answer* 】

　賃金引下げが事後的に違法と評価されると、変更前との差額未払賃金の支払義務を負うことになり、変更の対象とした労働者数が多ければ多いほど、未払賃金額は多額となる。このような法的リスクをふまえて、会社側としては、実際に賃金引下げに踏み切るのか否か、慎重な検討が必要である。

　賃金引下げを行うとすれば、まずは手当の整理から検討することになると思われるが、手当の具体的金額は、就業規則（賃金規程）に定められているのが通常であるため、③就業規則を変更する方法を検討する場合が多いであろう。しかし、賃金という重要な労働条件に関する就業規則の不利益変更は、そう簡単に合理性が肯定されるわけではない。Y社は「3期連続赤字」という状況であるとのことだが、その内容について、財務諸表に基づいて具体的に確認したうえで、賃金引下げに踏み切るしかない（ほかに有効なコスト削減策は残っていない）といえる経営状況であるのか、よく検討すべきである。

　実際に賃金引下げに踏み切る場合も、引下げ幅を真にやむを得ないといえる範囲にとどめること、労働者の不利益緩和措置を設けること、労働組合等と十分な協議を行うこと等が重要である。

第 **7** 章

懲戒処分

15 … 懲戒処分はどのような場合に無効となるのか

Case

　Y社の内部通報窓口に対して匿名通報があった。それによれば、「Y社の従業員Xは取引先から回収した代金の一部をギャンブルに流用したり、虚偽の出張報告で出張手当を不正に受給したりしており、監督責任を問われることを恐れて上司も放置している」とのことであった。通報を受けたY社は、ただちに社内調査を開始することとした。しかし、従業員Xが勤務する店舗は小規模であり、調査を察知された場合には、Xの手によって資料の廃棄が行われる可能性がある。Y社は、事実調査やXの懲戒処分に向けての検討事項を整理することとした。

● ● ●

ノボル：Y社との打ち合わせで検討が必要な事項としては、懲戒処分の内容や被害金額の回収方法でいいですかね？

姉　弁：それだけで大丈夫？ ほかには何かないかしら？

ノボル：えーっと…。あっ、Xによる証拠隠滅の可能性があるので、自宅待機を命ずることも検討すべきだと思います。

姉　弁：それもそうだけど、もっと細かく検討してみましょう。懲戒処分を検討する場合にチェックする就業規則の規定を挙げてみて。

ノボル：懲戒処分を行う場合、就業規則に規定されている懲戒事由に該当することが必要です。また、懲戒処分の内容も就業規則に規定されている必要があります。諭旨解雇や懲戒解雇などの重い懲戒処分では退職金の不支給・減額も問題となるので、これらの根拠規定も確認します。

姉　弁：じゃあ、懲戒処分までの手続については？

ノボル：証拠隠滅防止のための自宅待機命令、それから証拠の収集・保全…でしょうか。

姉　弁：そうね。ただ、証拠の収集・保全については根拠規定も確認しておいたほうがいいわよ。証拠の収集手続が問題となった判例もあるから、確認しておいて。弁明の機会を付与することも必要よ。

ノボル：わかりました。

姉　弁：従業員Ｘが労働組合員である場合はどう？

ノボル：労働協約を確認するのをすっかり忘れていました…。たしかに、労働組合員の懲戒処分の場合における労働組合との事前協議などが規定されている場合がありますもんね。

姉　弁：そうよ。懲戒処分を検討する場合、根拠規定に目が行きがちだけど、懲戒処分の手続に関する規定もチェックすることを忘れちゃダメよ。

ノボル：わかりました。さっそく調べてみます！

姉　弁：ちょっと待って。あと今回のケースでは、上司の監督責任の問題も検討する必要がありそうよ。仮に通報が事実なら従業員Ｘからの被害金額の回収も視野に入れる必要もあるわね。また、懲戒処分の社内公表が名誉毀損等で問題とされる可能性もあるから、その点も注意喚起しておいたほうがいいわ。

ノボル：検討することが多いですね…。

姉　弁：懲戒解雇の有効性が争われるリスクが高い場合には、退職勧奨や普通解雇の方法をとることもあるから、そのあたりも押さえておいてね。

ノボル：わかりました。Ｙ社からは、懲戒処分の量刑相場も質問されそうですね。

姉　弁：横領事案や手当の不正受給事案の懲戒処分については、それなりの数の裁判例があるはずよ。事前に整理して、ポイントをまとめておいてね。

ノボル：そうですね…。大変そうですが、がんばります。

姉　弁：最後に、被害弁償の方法もね。賃金から控除する方法は労働基準法24条との関係でトラブルになる可能性があるから、その点もふまえてどのような方法が可能か、事前に検討しておいて。

ノボル：わかりました！

Check List

□懲戒処分の根拠規定である就業規則等では、どのような定めになっているか［→ 1］

□懲戒処分をするのにどのような調査が必要か［→ 2］

□懲戒事由の内容を特定し、弁明の機会を付与するなど懲戒手続は適正に行われているか［→ 3］

□懲戒処分の量刑の重さは、会社の前例や判例・裁判例等に照らして妥当か［→ 4］

□懲戒処分の社内公表等を行う場合、プライバシー侵害や名誉毀損の問題を検討したか［→ 5(1)］

□会社が受けた損害（被害）の弁償を加害労働者からしてもらう予定なのか［→ 5(2)］

□当該労働者の上司による監督に問題はなかったか［→ 5(3)］

［ 解 説 ］

1 懲戒処分の根拠・障害となる規定

　懲戒処分の有効性が裁判等で争われる場合は、①懲戒処分通知書に記載された事実を裏づける証拠があるか、②懲戒処分の手続は妥当か、③問題行為が会社に与えた影響や本人の過去の処分歴等をみて懲戒処分の内容は相当か、が問題とされる。そして、上記①の前提として「懲戒処分について規定されている就業規則が社内に周知されているか」、「懲戒処分通知書に記載する問題行為が就業規則にある懲戒事由に該当するか」、「懲戒事由に対応するいかなる懲戒処分が規定されているか」という点を確認することが必須となる（参考判例①）。

　また、懲戒解雇・諭旨解雇（諭旨退職）では、退職金の不支給・減額を伴うのが通常であり、その場合は不支給・減額の根拠規定がある

ことを確認する必要がある。

　懲戒処分の根拠規定に加え、(ⅰ)懲戒処分に関する社内規則（懲罰運用細則、懲戒委員会規定）、(ⅱ)労働組合との書面合意（労働協約）の内容も確認しておく必要がある。その際は、根拠規定だけでなく、懲戒処分を行うにあたって必要な手続が規定されているかどうかも確認する必要がある。

2　懲戒処分に関する手続

(1)懲戒処分に関する手続規定　会社の中には、懲罰委員会における弁明聴取や労働組合との協議が懲戒処分の手続として規定されている場合がある。懲戒処分の有効性が裁判等で争われることを想定すれば、懲戒処分の手続の規定を細かくチェックして、当該規定に則った対応をとるべきである。

　また、懲戒処分のための証拠収集や証拠保全の手続として、所持品検査を実施したり自宅待機を命じたりすることがあるが、その場合も就業規則や労働協約に根拠規定があるか等を確認しておく必要がある。

(2)証拠の収集方法　懲戒事由を裏づける証拠は会社側で準備する必要があるが、警察のような捜査機関ではないので、懲戒事由を裏づける証拠の収集・確保は意外に難しい。また、懲戒処分に関する裁判では、調査方法についても争点となることがある。

　たとえば、「所持品持検査」では、最判昭和43・8・2（民集22巻8号1603頁）[西日本鉄道事件]、「パソコンのモニタリング」では、東京地判平成13・12・3（労判826号76頁）[F社Z事業部事件]および東京地判平成14・2・26（労判825号50頁）[日経クイック情報事件]がある。これらは対象者（労働者）のプライバシーとの関係が問題となっており、実務上は、できるだけ対象者本人の同意を得るか、あらかじめ制度化して周知しておく方法で対応している。

　なお、近時は、不正調査のためにデジタル情報の復元（デジタルフォレンジック）が行われることがあり、そのための根拠規定を就業規

則等に設けているケースもある。

（3）ヒアリングや自宅待機命令　懲戒処分の対象者が問題行為を認めた場合、始末書の提出を命じることがあるが、「『始末書』を提出しないことを理由に懲戒処分ができるか」が争点となることがある。そのため、実務では「始末書」ではなく、業務命令として「報告書」の提出を締切日や提出方法を指定したうえで命じることもある。

　懲戒処分対象者に対する調査方法が高圧的・押しつけ的なものである場合には、自認書・報告書自体の信用性が否定されることがあるので注意を要する。

　なお、社内にいると証拠隠滅の可能性がある場合は自宅待機を命じるべきである。業務命令としての自宅待機なので賃金支給が必要であり、後からさかのぼって（懲戒処分としての）「出勤停止」に振り替えることもできない。

（4）関係者への調査　上司・同僚で調査に協力してもらえる者から順次に情報を収集することになるが、それらの者が問題行為に関与しているなど共犯関係にある可能性がある場合、口裏合せ等の証拠隠滅に十分注意すべきである。

　また、監督責任を問われる可能性がある上司にも留意が必要である。不正取扱いが疑われる対象者のヒアリングに上司を同席させた場合、自らの監督責任を軽減させるために、対象者を擁護したり、助け船となる発言をする可能性があるからである。

3　懲戒対象者に対する措置

　就業規則等に懲戒処分の根拠規定があっても、労働契約法 15 条の「懲戒権の濫用」として効力が否定されることがある。また、減給処分については労働基準法 91 条による金額制限がある。

　その他、懲戒処分を実施するにあたって注意すべきポイントとして以下がある。

①就業規則で規定できる（規定した）以上、明文規定に従って処分を行う必要がある【懲戒事由と懲戒処分の明記】

②就業規則で懲戒事由を追加することで、当該事由をもって過去の事象を懲戒処分することはできない【不遡及の原則】

③懲戒処分後に懲戒事由を追加することはできない

④同じ行為で重ねて懲戒処分できない【二重処罰の禁止】

⑤懲戒事由発覚時から懲戒処分まで長期間をおくべきではない【時間的制限】

⑥退職の効力が発生するまでに懲戒処分を行う必要がある

⑦弁明の機会を付与する

　③に関する判例としては、最判平成8・9・26（労判708号31頁）［山口観光事件］がある。

　④は、同じ行為について懲戒処分を事後的に重ねて行うことはできないが、同時に複数の懲戒処分をする（併科する）ことは、根拠規定（併科規定）を設けておけば可能である。また、懲戒処分前にもすでに懲戒処分を受けていたことを量刑として考慮すること自体は、二重処罰には該当しないと解されている。

　⑤の時間的制限については、懲戒事由発生から懲戒処分までの間に長期間が経過していることで、懲戒処分の有効性が否定されることがある点に注意を要する。この点に関し、最判平成18・10・6（労判925号11頁）［ネスレ日本事件］は、上司に対する暴行事件から約7年後の不起訴処分後に行われた諭旨退職処分を権利の濫用として無効とした。

　⑥は、懲戒処分を察知した社員が事前に辞職して（自己都合での）退職金請求をしてくることがあるので、退職の効力が発生するまでの期間が懲戒処分の時期的な限界となる。

　⑦の「弁明の機会」を付与する手段としては、ヒアリング以外に、本人からの事情書を提出させる方式がとられることもある。

4 懲戒処分の検討

(1)懲戒処分の検討要素　問題行為が懲戒事由に該当していれば当然に懲戒処分が有効となるというものではない。懲戒処分の内容、特に、賞与や退職金にも影響する降格や、契約関係の解消と退職金の不支給・減額を伴う諭旨解雇（諭旨退職）や懲戒解雇は、労働者側の不利益が大きいので慎重な判断を要する。

　個別の懲戒事由ごとのポイントは、同種裁判例を集めて、ケースごとに検討する必要があるが、①同種事象における過去の社内処分、②社内の懲戒処分の指針（ガイドライン）、③本人の反省の程度等は、事案を問わず確認しておくべきである。また、④本人の過去の懲戒処分歴も併せて確認しておく必要がある。

(2)その他の検討事項　諭旨解雇（諭旨退職）や懲戒解雇では、退職金の不支給・減額を伴うことがあるので、退職金規程等で根拠規定を確認する必要がある。裁判例では、懲戒解雇を有効としつつ、退職金の一部支払いを命じるものがある。たとえば、小田急電鉄事件（参考判例②）は退職金の3割の支給を相当とした。実務でも、懲戒解雇無効のリスクを軽減するために退職金を一部支給することがある。

　本人に問題行為があった場合に、懲戒処分ではなく、退職勧奨や普通解雇を行うこともある。退職勧奨については第8章**19**、解雇については第9章を参照されたい。

　また、懲戒処分をせずに、そのまま勤務継続となる場合でも、注意書や業務改善指示書を交付しておく必要がある。その後に問題行為があって懲戒処分を行う場合、「以前は許されていたのに、今回処分するのは不合理である（懲戒処分には不当な意図がある）」などと反論されることを避けるためである。

5 懲戒処分に伴う措置

(1)懲戒処分の社内公表・第三者への通知　単に社内の慣例であるからとか、本人の行為が会社として許せないからといった理由で公表・

口外をするのは控えるべきである。懲戒処分は本人の不名誉・プライバシーに関わる事項であり、安易にイントラネットや社内掲示で公開すべきではなく、ましてや不必要に取引先など社外に通知等をすべきではない。裁判例でも名誉毀損が認められたものがある。たとえば、「社内掲示」のケースでは東京地判昭和 52・12・19（判タ 362 号 259 頁）、「社内電子メールによる送信」では東京地判平成 14・9・3（労判 839 号 32 頁）、「取引先への通知」では大阪地判平成 11・3・31（労判 767 号 60 頁）がある。

（2）被害弁償について　懲戒事由に該当する行為によって、会社に経済的損害が発生した場合には、その弁償として、退職金の放棄・合意相殺を行うことがあるが、退職金を含む賃金の控除については、相殺や一方的控除が賃金全額払いを規定した労働基準法 24 条で禁止されている。

　また、賃金の放棄・合意相殺についても、労働者側の意思の有効性（自由意思の存在）が争われるリスクがある。

　判例は、賃金債権の放棄について、賃金債権放棄の意思表示があり、当該放棄の意思表示が自由な意思に基づくものであると認めるに足る合理的な理由が客観的に存在することが必要とし（最判昭和 48・1・19 民集 27 巻 1 号 27 頁［シンガー・ソーイング・メシーン事件］）、相殺への同意についても、労働者の相殺への同意が自由意思に基づくと認めるに足りる合理的な理由が客観的に存在することが必要（最判平成 2・11・26 民集 44 巻 8 号 1085 頁［日新製鋼事件］）としている。

　被害弁償が完了しないうちに一方的に退職するリスクがある場合には公正証書を作成することもある。

（3）上司の監督責任　上司に対して懲戒処分を行う場合には、実行者である部下のチェックをどこまで求められるかがポイントになる。

　部下の横領行為の原因・理由が、上司等の個人的責任よりも、組織的・システム的な問題に起因しているケースもあり、そのような場合は、懲戒処分は慎重に検討する必要がある。

▼ 図表 4　不正調査・懲戒処分の手順

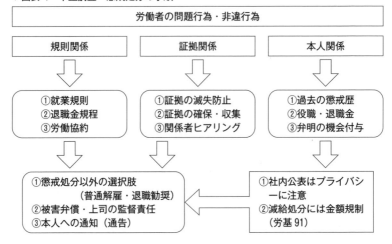

▶ 参 考 判 例 ·······

①**最判平成 15・10・10 労判 861 号 5 頁[フジ興産事件]**　周知されていない就業規則の効力が問題となった事案について、①使用者が労働者を懲戒するためには、あらかじめ就業規則において懲戒の種別および事由を定めることを要する、②就業規則が法的規範としての性質を有するものとして効力を生ずるためには、その内容を労働者に周知する手続をとる必要があるとした。

②**東京高判平成 15・12・11 労判 867 号 5 頁[小田急電鉄(退職金請求)事件]**　電鉄会社の職員の痴漢行為について、懲戒解雇を有効としつつも、退職金不支給については永年の勤続の功を抹消してしまうほどの重大な不信行為があることが必要であるとし、上記事案においては 3 割を支給するのを相当とした。

③**東京地判平成 12・2・28 労判 796 号 89 頁[メディカルサポート事件]**　交際費や会議費の経費請求および精算の不正を理由とする懲戒解雇処分について「いずれも経費の不正請求又は不正精算であることを理由にされたものというべきであり、このような経費の不正請求及び不正精算は企業秩序維持の観点からは被告としては到底容認することができないもの」と判断し、上記処分を有効とした。

〖 *A n s w e r* 〗

　懲戒処分の有効性や量刑の相当性が争われた場合、懲戒事由該当性や量刑の相当性を会社側で主張・立証する必要があるが、懲戒処分の手続自体についても、就業規則等の社内規程に則った対応が必要になる。そこで、

懲戒処分にあたって、いかなる手続が必要であるかを社内規程（労働組合がある場合には労働協約も併せて）で確認する必要がある。

　懲戒処分の有効性が争われる場合、懲戒処分通知に記載された事実（懲戒事由）が争点となるので、懲戒処分通知の記載は証拠に基づいて慎重に記載する必要がある。

　Case では、金銭をめぐる不正行為が問題になっている。これらは、秘密裏に行われるうえ、手口が巧妙であり、客観的な証拠のみから全体像を把握・立証することは難しい。不正行為者が当初は事実関係を認めていても、後から言い訳・弁解がなされることも多い。不正行為を認めた場合には、動機や行為態様、金銭・商品の使い途や会計資料等への記載等、本人でなければ語れない事情について説明を求め、不合理な点があればさらに細かく確認することが必要である。

　調査方法としても、客観的な証拠や関係者からの報告書を入手し、不正行為者からも報告書等で事実を提出させる対応が必要である。被害弁償についても、賃金（退職金を含む）からの控除や相殺の方法による回収を行うと労働基準法 24 条や判例を根拠に控除や相殺処理の有効性が否定されるリスクがあり、強制執行認諾文言付の公正証書の作成も検討すべきである。

16… 使用者が労働者に対して損害賠償を請求することはできるか

Ｃａｓｅ

　トラック運送業を営むＹ運送株式会社ではドライバー不足が常態化し、長時間労働が続いていた。そのような中、ドライバーＸが運転を誤って物損事故を起こしてしまった。Ｙ運送の社長はＸに対し「いきなり全額弁償するというのは無理だろう。車両の修理費とお客様が被った損害は、毎月の給料から２万円ずつ引いていく」と告げた。これに対しＸは「確かに運転ミスはしましたけど、車両の修理費とか損害を全部支払うには何年もかかってしまいます。本当に全額支払う必要があるんですか？　それなら、辞めることも考えます」と言った。社長はもし支払いが終わる前に退職するなら残額を一括請求するほかなく、訴訟も辞さないと考えている。

・・・

ノボル：これ、保険をかけてなかったそうなんですよ・・・。

姉　弁：運送会社が必ずしも万全に保険をかけているかというと、そうでもないわよ。大規模な事業者なら台数も多いから、事故は一定の確率で発生すると考えて予測だけしておけば、保険はあまりいらない。他方で、下請ばかりの零細事業者にとっては、事故が経営上の致命傷になりうるとしても保険料負担がバカにならない。だから保険のかけ方はまちまちというわけ。で、今回みたいに「事故を起こしたらドライバー負担」だという社長さんは多いわ。

ノボル：このドライバーについては、個人事業主として契約しているわけではなく、ちゃんと雇用契約として管理されていることがわかっています。だけど、２万円ずつ給料から引いていくっていうのは、賃金全額払いの原

則との関係で問題ですよね。

姉　弁：そもそもドライバーが負担する必要はあるの？

ノボル：そこからですか。うーん、とはいっても、この事故自体は全面的にドラ
　　　　イバーの過失のようですが・・・。

姉　弁：トラックに限らず、労働者に過失があったら労働者が会社に対して
　　　　100％損害賠償することになるの？　じゃあもっと大きな事故を起こし
　　　　てしまったらどうなの？　安い給料で働かされて、ミスをしたら何千万
　　　　円払えと言われたら、たまったものじゃないでしょ。リスクの大きい業
　　　　務に回されたら大変よ。

ノボル：そうかぁ・・・。でも、労働者の過失で会社に損害が生じたときに、会社
　　　　が負担するとか労働者が負担するといった条文は見た覚えがありません。
　　　　となると、結局は一般論に戻って、民法の債務不履行責任や不法行為責
　　　　任で考えるんじゃないでしょうか。会社との関係では、過失相殺とか素
　　　　因減額とか損益相殺とかで責任が軽減される理由はなさそうに見えるん
　　　　ですけど・・・。

姉　弁：こういう類の状況は、これまで数限りなく発生してきたはずよ。そして、
　　　　労働者が100％の損害賠償責任を負うという結論に違和感があるのな
　　　　ら、きっと何かルールがあるはずだと考えなきゃ。条文がなくても、判
　　　　例によって形成されたルールとかね。

ノボル：わかりました。調べてみます。

姉　弁：ところでこの会社、残業代とかきちんと支払っているのかなぁ。

ノボル：それ、何か関係あるんですか？

Check List

□事業の性格、規模、施設の状況はどのようなものか ［→ 2］

□従業員の地位（幹部か否か）はどのようなものか ［→ 2］

□従業員の業務の内容、労働条件、勤務態度はどうであったか
　［→ 2］

　　□加害行為（事故）の態様はどのようなものであったか［→ **2**］

　　□故意はあったのか、なかったのか［→ **2**］

　　□加害行為（事故）の予防についての使用者の配慮はどの程度
　　　であったか［→ **2**］

　　□保険加入など、損失の分散についての使用者の配慮はどの程
　　　度であったか［→ **2**］

［ 解説 ］

1　労働者の責任制限に関する法理

　労働契約に基づき、労働者は労働義務を負い、使用者は賃金支払義務を負う（労契6）。この主たる義務のほか、信義誠実の原則（同3④）を根拠として、両者に付随義務が発生する。労働者の誠実義務、使用者の安全配慮義務（同5）などである。これが労働契約の締結により生じる基本的な関係である。

　以上を前提として、労働者が業務の遂行過程で過失により使用者に損害を与えた場合の法的関係を考えると、労働義務違反となるにせよ誠実義務等の付随義務違反となるにせよ、労働者が債務不履行責任を負い（民415・416）、あるいは不法行為責任を負う場合もあるといえる（同709）。しかし、使用者が営む事業というものは、個人の生活と比較すれば圧倒的に規模が大きいものである。よって、労働者の過失によって使用者が被る損害は、ときに労働者個人が負担しうる規模を大きく超えることになる。果たして、使用者が被った損害を労働者が全額負担するという結論は妥当といえるか。

　この問題に関するリーディングケースとして茨石事件最高裁判決（参考判例①）がある。この事件は、タンクローリー衝突事故が発生し、使用者が相手方へ損害賠償したうえで労働者に求償および直接の損害賠償請求をした事案である。この事案に関し最高裁は「損害の公平な

分担という見地から信義則上相当と認められる限度において」損害賠償請求や求償請求ができると判示した。「損害の公平な分担」は不法行為の趣旨の1つとして言及されるところであるが、これを債務不履行責任にも適用したものだといえる。信義則は民法1条2項のほか、現在は労働契約法3条4項にも規定されている。このような責任制限が認められる実質的な理由としては、労働義務が他人決定的性格を有することおよび結果達成に向けて必要な行為をする債務（手段債務）に尽きること、使用者は労働者の労働力を利用して利益を得るのであるから、その危険も負担すべきであること（報償責任）などが挙げられている。

　そして、同判決は結論として、使用者が直接被った損害および事故の相手方に対する損害賠償義務の履行により被った損害のうち労働者に対して賠償および求償を請求しうる範囲は、信義則上損害額の4分の1を限度とすべきものとした。なお、この「4分の1」という結論が独り歩きしがちであるが、当然ながら「いつでも4分の1までは請求できる」ということにはならない。2において述べるようにさまざまな考慮要素を検討する必要がある。労働者がより大きな責任を負う例もあれば、報償責任・危険責任の観点から損害賠償責任が全部否定される例もある。公刊されている裁判例を概観すると、過失の事例においては、労働者の損害賠償責任を認めないか、認めても50％以下の負担で収まる例が多い。他方で、故意に損害を発生させた事例では原則として損害賠償の責任制限の法理は適用されない。いずれにしても、事案に応じて、近時・類似の裁判例を調査する必要がある。

2　考慮要素

　茨石事件判決（参考判例①）では、「損害の公平な分担という見地から信義則上相当と認められる限度」の判断要素として「その事業の性格、規模、施設の状況、被用者の業務の内容、労働条件、勤務態度、加害行為の態様、加害行為の予防若しくは損失の分散についての使用

者の配慮の程度その他諸般の事情」が挙げられている。これらについてはいくつかの分類が可能である。たとえば、①労働者の立場に関する要素（業務内容・労働条件）、②労働者の行為態様に関する要素（勤務態度・加害行為の態様）、③使用者の事業のありように関する要素（事業の性格、規模、施設の状況）、④使用者の行為態様に関する要素（加害行為の態様、加害行為の予防もしくは損失の分散についての使用者の配慮の程度）といったように分類することができる。

　各要素の判断への影響としては、労働者については、過失の軽重はもちろんのこと、取締役兼務従業員や上級管理職など幹部従業員であるほど賠償責任が重くなる、懲戒処分等の制裁を受けていると賠償責任が軽減される等の影響がある。使用者については、十分な教育やリスク管理体制の構築を行っていない場合や、長時間労働を強いていたような場合には、労働者への損害賠償請求が認められにくく、あるいは労働者の責任が軽減される傾向にある。

▶ 参 考 判 例 ···

①**最判昭和 51・7・8 民集 30 巻 7 号 689 頁［茨石事件］**「使用者が、その事業の執行につきなされた被用者の加害行為により、直接損害を被り又は使用者としての損害賠償責任を負担したことに基づき損害を被つた場合には、使用者は、その事業の性格、規模、施設の状況、被用者の業務の内容、労働条件、勤務態度、加害行為の態様、加害行為の予防若しくは損失の分散についての使用者の配慮の程度その他諸般の事情に照らし、損害の公平な分担という見地から信義則上相当と認められる限度において、被用者に対し右損害の賠償又は求償の請求をすることができるものと解すべきである」として、使用者が被った損害のうち労働者に対して賠償および求償を請求しうる範囲は、信義則上損害額の 4 分の 1 を限度とすべきものとした。

【 *A n s w e r* 】

Case においては、X がドライバーにすぎず幹部従業員ではないこと、ドライバー不足の常態化により長時間労働を強いられていたこと、トラック運送業という一定の割合で事故が生じる業種であるにもかかわらず Y 運送が十分な保険加入をしていなかったこと等、X の損害賠償責任を否定する方向に働く要素が目立つ。X の勤務態度や事故態様にもよるが、Y 運送と

しては損害賠償請求に固執しても十分な成果は得られ難いと考えられる。また、社長は給料から2万円ずつ控除を行って損害賠償に充てるという方法を提示しているが、これは賃金全額払いの原則（労基24①）に抵触すると考えられる（第4章8参照）。加えて、Xは退職する可能性にも言及しており、Y運送がさらなるドライバー不足に陥る危険がある。ノボル弁護士としては、以上のような法的検討の結果をかみくだいて社長に伝え、会社がこれ以上不測の出費を強いられたり、解決困難な法的トラブルを抱えたりすることのないよう、最善と考える策を助言・説得すべきである。

　なお、労働者が損害賠償に応じないまま退職した場合、怒り心頭に発して「訴えてください」と弁護士に迫る使用者は少なくない。この場合に弁護士は、労働者がどの程度の損害賠償責任を負うものか予測することはもちろん、労働者からの「反撃」がありうるかどうかも同時に考えなければならない。典型的な反撃材料は未払割増賃金（残業代）の請求である。たとえ使用者が「残業代はきちんと支払っている」と認識していても、労働基準法に照らして厳しく吟味すれば多額の割増賃金未払いが生じていることがある。そのような検討をせず安易に労働者に対する損害賠償請求訴訟を提起すると、労働者から割増賃金請求等の反訴を提起され「返り討ち」に遭ってしまう。冒頭の対話で姉弁が「この会社、残業代とかきちんと支払っているのかなぁ」とつぶやいているのは、この点の考慮である。

第 8 章

休職・退職

17… 私傷病休職からの復職はどのような 場合に認めなければならないか

Case

　XはY社で予算管理の業務に従事していた。同業務を行う部署は社外との対人交渉がなく、社内の対人交渉も比較的少ない部署であったが、Xは上司との意思疎通が成立せず、また「死にたい」といったひとりごとや職場内徘徊などの不穏な行動により周囲に不安を与えるようになっていた。やがてXは上司の勧めもあり病院に行き、ある障害の診断を受けた。Y社はXに対して休職命令を発したが、就業規則に照らすと、休職期間の上限は令和○年2月28日までであった。休職期間満了が近づいてきたところ、Xの主治医は令和○年1月24日付で職場復帰診断書を作成した。その内容は、3月1日以降は通常勤務が可能であるとのものであった。しかし、数度の職場復帰面談において、Xは日本の総理大臣やY社の社長の氏名を答えることができず、また指示された資料の提出や挨拶などもできなかった。さらに試験出社においては、注意をしても挨拶ができず、居眠りやひとりごとが見られ、さらにはネクタイ着用の指示にも従うことができなかった。Y社は産業医の意見もふまえ、休職期間満了をもってXを自然退職扱いにすることとしたが、Xは代理人弁護士を通じ、プログラミングのみなど対人交渉の必要性が低い業務であれば復職可能であるとして、職場復帰と賃金支払いを求める内容証明郵便を送付した。

• • •

ノボル：挨拶もできない、居眠りする、ひとりごとを言う、ネクタイも着けようとしない、総理大臣の名前も社長の名前も言えない。これじゃあ、まと

もに働けませんよ。解雇もやむを得ないんじゃないですか。

兄　弁：「解雇」と考えていいのかな。「自然退職」扱いらしいけど。

ノボル：自然退職なんて、そんな仕組みがあるんですか？ 定年じゃあるまいし。雇用契約は継続的契約で、それを労働者の同意を得ずに解約するんですから、解雇じゃないんでしょうか。

兄　弁：たしかに、「自然退職」なんてものは法令に出てこないね。じゃあ、「休職」はどうだろうか。

ノボル：休職ですか。休職という言葉はよく聞きますけど。どこかに書いてありましたっけ‥‥。（六法をめくる）

兄　弁：それから、Xの主治医は復職できると言っているよね。ノボル君は解雇もやむを得ないと言うけど、もし地位確認請求訴訟を提起されたら、医療の専門家と異なる意見を出して、果たして勝てるかな。

ノボル：こちらも、何か別の専門家の意見を出すしかないかと‥‥。どうでしょうか。

Check List

□休職の原因は労働災害か私傷病か［→ 3］

□就業規則に休職規定はあるか［→ 1］

□休職規定において、復職できない場合は自然退職とされているか、解雇とされているか［→ 2・5］

□休職規定において、復職の基準および手続はどのように定められているか［→ 3・4・5］

□労働契約において職種や業務内容が特定されているか［→ 3］

□休職期間満了時点において従前の業務を通常の程度に行える健康状態に復しているか［→ 3・4］

□従前の業務を通常の程度に行えないとしても、当初は軽易業務に就かせることで徐々に通常業務に移行できるという回復状態にあるか［→ 3・4］

［ 解 説 ］

1 休職制度の位置づけ

休職とは、労働者を就労させることが不可能または不適当である場合に、就労を一定期間禁止または免除する制度である。その間の賃金は全部または一部不支給とされるのが通常である。傷病、出向、起訴（刑事事件における公訴提起）、組合専従などを休職事由とすることが多い。国家公務員法や地方公務員法においては休職が制度化されているが、民間事業者が休職制度を設けることは必須ではない。ただし、労働協約、就業規則あるいは個別の労働契約で休職制度を設けている場合は、労働契約締結に際して明示すべき労働条件となる（労基15①、労基則5①(11)）。

2 傷病休職制度の合理性

休職事由のうち、最も多く発生するのが傷病である。休職制度が存在しなかったとすると、傷病の発生した労働者は、一定期間労務の提供ができず、債務の本旨に従った履行がない、あるいは不能であるとして解雇事由を抱えることになる。

しかし、それでは労働者にとって酷であるし、使用者としても有能な労働者や長年勤務して事業に貢献してきた労働者を解雇することは

合理的ではない。他方で、欠勤が長期化し、それでも解雇しないとなれば、他の労働者との間の公平を失することとなる。そこで、休職制度を設けて一定の基準を示すことになる。その内容の典型は、傷病が発生して就労させることが不可能または不適当となった場合には使用者が休職を命じるものとし、当該労働者の勤続年数に応じて休職期間の上限を設定し、その間に治癒した場合には復職を認め、治癒しなかった場合には自然退職（自動退職）または解雇（別途解雇の意思表示を要する）とするというものである。

　このように、傷病休職制度は、解雇を一定期間猶予するという機能を有している。なお、権利濫用法理の規制に服する解雇とは別の「自然退職」（自動退職）なる退職事由の定めは有効であるかどうかが問題となるが、裁判例もその合理性を認め有効とする傾向にある（参考判例①）。

3　傷病休職からの復職をめぐる紛争

　以上のように傷病休職制度は解雇猶予の機能を有するものであるが、労働者としては休職期間満了により退職となった場合にはやはり職を失うことになってしまう。そのため、傷病休職からの復職をめぐる紛争は多い。労働者の争い方は主に2つある。1つは、労働基準法19条1項の解雇制限を主張するパターンである。同条項は「使用者は、労働者が業務上負傷し、又は疾病にかかり療養のために休業する期間及びその後30日間」は解雇してはならないと定めている。この争い方の場合、「業務上」の負傷または疾病であるか、すなわち労働災害であるか私傷病であるかが争点となる。近年、メンタル不調を理由とする休職が多くみられるが、その原因は上司のパワーハラスメントであり業務上の疾病であるから解雇制限の適用があるという主張がしばしばみられる。

　もう1つの争い方は、休職期間満了日までに治癒（休職事由が消滅）しており復職可能、あるいは職務を変更すれば復職可能であるという

主張である。この復職可否の判断については、片山組事件最高裁判決（参考判例②。ただし休職制度の事案ではない）の枠組みが頻繁に参照される。同判決は「労働者が職種や業務内容を特定せずに労働契約を締結した場合においては、現に就業を命じられた特定の業務について労務の提供が十全にはできないとしても、その能力、経験、地位、当該企業の規模、業種、当該企業における労働者の配置・異動の実情及び難易等に照らして当該労働者が配置される現実的可能性があると認められる他の業務について労務の提供をすることができ、かつ、その提供を申し出ているならば、なお債務の本旨に従った履行の提供があると解するのが相当である」としている。

　この「債務の本旨に従った履行の提供があるか否か」の枠組みは、その後休職制度における復職可否の判断に用いられるようになる（参考判例③）。「現に就業を命じられた特定の業務について労務の提供が十全にはできない」状態は不完全履行と理解することができるが、労働者が他の業務での労務提供を申し出ている場合には、労働契約において職種、業務内容が特定されておらず、当該労働者が当該申出にかかる業務を履行することができる状態にあり、かつ当該労働者を配置する現実的可能性があれば債務の本旨に従った履行の提供があることになる。

4　主治医の判断と産業医の判断

　復職を求める労働者は、「治癒」すなわち従前の職務を通常の程度に行うことのできる健康状態に回復したことを証明するため、あるいは職務を変更すれば行うことができる健康状態であることを証明するため、主治医の診断書を使用者に提出し、使用者もその提出を求めるのが通例である。使用者は、主治医の診断書が当該労働者の意向の影響を受けた内容となっている可能性に鑑み、提出された診断書を慎重に吟味することになる。

　そのためには、休職期間満了が近づいてきた時期（診断書提出前で

もよい）に労働者と面談したり、主治医のみならず産業医とも面談させたり、試験的に出社させたりする。試験的な出社は、業務を行わせることなく、出社だけさせるなどにする。これらの観察に基づく判断と主治医による復職可否の判断が一致すればよいが、ときに相違する場合がある。その場合には、当該労働者の同意を得て主治医に診断の根拠を照会するなどする。

　最終的に判断の相違が解消されない場合、使用者は休職期間満了により自然退職扱いをすることもある。労働者は労働契約上の地位確認請求訴訟を提起するなどして争うことになり、その結果主治医の判断が尊重されることもあれば、使用者の判断が是認されることもある（参考判例④・⑤）。

5　休職に関する規定整備の必要性

　多くの会社の就業規則には休職に関する規定が盛り込まれているが、その内容についてはさまざまな工夫を盛り込むことができる。たとえば、「治癒」に関する定義を明確に盛り込むこと、休職期間について上限を設けつつもその範囲内で使用者の裁量により決定することができるとすること、休職期間については退職金の計算等に影響する勤続年数に算入しないこととすること、復職を求めるにあたっては主治医の診断書を提出させること、復職判断のための担当者や産業医と面談すること、復職後間もなく再度休職が命じられた場合の休職期間は直前の休職期間と通算して上限に達するまでとすることなどである。このようにすることで、復職可否の正確な判断を担保し、また休職を繰り返していつまでも復帰しないといった行為を防止するのである。

▶ 参 考 判 例 ……………………………………………………………………

①東京地判昭和59・1・27労判423号23頁［エール・フランス事件］　休職期間満了時に自然退職となる旨の規定の有効性自体は認めつつ、使用者が当該従業員が復職することを容認しえない事由を主張立証してはじめてその復職を拒否して自然退職の効果の発生を主張しうるとした。なお、休職事由の発生やその消滅（治癒）につ

いての主張立証責任の分担については議論がある。

②**最判平成 10・4・9 労判 736 号 15 頁［片山組事件］**　労働者が職種や業務内容を特定せずに労働契約を締結した場合においては、現に就業を命じられた特定の業務に就いて労務の提供が十全にはできないとしても、その能力、経験、地位、当該企業の規模、業種、当該企業における労働者の配置・異動の実情および難易度等に照らして当該労働者が配置される現実的可能性があると認められる他の業務について労務の提供をすることができ、かつ、その提供を申し出ているならば、なお債務の本旨に従った履行の提供があるとした。なお、休職制度の事案ではない。

③**大阪地判平成 11・10・4 労判 771 号 25 頁［JR 東海事件］**　休職後の復職可否の判断について、片山組事件と類似の判断枠組みを用いた。

④**東京地判平成 27・7・29 労判 1124 号 5 頁［日本電気事件］**　休職期間中にアスペルガー症候群と診断された原告について、休職期間満了時に従前の職務を通常の程度に行える健康状態、または当初軽易作業に就かせればほどなく当該職務を通常の程度に行える健康状態になっていたとは認められないこと、原告が配置される現実的可能性があると認められる他の業務に就いて労務を提供することができ、かつ原告がその提供を申し出ていたとはいえないことから、休職事由の消滅を認めず、休職期間満了による退職扱いを有効とした。

⑤**東京高判平成 29・11・15 労判 1196 号 63 頁［コンチネンタル・オートモーティブ事件］**　休職期間満了直前の「通常勤務が可能である」旨の主治医の診断書の記載にもかかわらず、休職期間満了時の原告の体調は就労に耐えうるものではなく、復職不可とした被告の判断は正当であり、休職期間の満了により原告を退職扱いとしたことは有効であるとした。

【 *Answer* 】

　職場復帰面談や試験出社における X の状態を観察すると、従来の職務に就かせるにしてもプログラミングのみとするにしても、遂行不可能ではないかと考えられる。Y 社としては面談や試験出社の様子を詳細に記録し、産業医の意見も聞いたうえで、休職期間満了による自然退職扱いとすることが考えられる。

18… 労働者の辞職を拒絶したり退職時に特約を設けたりすることはできるか

Ｃａｓｅ

　Ｙ社のＡ社長は、9月10日、営業部長であるＸから「9月末日をもって退職します。9月15日を最終出勤日とし、残りの期間は、有給休暇を取得します。」と直筆で記載された退職届を手渡された。

　Ｙ社は、急成長中であり、全社的に人手不足状態にある。また、その急成長を牽引したのはＸであり、Ｘに代わる人材を見つけるのは容易ではない。

　Ａ社長としては、退職届を受理せず、Ｘの退職を認めないこととしたいと考えている。また、やむなく退職を受け入れざるを得ないとしても、Ｘからの急な退職申出ゆえに引継期間の確保を要するため、Ａ社長としては、有給休暇の取得は認めず、9月末日まで毎日出社させたいし、さらに、Ｘが競合他社に転職してＹ社の経営が脅かされることのないよう、最低5年間は競合他社に入社せず、かつ、一切、Ｙ社の顧客情報を漏らさず、Ｙ社の顧客とコンタクトをとらないこと、Ｙ社の他の従業員を引き抜かないことを誓約する書面をＸに提出させたいと考えている。

・・・

ノボル：顧問先のＹ社で営業部長が急に退職することになったそうです。Ａ社長も混乱しているみたいで、辞めさせない方法はないのかと言われてしまったのですが・・・。

姉　弁：辞めないよう説得するのは可能だけれど、強制的に辞めさせないことはできないわね。

ノボル：ですよね・・・。それで、せめてしっかりと引継ぎをしてもらいたいとのことでした。就業規則を見たら、退職前の引継義務についての規定がありましたので、それは可能ですよね。

姉　弁：有休の申請は出ていないの？

ノボル：出ています。でも、引継ぎは退職前の今しかできないですから、就業規則で明記されている引継義務のほうが優先するのではないかと思ったのですが。もしくは、まったく引継ぎをせずに有休を取得することは、有休を申請する権利の濫用といえるのではないかと。

姉　弁：有休だって今しか取得できないわよ（笑）。クライアントの立場に立って考えるという姿勢はとても重要だけど、労働者保護を目的とした労働法の世界で、労働者の権利行使が濫用となる場面は、きわめて限定的なんじゃないかしら。特に有休は、労働基準法が直接的に認めている強力な権利なわけだし。

ノボル：そうか・・・。じゃあ、退職後のことを約束するのは自由ですよね？

姉　弁：約束って、何を？

ノボル：Ａ社長が希望しているのは、競合他社に入社しないこと、顧客情報を漏らさないこと、Ｙ社の顧客に連絡しないこと、Ｙ社の他の従業員を引き抜かないこと、です。

姉　弁：退職後にそれらを禁止する規定は、Ｙ社の就業規則に入っているの？

ノボル：見てみたんですが、ないんです。

姉　弁：そう・・・。それなら、禁止するにはＸと合意するしかないわけね。退職したら、何の契約関係もなくなるわけだから、合意しない限り、そう簡単に退職者の自由を制限することはできないわよ。Ｘが合意を拒絶したらなかなか難しいわね。

ノボル：Ａ社長の希望は、どれもそう簡単には叶えられそうもないですねぇ・・・。

姉　弁：法律上認められないことは認められないわけだから、仕方ないわよ。特に労働法は労働者保護のための法律だから、使用者の思いどおりにならないことは多いよね。でも、そこをいかにクライアントに理解させられるかが弁護士としての腕の見せどころだと思うわ。頑張ってみてね。

Check List

□退職届を手渡した際の状況はどのようなものだったか（一方的な退職宣言があったのか等）[→ **2**]

□有給休暇の残存日数は何日か [→ **3**]

□就業規則に、退職後の競業避止義務、秘密保持義務および従業員の引抜き禁止を定めた規定はあるか [→ **4・5・6**]

□退職者が開拓した顧客はどの程度いるか [→ **4・5**]

□顧客情報とは具体的にどのような内容か [→ **4・5**]

□退職者はどのような顧客情報を保有しているか [→ **4・5**]

□顧客情報はどのように管理していたか [→ **4・5**]

□競業避止等の誓約に対する対価の支払い（代償金・退職金の上積み等）は予定しているか [→ **4**]

［ 解説 ］

1　無期労働契約と退職の自由

　期間の定めなく雇用される労働者には退職の自由がある。民法 627 条 1 項は「当事者が雇用の期間を定めなかったときは、各当事者は、いつでも解約の申入れをすることができる。この場合において、雇用は、解約の申入れの日から 2 週間を経過することによって終了する」と定めており、解約の申入れに何らの理由を必要としていない。この条文は、労使双方からの解約に適用されるが、使用者による解約の申入れ、すなわち解雇については、民法の特別法である労働契約法上の解雇権濫用法理（労契 16）が優先されるため、使用者が解約の申入れをするには、客観的合理性と社会通念上の相当性が必要となる（それに加えて労働基準法上の解雇規制もある（労基 19〜21））。これに対し、労働者による解約の申入れについては、このような特別法は存在しな

い。退職の自由は、労働者の不当な拘束からの解放という労働法の基本的理念の中核をなすものであり、優先的に確保されるべきものである。

　なお、有期労働契約に関しては、労使ともに「やむを得ない事由」がなければ解約できない（労使双方について民628、使用者について労契17①）。雇用の期間を定めた場合は、その期間における労務提供および賃金支払いを労使ともに約束したのであるから、互いにその約束に拘束される。また、期間満了によって労働契約は当然に終了するため、不当な拘束から労働者を保護すべき必要性は小さい。

2　辞職の意思表示と合意解約の申込みの意思表示

　労働者の「辞めます」という意思表示は、辞職（の意思表示）である場合と、合意解約の申込み（の意思表示）である場合とがある。辞職は、解雇の反対概念であり、労働者による労働契約の一方的解約である。これに対し、合意解約の申込みは、労使の合意による労働契約の終了に向けられたものである。

　辞職は一方的解約であるため、その意思表示が使用者に到達した時点で、予告期間（2週間）の経過により労働契約は終了する（平成29年改正民法の施行により、月給制や年俸制の場合の予告期間について定めた民法627条2項・3項は、使用者による解約の意思表示にのみ適用されることになったため、労働者側からの解約予告期間は、民法627条1項が定める2週間に一本化された）。意思表示が使用者に到達した後は撤回できない（参考判例①）。これに対し、合意解約の申込みは、使用者が承諾の意思表示をするまで撤回できる。

　「辞めます」という意思表示が、辞職の意思表示であるのか合意解約の意思表示であるのかについては、意思表示の時点で労働者がその区別を明確に意識しておらず、判然としない場合も多い。一般的には、撤回の余地が大きい点で労働者に有利である合意解約の申込みの意思表示であるとの方向で、当事者の意思解釈を行うとされている（参考

判例①）。

3　退職直前の有給休暇の一括取得と時季変更の余地

　退職を決意した労働者が退職日までの全日数について、残存有給休暇を一括して時季指定することが、実務上ままみられる。労働基準法は、労働者による時季指定を変更する使用者側の手段として、時季変更権（労基39⑤ただし書）のみを用意している。

　時季変更は、労働契約の終了日を超えては行えないと解されているため、退職直前の一括時季指定については、「他の時季にこれ〔＝年休〕を与える」（労基39⑤ただし書）余地がないため、使用者は時季変更権を行使することができないと解されている。よって、退職者による一括時季指定を使用者が拒絶することはできない（第3章7のコラムも参照）。時季変更については第3章7を参照。

4　競業避止特約の有効性

　労働者には、労働契約の存続中、労働契約の付随義務として使用者の利益に著しく反する競業行為を差し控える義務がある。禁止される競業行為には、自ら競業事業を行うほか、競業会社に二重就職したり、競業会社の利益になるような行為をしたりすることが含まれる。就業規則等でこれらの禁止を具体的に定めていなくても、労働契約の人的・継続的性格に由来する信義誠実の要請により（労契3④参照）、労働者は当然に競業避止義務を負う。

　しかし、労働契約の終了後は、退職者には職業選択の自由（憲22①）があるため、当然には競業避止義務を負わない。よって、退職者に競業避止義務を課すには、その旨の合意または就業規則上の定めが必要となる。ただし、職業選択の自由との調整の観点から、その合意等の内容に合理性が認められる場合に限り有効（合理性を欠く場合は公序良俗に反し無効）となる。

　この合理性について、多くの裁判例は、義務を課す目的、在職中の

従業員の地位、転職等が禁止される範囲（禁止行為の範囲、地理的範囲、禁止期間等）、代償措置の有無等を総合的に判断している（参考判例②。詳しくは髙谷知佐子＝上村哲史『秘密保持・競業避止・引抜きの法律相談〔改訂版〕』（青林書院・2019 年）193 頁以下を参照）。

5 秘密保持特約の有効性

　労働者は、労働契約の存続中、労働契約の付随義務として秘密保持義務を負う。就業規則中に明確な根拠規定がなくても当然に義務を負うことは、競業避止義務と同じである。

　退職後については、明示的な特約があればそれに基づき、また、そのような特約がなくても、信義則上一定の範囲で在職中に知りえた会社の営業秘密をみだりに漏えいしてはならない義務を負うものと解されている（参考判例③）。ただし、退職者の職業選択の自由との調整の観点から、秘密を保持すべき範囲については、必要性・合理性が認められる限度で限定解釈され、または、必要性・合理性を超える特約はその部分について公序良俗に反し無効となる（参考判例④）。

6 従業員の引抜きの禁止

　競業避止に似た問題として、退職者による他の従業員の引抜き行為がある。在職中は、このような行為が当然に禁止されることは、競業避止義務や秘密保持義務と同様である。

　退職後については、当然に引抜き行為が禁止されるものではなく、そのような行為が違法となるのは、会社が重大な損害を被ることを知りつつなされた場合、虚偽情報を流す等の不正・不公正な方法でなされた場合、不当な目的で行われた場合等、その態様が悪質と評価される例外的な場合に限られる（髙谷＝上村・前掲書 323 頁参照）。

　もっとも、引抜き行為を退職者との個別合意や就業規則で禁止することは、職業選択の自由に対する制約の度合いが小さいことから、原則として有効と解される（髙谷＝上村・前掲書 335 頁以下参照）。

▶ 参考判例 ··

①**大阪地判平成 10・7・17 労判 750 号 79 頁[株式会社大通事件]** 労働者が常務取締役から注意指導を受けた際に言い放った「辞めたるわ」との発言について、「労働者による一方的退職の意思表示（以下「辞職の意思表示」という。）は、期間の定めのない雇用契約を、一方的意思表示により終了させるものであり、相手方（使用者）に到達した後は、原則として撤回することはできないと解される。しかしながら、辞職の意思表示は、生活の基盤たる従業員の地位を、直ちに失わせる旨の意思表示であるから、その認定は慎重に行うべきであって、労働者による退職又は辞職の表明は、使用者の態度如何にかかわらず確定的に雇用契約を終了させる旨の意思が客観的に明らかな場合に限り、辞職の意思表示と解すべきであって、そうでない場合には、雇用契約の合意解約の申込みと解すべきである」とした。

②**東京地判平成 19・4・24 労判 942 号 39 頁[ヤマダ電機（競業避止条項違反）事件]** 8 年間勤続しその間に地区部長や店長等を勤めた労働者が、退職にあたり会社に提出した「役職者誓約書」の中に「退職後、最低 1 年間は同業種（同業者）、競合する個人・企業・団体への転職は絶対に致しません。」との競業避止条項が含まれていたにもかかわらず、退職日の翌日から競業会社（ケーズデンキ）の子会社で、退職から 1 か月半後に競業会社（同社）で勤務を開始したため、もとの使用者（ヤマダ電機）が誓約書で定めた違約金を請求した事案である。これについて、「退職後の転職を禁止する本件競業避止条項は、その目的、在職中の被告の地位、転職が禁止される範囲、代償措置の有無等に照らし、転職を禁止することに合理性があると認められないときは、公序良俗に反するものとして有効性が否定される」としたうえで、競業避止条項の有効性を認め、違約金請求を一部認容した（認容額 143 万円強）。

③**大阪高判平成 6・12・26 判時 1553 号 133 頁** 取締役であった者が退任後に、交渉相手であった会社に対して技術や生産設備を低価格で売り込んだ行為について、退任後の秘密保持に関する明示的な定めはなかったという事案である。これについて、「退職、退任による契約関係の終了とともに、営業秘密保持の義務もまったくなくなるとするのは相当でなく、退職、退任による契約関係の終了後も、信義則上、一定の範囲ではその在職中に知りえた会社の営業秘密をみだりに漏えいしてはならない義務をなお引き続き負うものと解するのが相当であるし、従業員ないし取締役であった者が、これに違反し、不当な対価を取得しあるいは会社に損害を与える目的から競業会社にその営業秘密を開示する等、許される自由競争の限度を超えた不正行為を行うようなときには、その行為は違法性を帯び、不法行為責任を生じさせるものというべきである」として、不法行為に基づく損害賠償請求を一部認容した（認容額 5280 万円）。

④**東京地判平成 29・10・25 判例秘書 LO7230143** 元従業員が秘密保持に関する合意に反して機密情報を使用し営業活動を行ったとして損害賠償を求めた事案である。これについて、「当該機密事項については、公然と知られていないこと、原告の業務遂行にとって一定の有用性を有すること、原告において従業員が秘密と明確に認識し得る形で管理されていることを要すると解すべきであり、これを前提とする限りにおいて、本件秘密保持条項は有効というべきである」との限定解釈をしたうえで、

元従業員が用いたと原告会社が主張する情報は秘密として管理されていたわけではなく、また、元従業員がその情報を取得し使用したとは認められないとして、請求を全部棄却した。

【 *A n s w e r* 】

　Xの意思表示は、退職届の文言上、退職する旨が断定的に示されていることから、辞職の意思表示と解することが自然であろう。その場合、使用者がそれを「承諾する」余地はないから、すでに意思表示が使用者に到達している以上、退職を認めないとの扱いはできない（仮にそのような対応をしても、予告期間の経過により当然に労働契約は終了する）。また、Xによる有給休暇の一括取得をY社が拒絶することもできない（ただし、引継ぎへの任意の協力を求めることは可能である）。

　退職後の競業避止、秘密保持および他の従業員の引抜き行為の禁止については、Xとの合意（特約）によって義務づけることは可能である（ただし、当然のことながら、そのような合意をXが受け入れることが前提となる）。もっとも、Xの職業選択の自由との調整により、義務の範囲は必要性・合理性が認められる範囲に限定される。その範囲は、ケースバイケースであるが、地理的限定や一切の代償金なく5年間という長期にわたる競業避止義務を課すことは無効となる可能性が高いであろう。

19…退職勧奨に関する規制はあるか

> **Ｃａｓｅ**
>
> 　Ｙ社は、数年前に中途採用したＸの仕事ぶりが芳しくなく、また、上司への反抗的な態度も見受けられるため、Ｘを退職させたいと考えるに至った。
>
> 　そこで、上司がＸと面談し、退職してはどうかと話したが、Ｘは「自分はきちんと仕事をし、会社に貢献している。辞めろと言われる筋合いはない」と述べて拒否した。そのため、上司から人事部に話を引き継ぎ、人事部が改めてＸと面談して1時間程度にわたり説得を試みたが、平行線をたどり、Ｘは、「ちゃんと働いている自分に辞めろというなんておかしい。退職強要でありパワハラだ。しかるべき機関に訴えたい」と言い放って席を立った。

● ● ●

ノボル：Ｙ社の人事部から「パワハラに当たるのでしょうか？」という質問が来ました。退職勧奨をするのは自由ですから、そう簡単にパワハラにはならないですよね。

兄　弁：そうだね。退職勧奨は労働契約の解約に向けた働きかけだから、契約自由の原則からして、働きかけを行うかどうかは使用者の自由だよね。退職勧奨の態様によっては不法行為となるなどそれ自体違法性を帯びることはあるけど、そもそも、退職勧奨がパワハラにあたるかどうかを独立して検討する意味はあるかな。

ノボル：「パワハラにあたるか」という質問だったので、パワハラにあたるかどうかを回答すればよいと思っていたのですが・・・。

兄　弁：従業員が「パワハラだ」と訴える例は最近増えてるから、クライアント

もパワハラかどうかを気にすることが多いけど、退職勧奨がパワハラか
どうかを議論しても、法的には何もクリアにならないんじゃないかな？

ノボル：・・・それはどういうことでしょうか。

兄　弁：パワハラに該当すると具体的にどんな法的リスクがあるか、そこを考え
ないと。それに、「パワハラにはあたりません」と答えるだけでは、ク
ライアントはこの先どうしたらいいのか、たとえば、今回のケースでい
えば、Xへの退職勧奨を続けてもいいのか、それとも、退職勧奨以外の
別の手段を考えたほうがいいのか、わからないよね。クライアントの疑
問に正面から回答するという姿勢は大切だけど、法的な分析が不十分な
ままにクライアントが質問してくることもあるからね。質問を法的にか
み砕いたうえで回答してあげないと、クライアントの本当のニーズには
応えられないよ。

ノボル：今回の質問を法的にかみ砕くと、どうなるんでしょうか。

兄　弁：そこまで聞いちゃう？　まずは自分で考えてみたら？　まぁ、切り口とし
ては、1つは、退職勧奨が違法となるのはどのような場合か、違法とな
るとどのような法的効果が生じるのか、ということだよね。会社に何ら
かの法的責任が生じるのか、それとも、退職の意思表示の有効性に影響
するのか。裁判例を調べてみて、どういうときに退職勧奨が違法とされ
ているか、退職勧奨が違法となった結果、どのような法的効果が生じて
いるかを分析してみたら？

ノボル：分析するとどうなるんですか？

兄　弁：それは自分で考えなよ。それから、もう1つの切り口は、労働者側の退
職勧奨に応じない意思が固い場合に、使用者側がとりうる手段として何
があるのか、だよね。退職勧奨を続けてもよいのか、続けられないとし
たら、事態を動かすにはどうしたらよいか、解雇などの使用者側からの
アクションで労働契約を終了させることができる状況であるのか、そう
ではないとしたら何をすべきなのか、についても、クライアントは知り
たいんじゃないかな。

ノボル：なるほど、ありがとうございます！　検討してみます！

Check List

□退職勧奨の面談の場で上司や人事部はどのような話を当該労働者にしたか［→ 1］

□退職勧奨の面談の場で当該労働者はどのようなことを述べたか［→ 1］

□退職勧奨の面談は誰が、いつ、どこで、どのくらいの時間、行ったか［→ 1］

□退職勧奨前の当該労働者の業務遂行状況はどの程度悪いものであったか［→ 2］

□退職勧奨前に使用者は当該労働者に対してどの程度業務改善指導をしたか［→ 2］

□就業規則上に解雇事由はどのように定められているか［→ 2］

［ 解 説 ］

1　退職勧奨が違法となる場合

（1）退職勧奨に関する規制の有無　退職勧奨とは、労働者による自発的な退職意思の形成に向けて、使用者が労働者に対し、辞職（労働者による労働契約の一方的解約告知）または合意解約による労働契約の終了を勧める行為をいう。具体的状況に応じ、使用者による合意解約の申込みに対する承諾の意思表示を勧めるものと解される場合もあれば、合意解約の申込みを誘引するものと解される場合もある。

　いずれにせよ、退職勧奨を行うこと自体は使用者の自由であり、直接的な法規制は存在しない。他方、労働者も、退職勧奨に応じるかどうかを自由に決定でき、退職勧奨に応じる義務はない。

（2）退職勧奨が違法となる状況　退職勧奨の実施要件や回数制限などの一般的ルールは存在しないが、勧奨を受けるかどうかや、勧奨に応

じて退職するかどうかについての労働者の自由な意思形成を阻害するものであってはならない。「退職勧奨の態様が、退職に関する労働者の自由な意思形成を促す行為として許容される限度を逸脱し、労働者の退職についての自由な意思決定を困難にするものであったと認められるような場合には、当該退職勧奨は、労働者の退職に関する自己決定権を侵害するものとして違法性を有し、使用者は、当該退職勧奨を受けた労働者に対し、不法行為に基づく損害賠償義務を負う」（東京高判平成24・10・31労経速2172号3頁［日本アイ・ビー・エム事件（控訴審)]）ことになる。また、勧奨時の具体的な言動の態様が労働者の名誉感情等の人格的利益を違法に侵害したと認められる場合にも、不法行為責任が生じる（同判決。結論として不法行為の成立は否定）。

　もっとも、労働者が退職に消極的な意思を表明した場合であっても、使用者がただちに退職勧奨を終了させなければならないわけではなく、説明や説得を継続し翻意を促すことは、社会通念上相当と認められる範囲を逸脱した態様でない限り許容される。「社会通念上相当と認められる範囲を逸脱した態様」と評価される典型例は、暴力等の有形力の行使のほか、不当な心理的圧力を加えたり、名誉感情を不当に害するような言辞を用いたりすることである（参考判例①）。一度の退職勧奨を長時間行ったり、多数人で取り囲んだり、必要以上に頻回に行ったりすることは、不当な心理的圧力と評価されるおそれがある。このほか、労働者が退職勧奨に応じない姿勢を明確に示した後に、使用者がさらなる退職勧奨を執拗に行った場合は、自己決定権を侵害するものとして違法となりうる（参考判例②、土田・労契法637頁）。

(3) 退職勧奨とパワハラとの関係　退職勧奨を行うかどうかは使用者の自由であるから、退職勧奨の実施自体が当然にパワハラに該当するわけではない。上記のとおり、労働者が退職に消極的な意思を表明した場合であっても、使用者は説明や説得を継続してもよく、「たとえ、その過程において、いわば会社の戦力外と告知された当該社員が衝撃を受けたり、不快感や苛立ち等を感じたりして精神的に平静でいられ

ないことがあったとしても、それをもって、直ちに違法となるものではない」との評価を示した裁判例がある（東京地判平成23・12・28労経速2133号3頁［日本アイ・ビー・エム事件（第一審）]。ただし、この部分の判示は上記控訴審判決では引用されていない）。

　しかしながら、説明や説得の態様が社会通念上相当と認められる範囲を逸脱した場合や、退職勧奨に応じない意思を労働者が明確かつ確定的に表明した後も退職勧奨を継続した場合には、いわゆる退職強要となり「パワハラ」と評されることがあるが、それは法的には上述した不法行為該当性の問題である。

2　退職勧奨を開始するタイミング

　退職勧奨を開始するタイミングは、使用者が自由に判断することができる。もっとも、やみくもに退職勧奨を行えば、労働者に対する説得力を欠き労働契約の終了という目的を達成できないうえに、「パワハラだ」といった訴えを受けるリスクを高め、労使間の信頼関係を不必要に破壊するだけとなり得策ではない。そのため、実務上は、業務遂行能力等の労働者側の事情により退職勧奨を行う場合には、あらかじめ能力不足等を理由とする普通解雇の要件該当性に即した検討を行い、解雇事由該当性を証明できる客観的な材料をある程度手元に揃えたうえで行うことが望ましい。また、経営不振等の使用者側の事情により退職勧奨を行う場合も、整理解雇法理に照らして一通り検討してから行うほうがよいであろう（ただし、退職勧奨は、人員整理の目的で行う場合であっても解雇そのものではないため、整理解雇の4要件をすべて充足せずとも行うことができる（大阪地判平成12・9・8労判798号44頁［ダイフク事件]))。

3　退職勧奨を終了させるタイミング

　退職勧奨を終了させるタイミングも、原則として使用者が自由に判断できるが、上記のとおり労働者が退職勧奨のための面談には応じら

れないことをはっきりと明確に表明し、かつ、使用者側に対してその旨確実に認識させたときには、終了すべきである。もっとも、その後時間が経過し、状況に変化が生じれば、退職勧奨を再開することは可能である。

4　退職の意思表示の瑕疵

　退職勧奨の結果、労働者から退職の意思表示を獲得したとしても、退職勧奨の態様次第では、詐欺・強迫（民96①）や錯誤（同95）に基づき退職の意思表示の瑕疵が認められることがある。

　たとえば、労働者に懲戒解雇事由がないにもかかわらず、退職勧奨に応じなければ懲戒解雇になるとの説得によってなされた退職の意思表示は、状況により、強迫として取り消されたり（参考判例③）、退職の意思表示の動機が懲戒解雇の回避にあることが使用者に表明されているとの評価を前提に錯誤無効となったりする（参考判例④）。

▶ 参 考 判 例 ···

①**神戸地姫路支判平成24・10・29労判1066号28頁［兵庫県商工会連合会事件］**　退職勧奨に際し、「自分で行き先を探してこい」「管理職の構想から外れている」「ラーメン屋でもしたらどうや」など、労働者の名誉感情を不当に害するような言辞を用いたことは、不当な心理的圧力を与えるものであり、その手段・方法が社会通念上相当と認められる程度を超えた違法なものと評価できるとして、退職勧奨の実施者（専務理事）の不法行為責任（民709）と使用者責任（同715）を認めた。

②**最判昭和55・7・10労判345号20頁［下関商業高校事件］**　被勧奨者が退職する意思のないことを一貫して表明している中で、その後も数か月間にわたり多数回・長時間の退職勧奨を繰り返したことは、あまりにも執拗で退職勧奨として許容される限度を超えて退職を強要したものというほかないとして慰謝料の支払いを命じた原審の判断（広島高判昭和52・1・24労判345号22頁）を是認した。

③**大阪地決昭和61・10・17労判486号83頁［ニシムラ事件］**　保管金の私的費消等は事業所内の運用実態に照らしてただちには着服・横領と評し難く、それを理由とした懲戒解雇は権利濫用となるにもかかわらず、「これは横領だ。責任をとれ。告訴や懲戒解雇ということになれば、困るだろう」などと告げて行わせた退職の意思表示は、強迫によって畏怖した結果なされたものであるとして取消しを認めた。

④**東京地判平成23・3・30労判1028号5頁［富士ゼロックス事件］**　勤怠の虚

偽申告や交通費の二重請求等に関する事情聴取の中で、人事担当者らから「職を辞して懲戒解雇を避けたいのか、手続を進めるのか。そこをやるだけだ」などと言われたため、自主退職しなければ懲戒解雇されるものと信じて行った退職の意思表示について、被処分行為の態様に照らし懲戒解雇は相当性を欠くため、自主退職しなければ懲戒解雇されると信じたことは要素の錯誤に該当し、また、その動機も表示されていたとして、錯誤無効を認めた。

【 *Answer* 】

「パワハラにあたるか」については、退職勧奨の具体的な実施状況、すなわち、退職勧奨の場での人事部側の発言の具体的内容とそれに対するXの発言の具体的内容、Xの態度、人事部側の出席者数、退職勧奨の実施場所、所要時間等を確認し、退職勧奨の態様に違法性があるかどうかを確認する。退職の意思表示がなされる前の段階では、退職勧奨に関して検討すべき主な法的リスクは、不法行為該当性である。ただ、退職勧奨が違法となるのは、通常は、それが繰り返し執拗になされた場合であり、一度きりの退職勧奨が違法とされる可能性は、よほど不適切な言動を用いた場合でない限り、低いであろう。

次に、すでに行った退職勧奨が違法でないとしても、今後も退職勧奨を継続するかどうかは、さらなる検討が必要である。Xが「退職強要でありパワハラだ。しかるべき機関に訴えたい」などと言い放って席を立ったことが、退職勧奨に応じない意思を労働者が明確かつ確定的に表明したと評価できるかどうか、Xの発言の具体的状況についてY社から十分な聞き取りを行い、日をおいて改めてXの意思を確認する機会を設けるか、それとも、これ以上の接触は避けるのが得策であるかを判断する。なお、Xが代理人を立てて退職勧奨の中止を求める場合もあり、そのような場合は、上記の明確かつ確定的な表明があったと評価すべきであろう。

Y社の望みは、「適法に退職勧奨を行うこと」ではなく、「適法に労働契約を終了させること」にある。現状では、Xが退職勧奨に応じる見込みは低いと思われるため、普通解雇に向けた必要な証拠の収集等も並行して進めていくとよいであろう。

◀ コラム ▶ 「自己都合」と「会社都合」はどこが違う?

　俗に「自己都合退職だと、失業保険がすぐにもらえない」と言われます。自己都合だと、会社都合と比べて、雇用保険の給付の関係で不利だという趣旨ですが、法的にはどうなっているのでしょうか。

　まず、ここにいう「失業保険」とは、「雇用保険」事業における「失業等給付」のうち「求職者給付」の「基本手当」（雇用保険10②）を指すと思われます。失業保険法に代わり昭和49年に制定されたのが雇用保険法です。

　同法には待機期間の定めがありますが（同21）、この待機期間が自己都合だと長くなると誤解されていることがあります。しかし、待機期間とは、失業している日が通算して7日にみたない間は基本手当が支給されないことをいい、「自己都合」であろうと「会社都合」であろうと、この7日間は変わりありません。

　両者で異なるのは「給付制限」期間です。雇用保険法33条1項本文は「被保険者が自己の責めに帰すべき重大な理由によつて解雇され、又は正当な理由がなく自己の都合によつて退職した場合には、第21条の規定による期間の満了後1箇月以上3箇月以内の間で公共職業安定所長の定める期間は、基本手当を支給しない」と定めています。これが離職理由による給付制限です。

　同条2項は「受給資格者が前項の場合に該当するかどうかの認定は、公共職業安定所長が厚生労働大臣の定める基準に従つてするものとする」とありますが、一次的には離職票2の「離職理由」欄の記載から判断されます。同欄はチェック式になっているのですが、「自己都合」や「会社都合」という表現はなく、「労働者の判断によるもの」「事業主からの働きかけによるもの」といった大項目のもと、さらに細かく分類された項目にチェックを入れることになっています。そのため、たとえば解雇事件（地位確認請求）で退職型の和解条項を作成する場合には、「離職理由」欄のどの項目を選択するのか特定することが望ましいといえます。

なお、「離職理由」欄における「事業主からの働きかけによるもの」（いわゆる会社都合）のうち「重責解雇」以外の退職者を出してしまうと、雇用保険を財源とする雇用保険２事業に基づく雇用関係助成金が一定期間受給できなくなったり、支給決定が取消しとなって返還を要したりする場合があります。これらの額が著しく多額となることもあるので注意が必要です。　　　　　（軽部龍太郎）

第 9 章

解雇

20… 労働者側の事情による解雇はどのような場合に認められるか

Case

　Y社は、経理部の従業員Xを採用したところ、採用当初から業務上のミスが頻発しており、Y社の業務にも支障が出ている。Xは、同僚からミスを指摘されても、自己の非を認めず、周囲に反抗的な態度を示すこともあり、A社長のもとには、経理部の内外を問わず、クレームが上がってきている状況である。

　そこで、A社長は、Xと面談を持ち、「周りの人の話をよく聞き、改めるべきところは改めて、謙虚に仕事に当たってほしい」旨を伝えたが、Xは、「同僚が結託して私を陥れようとしている」と反発し、まったく聞く耳を持たなかった。

　経理部からは、「他の社員の士気に悪影響が生じているので、Xをこのまま経理部に勤務させるのは難しい」という声が出ており、A社長としては、Xを解雇するしかないのではないかと考え始めている。

●●●

ノボル：A社長から電話で社員の解雇について相談がありました。いつも明るい社長の声が暗くて、だいぶお困りのご様子でした。検討して折り返すとだけお伝えしたのですが、解雇の相談は初めてで・・・。労働契約法16条を読んでみたのですが、「客観的に合理的な理由」とか「社会通念上相当」とか抽象的なことしか書いてなくて、どうしようかと・・・。

兄　弁：解雇の有効性は、条文を読むだけでは判断できないよ。文献を手がかりに、裁判例をリサーチしないと。

ノボル：似たような事例がすぐに見つかるといいのですが・・・。

兄　弁：ところで、Xは入社してどのくらい？

ノボル：4か月くらいと言っていた気がします。

兄　弁：そしたら、まだ試用期間中の可能性もあるんじゃない？　就業規則の定めは確認した？

ノボル：すみません、まだでした。たしかに、試用期間中なら試用期間満了時に本採用を拒否すればよさそうですね。そのための試用期間ですから。

兄　弁：いやいや、そんなに簡単な話ではないよ。本採用拒否の有効性については、三菱樹脂事件という有名な最高裁判決が判断基準を示しているから見ておいて。個別の事案への当てはめについては、やはり裁判例をよくリサーチする必要があるよ。

ノボル：わかりました、確認してみます。よく日本の労働法は解雇が難しいと言われますけど、それって本当なんですか？

兄　弁：まあ、間違ってはいないね。終身雇用って聞いたことあるだろ？

ノボル：はい、会社が定年まで労働者の雇用を維持することですね。

兄　弁：伝統的な日本型雇用は、新卒の学生を一括で採用して、会社が労働者の教育・訓練を提供し、配転でいろんな仕事を経験させながら、1つの会社で定年まで働いてもらうっていう発想なんだ。転職も一般的ではなかったから、解雇されると次の仕事を見つけるのが難しい。

ノボル：なるほど。

兄　弁：そして、裁判例だと、教育・訓練を行うのは会社の責任とみられがちで、会社がどのくらい注意・指導を重ねてきたかがとても重要視されるんだ。あと、能力不足といったって、適性に合う別の仕事を割り当てれば、能力を発揮するかもしれないよね。そういうわけで、解雇に踏み切る前に、やれるだけのことはやったといえるかが厳しくみられることが多いんだ。

ノボル：ははぁ、解雇が難しいっていわれるわけだ。

兄　弁：ただし、スキルを売りに、高い給料をもらって即戦力として入社する労働者の場合は、いまの話が必ずしも当てはまらないこともあるよ。Xはどういう役職なの？　給料の額は？

ノボル：あ、聞いてませんでした‥‥。確認しておきます！

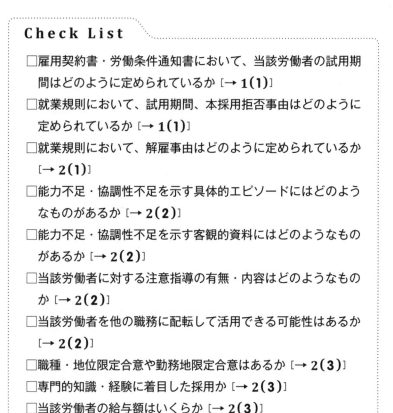

Check List

□雇用契約書・労働条件通知書において、当該労働者の試用期間はどのように定められているか ［→ **1(1)**］

□就業規則において、試用期間、本採用拒否事由はどのように定められているか ［→ **1(1)**］

□就業規則において、解雇事由はどのように定められているか ［→ **2(1)**］

□能力不足・協調性不足を示す具体的エピソードにはどのようなものがあるか ［→ **2(2)**］

□能力不足・協調性不足を示す客観的資料にはどのようなものがあるか ［→ **2(2)**］

□当該労働者に対する注意指導の有無・内容はどのようなものか ［→ **2(2)**］

□当該労働者を他の職務に配転して活用できる可能性はあるか ［→ **2(2)**］

□職種・地位限定合意や勤務地限定合意はあるか ［→ **2(3)**］

□専門的知識・経験に着目した採用か ［→ **2(3)**］

□当該労働者の給与額はいくらか ［→ **2(3)**］

［ 解 説 ］

1 試用期間中の場合

(1)試用期間満了による解雇の判断枠組み　正社員を採用する場合、長期雇用を前提とするものであるから、一定の期間（3か月または6か月が多い）を試用期間として設定して、実際の働きぶりを評価し、本採用の可否を決定することが多い。試用期間中の雇用関係は、使用者が本採用の最終的決定を留保した雇用契約であると評価されるのが一

般的であり、本採用拒否の有効性は、「解約権留保の趣旨、目的に照らして、客観的に合理的な理由が存し社会通念上相当として是認されうる場合にのみ許される」との基準で判断される。本採用拒否の理由として想定されているのは、採用決定後の調査や試用期間中の勤務状態等から判明した、「当初知ることができず、また知ることが期待できないような事実」である（参考判例①）。通常の解雇と比較すると、本採用拒否のほうが緩やかに認められうるため（ただし、参考判例②も参照）、試用期間中であるか否かは、使用者の対応を検討するうえで重要な情報であり、雇用契約書や就業規則において、試用期間の定めや本採用拒否事由を確認する必要がある。

(2)試用期間延長の可否　当初の試用期間において、労働者の適格性に疑義が生じ、本採用の判断がつかない場合、試用期間の延長を行うことも考えられる。ただし、無限定な延長は労働者の地位を不安定にするため、就業規則等で延長の可能性、延長事由および延長期間が定められているのでなければ延長は認められず、また、延長は1回にとどめるべきである。

(3)本採用を行った場合の、その後の解雇への影響　使用者が本採用を行った場合、試用期間中に判明していた事実の限りでは、本採用を拒否するほどの適格性の欠如は認められないと判断したことになるので、本採用前の事実を持ち出して本採用後に解雇事由とすることは難しくなる。そのため、本採用の判断の前に、同僚等からもよく聴き取りを行って働きぶりに関する事実・証拠を広く調査・収集したうえで、本採用を行うか否か、慎重に判断する必要がある。

2　普通解雇

(1)普通解雇の判断枠組み　使用者が行う解雇は、客観的に合理的な理由を欠き、社会通念上相当であると認められない場合には、権利濫用として無効となる（労契16。解雇権濫用法理）。「客観的に合理的な理由」としては、就業規則に定められた解雇事由への当てはめを行う

ことになるので、就業規則の定めを確認する必要がある。

　「客観的に合理的な理由」が存在する場合でも、「社会通念上相当である」か否かの判断において、労働者に有利に働きうるあらゆる事情が考慮される。たとえば、反省の態度、過去の勤務態度、年齢・家族構成、他の労働者に対する措置との均衡、使用者の落ち度等に照らして、解雇が酷であると認められる場合は、解雇が無効となりうる。そのため、これらの事情も含めて情報収集をする必要がある。

（2）能力不足・協調性不足を理由とする解雇　能力不足、協調性不足の場合については、就業規則において、「勤務成績や勤務態度が不良であるとき」などといった解雇事由が定められていることが通常である。ただし、裁判例においては、勤務成績や勤務態度が単に不良であるだけでは足りず、それらが著しく劣り、改善の見込みもないことまで要求されることが多い。すなわち、使用者による注意・指導、教育・研修等によっても改善しないほどの勤務成績等の不良が存在することが必要であり、解雇に踏み切る前に、使用者が注意・指導を積み重ねてきたか否かが重要な要素とされる。また、労働者の勤務成績等の不良によって業務に支障が生じている場合でも、配転・降格等によって労働者の能力をなお活用する余地があるのであれば、使用者はそのような解雇回避措置を講じるべきとされる（参考判例③。ただし、企業規模が小さく、配転の余地がない場合は例外である。参考判例④）。

　白石哲編『労働関係訴訟の実務〔第2版〕』（商事法務・2018年）307頁以下の論文（伊良原恵吾執筆）では、関連裁判例の詳細な紹介とともに、解雇の有効性の判断枠組みが解説されているので、参照されたい。

（3）職種・地位を特定して雇用される中途採用者等の場合　たとえば、経理部長としての採用など、職種・地位を特定して雇用される中途採用者や、高度専門職、管理職としての採用の場合、その職務に必要な能力が備わっていることを前提に即戦力として採用しているものであるため、使用者が教育・指導を積み重ねることは想定されていないこ

とが多い。このような労働者は、賃金も高額に設定されていることが多く、それだけ期待される役割が大きいといえるから、期待に大きく外れた働きぶりの場合には、勤務成績不良といいやすい。また、職種・地位が限定されている契約の場合には、配転・降格を行う権限が使用者にないため、そのポジションに期待されるパフォーマンスに著しく満たない場合は、配転等の解雇回避措置を講じなくても、解雇が認められうる（参考判例⑤）。このような類型の労働者に該当するかは解雇の有効性の判断に影響するため、履歴書・職務経歴書、雇用契約書（職務内容、賃金額等）を確認する必要がある。この点は、本採用を行うか否かの判断にも当てはまる。

3 解雇が無効とされた場合の法的リスク

　労働者によって解雇の有効性が争われ、解雇を無効とする判決が確定すると、労働者は、解雇期間中の賃金を請求できる（バックペイ）。その金額は、当該労働者が解雇されなかったならば労働契約上確実に支給されたであろう賃金の合計額となり、基本給や諸手当が含まれる。他方、実費補償的な通勤手当は含まれない。残業手当は否定されることも多いが、時間外労働を行っていた蓋然性が高い場合には、認められることがある。賞与については、支給基準が明確で支給金額が確定できる場合には認められるが、毎年、業績等によって支給額が変動する部分については、否定されることが多い。

　解雇無効判決が確定するまでに、1年以上の期間を経過していることが多いから、特に基本給が高額である労働者の場合に、バックペイの金額が高額となりうる。解雇に踏み切るか否かは、そのようなリスクもふまえて慎重に判断する必要がある。場合によっては、退職勧奨を行い、一定の特別退職金を支払うことにより合意退職を目指す方法も検討すべきである。

▶ 参考判例 ·····

①**最大判昭和 48・12・12 民集 27 巻 11 号 1536 頁 [三菱樹脂事件]**　会社が試用期間を設けて採用した労働者につき、入社試験の際に学生運動に関する経歴を秘匿して虚偽の申告をしたことを理由に本採用拒否をした事案である。本採用拒否（留保解約権の行使）は、解約権留保の趣旨、目的に照らして客観的に合理的な理由が存し社会通念上相当として是認されうる場合にのみ許される、との判断枠組みを示した。

②**東京地判平成 24・8・23 労判 1061 号 28 頁 [ライトスタッフ事件]**　本採用拒否が通常の解雇よりも広く認められる余地があるとしても、その範囲はそれほど広いものではなく、解雇権濫用法理の基本的な枠組みを大きく逸脱するような留保解約権の行使は許されないとした。

③**東京地決平成 11・10・15 労判 770 号 34 頁 [セガ・エンタープライゼス事件]**　人事考課が下位 10% 未満の労働者につき、考課順位が絶対評価でなく相対評価であるため、そのことからただちに著しく労働能率が劣り、しかも向上の見込みがないとはいえないとし、教育・指導が不十分で、配転等による雇用維持努力も講じられていないとして、解雇を無効とした。

④**東京地決昭和 58・12・14 判時 426 号 44 頁 [リオ・テイント・ジンク（ジャパン）事件]**　解雇を有効とする判断にあたり、従業員が十数名という小規模の企業であり、当該労働者の資質・能力に適した配転は困難であったことを指摘した。

⑤**東京地判平成 14・10・22 労判 838 号 15 頁 [ヒロセ電機事件]**　経歴に着目して即戦力の人材として中途採用した労働者につき、長期雇用を前提として新卒採用する場合と異なり、使用者が最初から教育を施して必要な能力を身につけさせたり、適性がない場合にまったく異なる部署に配転を検討したりする必要はないとし、結論として解雇を有効とした。

【 *Answer* 】

　Case の事案は、試用期間中であるのか否かによって、解雇の有効性の判断枠組みが異なるため、前提問題として、その点を確認する必要がある。また、職種・地位を特定して雇用される中途採用者の場合には、注意・指導や配転等の解雇回避措置の必要性が緩和され、比較的広く解雇が認められることがあるため、履歴書・職務経歴書等も含めて採用の経緯を確認するとともに、雇用契約書・労働条件通知書の職務内容、賃金額を確認する必要がある。

　このような者にあたらない多くの正社員の場合は、①能力不足・協調性不足がどの程度重大なものか、②使用者が注意・指導を重ねてきたのに改善しなかったといえるかが重要な判断要素となる。**Case** の事案に記載され

た事情だけでは判断が難しく、これらについて、具体的エピソードを十分に聴取し、これを立証する客観的資料が存在するのかを確認すべきである。

　解雇が難しいと判断される場合はもちろんのこと、解雇可能と思われる場合であっても、一方的な解雇に踏み切ると、その後、いつでも法的手続を提起される可能性が残り、紛争リスクを抱えることになる。解雇の有効性の見通しもふまえたうえで、退職勧奨を試みて、合意退職を目指すほうが無難な場合も少なくない。

21 会社側の事情により解雇することはできるか

Ｃａｓｅ

　Ｙ社は製造業を営む会社であり、Ａ工場（Ａ県）およびＢ工場（Ｂ県）で生産を行っている。近年、売上が伸び悩む一方で、原材料費や人件費の上昇もあり、3期連続の赤字を記録している状況にある。特にＡ工場で生産している商品の売れ行きが悪いため、Ｙ社は、Ａ工場を閉鎖して生産を中止し、リストラを行うことを考えている。なお、Ｂ工場で生産している商品の売れ行きは堅調であるため、このまま操業を続ける予定である。

　Ａ工場には、期間の定めのない正社員と、6か月更新のパート社員が勤務している。また、Ｙ社には、従業員の大半が所属している企業内労働組合が存在する。

・・・

兄　弁：Ｙ社のあの商品、売れてないんだなあ。俺は好きだけど。

ノボル：そんなことより先輩、人員が余剰になる分は、解雇するしかないですよね。整理解雇はなかなか認められないって聞きますし、ハードルが高そうな相談です。

兄　弁：希望退職募集って聞いたことない？「リストラ」っていうと解雇のイメージがあるかもしれないけど、人員を減らすにしても、まずは、希望退職募集をして合意退職を目指すのが王道だよ。

ノボル：たしかによく聞きますね。あっ、でもＡ工場は閉鎖されてしまうわけだから、応募しなければＡ工場で働く人たちはクビになっちゃうんですよね。希望退職といいながら、選択の余地はなさそうですね。

兄　弁：ちょっと待った。最終的に、整理解雇の対象を「Ａ工場で働く人」と考

えてるみたいだけど、正社員の場合はそれで本当にいいのかな。正社員は人事異動があるから、いま A 工場に勤務しているのは、人事配置上の偶然の事情ともいえるよね。

ノボル：たしかに・・・。すみません、希望退職募集と、最終的な整理解雇の話がこんがらがってきました。

兄　弁：希望退職募集を実施するだけなら、その設計は自由だよ。でも、その後に整理解雇に踏み切るつもりなら、整理解雇を見据えた設計が必要なんだ。

ノボル：設計というと、応募資格者とか、退職条件とか・・・？

兄　弁：そうそう。たとえば、全正社員の中から一定の基準を設定して整理解雇するなら、その前に、少なくとも基準に該当する人が希望退職募集に応募できるようにしておかないとね。

ノボル：そうですね。退職条件のほうはどのように関係するんでしょうか。

兄　弁：そもそも退職条件の水準が低すぎると、解雇回避努力が不十分と評価されるおそれがあるよね。あと、戦略的な話になるけど、もし最終的な整理解雇の有効性に不安があるようなら、最初から退職条件を厚くして、希望退職に誘導したほうがいい、ということにもなるよ。

ノボル：今の段階から、整理解雇の有効性をちゃんと分析しておかないといけないというわけですね。

兄　弁：そのとおり。最初のアドバイスが肝心だから、よく検討してみてよ。

ノボル：わかりました。Y 社から必要な情報を確認して検討してみます！

Check List

□就業規則の解雇事由の定めはどのようなものか［→ 1］

□会社全体の従業員構成（雇用区分を含む）はどのようになっているか［→ 1・3］

□人員削減の対象となる事業場の従業員構成（雇用区分を含む）はどのようになっているか［→ 1・3］

□職種・地位限定合意または勤務地限定合意のある労働者はいるか〔→ 1・3〕

□有期契約労働者の勤続年数、更新時期の分布はどのようになっているか〔→ 1・3〕

【人員削減の必要性に関する事情】

□直近5年間程度の会社の決算は赤字なのか黒字なのか〔→ 2〕

□決算書等に示された会社の損失の程度や損失の出ている期間はどのようなものか〔→ 2〕

□会社の事業収支で人件費の占める割合はどの程度か〔→ 2〕

□削減人数はどのように算出されたものか〔→ 2〕

【解雇回避努力に関する事情】

□会社はこれまでにどのような経費削減策を講じてきたか。その結果はどうだったか〔→ 3〕

□配転・出向や労働条件の変更により解雇を回避することは可能か〔→ 3〕

□新規採用の縮小・停止、非正規労働者の労働契約解消などの努力はしてきたか〔→ 3〕

□業務委託、請負、派遣等の外部労働力を削減してきたか〔→ 3〕

□希望退職募集の内容としていかなる条件を提示できるか〔→ 3〕

【人選の合理性に関する事情】

□人員削減対象者の人選基準はどのように設定したものか〔→ 4〕

【労働組合との協議に関する事情】

□社内労働組合は存在するか〔→ 5〕

□社内労働組合の加入率はどの程度か〔→ 5〕

□社内労働組合との関係は良好か〔→ 5〕

□労働協約に解雇協議条項がないか〔→ 5〕

[解 説]

1 整理解雇

　整理解雇とは、使用者が経営上必要とされる人員削減のために行う解雇をいう。本章 **20** で扱ったケースのように、労働者側の事由に基づいて行う解雇ではなく、もっぱら使用者側の事情に基づく解雇である点に、整理解雇の特徴がある。整理解雇も解雇の一種であるから、客観的に合理的な理由を欠き、社会通念上相当であると認められない場合は、権利濫用として無効になる（労契 16。解雇権濫用法理）。就業規則上は、「事業の縮小等のやむを得ない経営上の都合によるとき」などといった解雇事由が定められていることが多いが、労働者に帰責性のない解雇であるため、その有効性は厳格に判断される。

　裁判例は、このような整理解雇の有効性の判断を、①人員削減の必要性、②解雇回避措置の相当性、③人選の合理性、④手続の合理性を中心に検討している。この 4 つがすべて充足されなければならないのか（4 要件説）、充足の程度を総合考慮して解雇の有効性を判断するのか（4 要素説）については争いがあるが、近時の裁判例は、4 要素説に立つと思われるものも多い（参考判例①）。

　4 つの事項についての裁判例の考え方を整理した文献として、白石哲編『労働関係訴訟の実務〔第 2 版〕』（商事法務・2018 年）363 頁以下の論文（吉川昌寛執筆）を、参照されたい。

　会社から相談を受けた弁護士としては、会社全体の従業員構成や削減対象の事業場の従業員構成も含め、会社の全体像をしっかりと把握したうえで、以下 **2〜5** のとおり、4 つの事項について、それぞれ検討する必要がある。

2 人員削減の必要性

　人員削減の必要性については、倒産の危機といった差し迫った状況にあることまでは必要ではないが、債務超過や累積赤字の状況にある

など、高度の経営上の必要性に裏づけられる必要がある。黒字経営の状況で生産性向上のために行う整理解雇では、高度の経営上の必要性は否定される。

　人員削減の必要性は、人員削減が必要な経営状況であるというだけではなく、より具体的に、削減人数に見合うほどの削減の必要性があるかが問題とされることに注意が必要である（参考判例②）。そのため、真に必要とされる範囲の削減人数であったことについて、使用者が事後的に立証できるようにしておく必要があり、財務状況の客観的数値から、削減人数の算出根拠を説明できるようにしておくべきである。この財務状況の見積もりがそもそも不正確だと、人員削減の必要性が否定されることがある。また、人員削減を決定した直後にこれと矛盾する行動（大幅な賃上げ、新規採用、高率の株式配当等）を行うことも、人員削減の必要性を否定する理由になる。

3　解雇回避措置の相当性

　解雇回避措置としては、経費削減、役員報酬の減額、残業抑制、新規採用の停止・縮小、昇給停止・一時金支給停止、一時帰休、配転・出向・転籍等の実施、非正規労働者の労働契約解消、希望退職募集等が考えられる。

　どこまでの措置を講じておけば相当と評価されるのかは、人員削減の必要性の程度にも関係するため、一概にはいえない。倒産の危機に瀕している場合には、手厚い解雇回避措置を講じる余力がないこともあり、経営状態、企業規模、人員削減の目的等に応じて、どこまでの措置を講じるべきかを個別の事案ごとに判断するしかない。

　労働力の削減としては、まずは外部労働力の削減（業務委託・請負契約や派遣契約の終了）を行い、次に社内または同一グループ内での配転、出向等を検討することになる。勤務地が限定された正社員につき、当該地域の事業場が閉鎖される場合であったとしても、解雇回避努力として、他の地域への配転の打診が必要と解される場合もあるた

め、注意が必要である。

上記の措置を講じてもなお余剰人員がある場合は、非正規労働者・正社員の削減に進むことになる。非正規労働者については、期間満了で雇止めを行うのが原則的な対応になるが、更新が繰り返されて更新の合理的期待を有するに至っている者については、一定の割増退職金を支払うことによる合意退職の働きかけを行うなど、雇止めを行う前に雇止め回避措置を講じることが必要となろう。

解雇回避措置として最も重要なのが希望退職募集であり、これを行わないままに整理解雇に踏み切った場合、解雇回避努力として不十分と評価されることが通常である。希望退職に応じた労働者との間では、清算条項付きの退職合意書を締結することによって、退職をめぐる法的紛争のリスクを回避することができるメリットがある。希望退職募集の設計については、後述6参照。

4　人選基準の合理性

整理解雇の対象となる労働者の人選が恣意的なものであってはならず、客観的で合理的な基準を設定する必要がある。客観的で合理的な基準としては、欠勤日数、遅刻回数、規律違反歴、勤続年数、休職日数等がありうる。

定期の人事評価を基準に用いることも考えられるが、評価者によって評価の厳格さが異なるなど、評価者の裁量的判断が入り込んでいる面がある。そのため、評価制度の内容・プロセス（評価シート等の使用の有無、労働者の自己評価等の加味、二次評価者の意見の加味、フィードバックの有無等）に照らして、基準として用いることが公平といえるかを検討すべきである。

5　労働組合等との協議

労働組合との間の労働協約において、解雇に関する協議条項が設けられている場合、労働組合に対する説明・協議は必須である。そのよ

うな協議条項がない場合も、労働組合および労働者に対し、人員削減の必要性、人員整理方針、解雇回避措置の内容、人選基準等を説明し、協議を尽くすべきである。説明・協議の内容については、議事録を残しておく必要がある。

6　希望退職募集の設計

　希望退職募集は、人員削減効果が大きい有効な方法である一方で、転職先が容易に見つかるような優秀な人材が多く流出してしまう可能性もある。法的にみれば、希望退職募集の公表が退職の「申込みの誘因」、労働者による応募が退職の「申込み」と評価できる。そのため、希望退職の適用条件として、「会社が認めたもの」という要件を付して、会社に残ってほしい労働者への適用を不承認とすることは可能である（参考判例③）。

　希望退職募集の内容の設計は基本的に会社の自由であるが、整理解雇の前段階として行われる場合は、解雇回避措置としての相当性が問われる。たとえば、退職条件が、退職を希望させるだけの魅力的なものといえないような内容であれば、解雇回避努力として不十分である（参考判例④）。

　希望退職募集の対象者を限定することも可能であるが、その後、希望退職募集の対象とした範囲の中で整理解雇を行うと、なぜその範囲だけが整理解雇の対象となるのか、人選基準の合理性の問題が生じることに注意が必要である。なお、同一の職場の中で、一定の部署のみを対象とすることは、その部署で働く労働者の士気にも影響する。そのような募集を行うことに労働者の納得が得られるかどうか、よく検討が必要である。

▶ 参 考 判 例 ···

①東京地決平成 12・1・21 労判 782 号 23 頁［ナショナル・ウエストミンスター銀行（三次仮処分）事件］　整理解雇の 4 要件説を明確に否定し、解雇権濫用の判

断は個別具体的事情を総合考慮するほかないとした。

②**岐阜地判平成29・12・25判判1185号38頁［エヌ・ティ・ティマーケティングアクト事件］** 有期契約労働者の整理解雇的雇止めについて、会社に人員削減の必要性が一定程度生じたことは否定できないとしつつ、雇止め対象者の人数等に見合うほど人員削減の必要性があったか疑義がある等として、雇止めを無効とした。

③**東京地判平成15・11・18労経速1863号10頁［日本オラクル事件］** 希望退職制度において、会社が不承認とした場合には適用除外とされていた事案について、会社に必要な人材であるとして会社が不承認とした労働者の割増退職金請求を否定した。

④**名古屋高金沢支判平成18・5・31労判920号33頁［ホクエツ福井事件］** 会社都合退職金に基本給1か月分を上乗せ支給するという内容の希望退職募集について、解雇回避のために十分に有効であったとはいえないとした。

〖 *Answer* 〗

「3期連続の赤字」の状況にあるとのことであり、何らかの人員削減の必要性を肯定できる事案であるとは思われるが、より具体的に、財務資料の客観的な数値やそれまでに講じてきた経営合理化策の内容を確認し、実際に人員削減に踏み切る必要があると評価できるかを確認すべきである。

人員削減は、有期契約労働者の雇止めから検討するのが通常であるが、更新の合理的期待が認められる有期契約労働者については、雇止めに踏み切る前に一定の割増退職金を支払うことによる合意退職の働きかけを行うことが考えられる。

正社員については、整理解雇の前に希望退職募集を行うことが通常必要である。希望退職募集の条件は、整理解雇を見据えた設計が必要であるが、実務上は、希望退職募集によって、予定された削減人数を達成し切ることが望ましい。なお、A工場の閉鎖に伴い、A工場に勤務する勤務地限定のない正社員で、かつ、引き続きY社に残留する者については、就業規則の配転条項に基づいて、B工場または他の事業場に配転することになろう。

22 ··· 解雇する場合にはどのような手続を踏む必要があるか

Case

　以前からたびたび同僚とトラブルを起こしてきたＹ社の従業員Ｘが、同僚に職場で暴力をふるう事件が発生した。Ｙ社は、すぐさまＸに自宅待機（有給）を命じて事実確認を進めたうえで、Ｘを出勤停止10日（無給）の懲戒処分にした。

　Ｙ社は、Ｘを、暴行の被害者である従業員と同じ部署に復職させることはできないと考えたが、すぐにはＸの異動先の調整がつかず、出勤停止期間が明けた後も、Ｘに対して自宅待機（有給）を命じた。しかし、Ｘの受入先は見つからず、Ｙ社は、Ｘに退職勧奨を行うほかないと考えた。

　そこでＹ社は、Ｘのメールアドレスに、「Ｘさんの異動先を探していますが、受入先が見つかっていない状況です。Ｘさんの今後のことについて話し合いたいので、○月○日○時に第○会議室に出社してください。」とのメールを送ったが、Ｘからの返信はなく、その後も会社からの呼び出しには応じていない状況である。Ｙ社の人事担当者がＸの自宅を訪問してみたものの、対応したＸの母親から、「せっかく来ていただいたのに申し訳ないのですが、Ｘは、会社の人には会いたくないと言っています」とだけ伝えられ、Ｘとの面談は叶わなかった。

　以上のような経緯をふまえ、Ｙ社は、Ｘの解雇に踏み切ることにした。

●●●

ノボル：社長から頼まれた解雇通知書を起案してみました。

兄　弁：···ふむふむ、解雇事由と就業規則の該当条文はちゃんと書けているよ

うだね。この起案だと、解雇予告手当を支払って即時解雇する前提のようだけど、社長がそうしてくれって？

ノボル：はい、連絡もつかないし、できるだけ早く雇用関係を終わらせたいとおっしゃってました。

兄　弁：なるほど。ところで、この解雇通知書、どうやってＸに受け取ってもらうつもりなの？

ノボル：ええと、自宅に郵送しようかと。

兄　弁：「本日付で即時解雇します」と書いてあるけどさ、郵送だと送った日に到着しないんじゃないか？

ノボル：あっ、すみません・・・。事務所の本棚にあった書式集をベースに起案したのですが、そこまで考えていませんでした。

兄　弁：解雇の法的性質は知ってるよね？

ノボル：法的性質・・・、ええと、解雇は意思表示だから・・・、あ、到達時に効力が発生します！　労働基準法ばかり見ていたので、民法のことが頭から抜け落ちてしまってました。・・・解雇通知書が到達しないといけないとすると、自宅に不在の場合や、受取拒否されてしまったらどうなるのでしょうか。

兄　弁：どういう場合に「到達」したといえるのかは、民法97条でいろいろ議論があるよ。民法のコンメンタールを確認してみて。そのうえで、「到達」がちゃんと記録に残る方法で送らないといけないよ。郵便にもいろいろ種類があるからね。

ノボル：たしかに、普通郵便だといつ自宅のポストに入ったのかわかりませんね。

兄　弁：即時解雇のときの解雇予告手当は、解雇と同時に支払わないといけないことになっているから、いつ解雇通知書を到達させるかもふまえて、しっかり段取りを考えてほしいな。ところで、この解雇予告手当の金額、どうやって計算したの？

ノボル：ええと、計算式はこれです。

兄　弁：・・・やっぱり。懲戒処分の出勤停止期間が無給だったのが反映されてないな。さては、会社から給与明細をもらっていないだろ。やり直し！

□引継ぎ等のために解雇予告期間をおく必要があるか［→ **1**］

□就業規則（賃金規程）の賃金締切日はどのように定められているか［→ **2(1)**］

□直近3か月間の給与明細での賃金支給額はいくらか［→ **2(1)**］

□賃金の支払方法は振込みによるものであったか［→ **2(3)**］

□解雇予告手当の計算ができればすぐに支払いができる状態か［→ **2(3)**］

□解雇通知の方法に応じて、解雇の効力発生日をいつに設定すべきか［→ **3**］

□解雇の通知方法（面談、郵送、メール、電話）として、通知の到達を立証するのにどの方法が最適か［→ **3**］

［ 解 説 ］

1 解雇予告義務

労働基準法上、使用者が労働者を解雇しようとする場合、少なくとも30日前に予告をするか、30日分以上の平均賃金を支払わなければならない（労基20①）。この予告の日数は、平均賃金1日分を支払った日数分、短縮することができる（同②）。民法上は、解雇予告期間は2週間で足りるが（民627①）、労働基準法は、罰則付きで（労基119(1)）、解雇予告期間を30日に延長したものである。

予告期間をおく解雇と、解雇予告手当を支払う即時解雇のいずれを選択するかは、個別の事案によって判断することになる。引継ぎの必要性もないような場合は、解雇の通知後に雇用関係を一定期間維持する必要がないから、解雇予告手当を支払う即時解雇を選択するのが合理的であろう。

なお、使用者が懲戒解雇を選択する場合は、「労働者の責に帰すべき事由に基いて解雇する場合」として、労働基準監督署長の除外認定を得て、解雇予告手当を支払わない即時解雇を選択することがある（労基20①ただし書・③）。ただし、呼び出しに応じないことを理由に懲戒解雇を選択することは、その相当性に疑義がありうるため、普通解雇を選択することになろう。

2　即時解雇を行う場合の解雇予告手当

(1)平均賃金の算定方法　即時解雇を行う場合の解雇予告手当の金額は、「30日分以上の平均賃金」である（労基20①本文）。平均賃金とは、「算定すべき事由の発生した日以前3箇月間にその労働者に対し支払われた賃金の総額を、その期間の総日数で除した金額」である（同12①柱書本文）。解雇予告手当を計算する場合の「算定すべき事由の発生した日」とは、労働者に解雇の通告をした日となるが、賃金締切日が設けられている場合、解雇の通告日の直前の賃金締切日から起算する。就業規則（賃金規程）に賃金締切日の定めが設けられているのが通常であり、これを確認する必要がある。

　分子となる「支払われた賃金の総額」には、通勤手当や残業代も算入するが、3か月を超える期間ごとに支払われる賞与は算入しない（労基12④）。直近3か月分の賃金総額は、必ず給与明細を会社に依頼して確認すべきである。**Case** のように、10日間の出勤停止期間中の賃金が無給の場合は「支払われた」に該当しない。分母となる「その期間の総日数」は労働日数ではなく、総暦日数である。

　たとえば、解雇通告日を10月15日、賃金締切日を毎月末日とすると、計算式は次のとおりとなる。

　　その期間の総日数　　＝31日（7月1日〜31日）＋31日（8月1日〜31日）＋30日（9月1日〜30日）
　　　　　　　　　　　　＝92日

支払われた賃金の総額＝7月～9月分の賃金

※通勤手当や残業代も算入する。

※出勤停止期間中の無給とされた賃金は控

除する。

$$平均賃金 = \frac{7月～9月分の賃金総額}{92日}$$

(2)端数処理　「賃金の総額」を「その期間の総日数」で除した金額に、銭位未満の端数がある場合、銭位未満は切り捨てて平均賃金を算出する（昭和22・11・5基発232号）。他方、こうして算出された平均賃金をもとに解雇予告手当を計算する際には、就業規則等に特約があればそれに従って端数を処理し、なければ1円未満の端数を四捨五入する（通貨の単位及び貨幣の発行等に関する法律3）。

(3)解雇予告手当の支払時期　解雇予告手当は、少なくとも解雇と同時に支払う必要があり（昭和23・3・17基発464号）、給与支払口座への振込みの方法の場合は、解雇の効力発生日に着金するように振込みの手続を行う必要がある。振込手続を行う時間と着金のタイミングについては、会社の取引銀行のホームページを確認のうえ、念のため、取引銀行の担当者にも確認するとよい。

3　呼び出しに応じない労働者への解雇通知の方法

　解雇の法的性質は「意思表示」であるから、労働者に解雇の意思表示が到達して初めて効力が発生する（民97①）。「到達」とは、相手方によって直接受領され了知されることを要せず、通知書が相手方の支配圏内に置かれて、了知可能な状態となれば足りる（参考判例③）。呼び出しに応じない労働者に対しては、対面で直接解雇を通知することはできないため、電子メールまたは郵便の方法を検討することになり、各通知方法による解雇通知の到達見込日をふまえて、解雇の効力発生日を設定する必要がある。結論としては、解雇の効力発生日を、郵便の到着見込日以降に設定したうえ、到達を確実にするため、とり

うる方法はすべて行っておくのがよいであろう。

　郵便で送付する方法のうち、配達証明付内容証明郵便は、通知内容と配達日を証明するための最も確実な方法である。ただし、対面での配達となり、郵便受けへの配達はできないため、不在返戻となることがある。なお、遺留分減殺通知に関する裁判例ではあるが、不在返戻となった場合でも留置期間満了時に到達の効力が生じるとしたものがある（参考判例④）。この裁判例の事案には、現在は民法97条2項が適用されうると解されているが、同項により到達が擬制される時点である「通常到達すべき時」とは、やはり留置期間満了時であると解釈される可能性がある。解雇通知につき同様の解釈を当てはめた場合、解雇の効力発生時期が遅れることになるので注意が必要である。

　別途、特定記録郵便やレターパックライトで同じ解雇通知書を送付しておくと、郵便受けに配達され、かつ、日本郵便ウェブサイトの追跡サービスで到着を確認できる。郵便受けに配達されれば、解雇通知が了知可能な状態となったとみてよいと考えられ、この到着見込日を基準に解雇の効力発生日を設定すればよいであろう。なお、日本郵便ウェブサイトによれば、追跡を行える期間は郵便物等を取り扱ってから100日とされているので、追跡サービスで到着を確認でき次第、そのウェブ画面の記録（プリントアウトやPDF保存等）を残す必要がある。

　電子メールで送付する方法については、即時解雇日以降、労働者は会社のメールアドレスにアクセスできなくなるであろうから、送付するとすれば、会社に届け出られたプライベートのメールアドレス宛である。ただし、長期間使用していないような場合は「到達」に疑義が生じることもあるため、郵便の方法と併用すべきである。

4　解雇予告義務に違反した解雇の効力

　使用者が、解雇予告期間をおかずに、または、解雇予告手当を支払わずに解雇した場合、労働基準法違反として刑事罰の対象となるが、

このような解雇の民事的効力については、使用者が即時解雇に固執する趣旨でない限り、①通知後に30日の期間を経過するか、②通知後に解雇予告手当の支払いをしたときのいずれか早いときから解雇の効力が生じる（最判昭和35・3・11民集14巻3号403頁［細谷服装事件］）。

5　解雇理由証明書・退職時証明書

　解雇予告の日から退職の日までの間に、労働者が解雇理由証明書を請求した場合、使用者は遅滞なくこれを交付する必要がある（労基22②）。また、退職した労働者が、「使用期間、業務の種類、その事業における地位、賃金又は退職の事由（退職の事由が解雇の場合にあっては、その理由を含む。）」につき退職時証明書を請求した場合、使用者は遅滞なくこれを交付する必要がある（同①）。

　いずれの証明書も、労働者の請求した事項のみを記入すべきであり（労基22③）、労働者が、解雇された事実のみについて使用者に証明書を請求した場合、使用者は解雇理由を記載してはならない（平成11・1・29基発45号）。

▶ 参 考 判 例 ···

①**大判明治45・3・13民録18巻193頁**　債権譲渡の通知書が債務者の同居の親族に交付された事案について、相手方に到達したものとした。
②**大判昭和11・2・14民集15巻158頁**　土地の賃貸借において、賃借人と同棲する内縁の妻が、延滞賃料の支払催告の内容証明郵便を数回受領拒絶した事案について、相手方に到達したものとした。
③**最判昭和43・12・17民集22巻13号2998頁**　電話加入契約に関する意思表示が、契約に表示された住所に発送され、その居住者によって受領された事案について、「到達」の意義につき、相手方に「了知可能の状態におかれたこと」、換言すれば、意思表示の書面が相手方の「勢力範囲（支配圏）内におかれることを以て足る」としたうえで、到達ありとした。
④**最判平成10・6・11民集52巻4号1034頁**　遺留分減殺の意思表示を記載した内容証明郵便が受取人不在のため配達されず、受取人が不在配達通知書から内容証明郵便の送付を知ったが受領に赴かず、差出人に返送された事案について、遅くとも留置期間が満了した時点で相手方に到達したものとした。

【 *Answer* 】

　Case のように呼び出しに応じず引継ぎの必要がない労働者に対する解雇通知については、解雇予告手当を支払う即時解雇を選択することが通常であろう。この場合、解雇通知書の労働者への到達日に解雇の効力が生じることになるため、配達日の記録の残る郵送方法を選択して労働者の自宅宛に郵送し、解雇日（効力発生日）を、到着見込日以降に設定する必要がある。そして、解雇日の当日に解雇予告手当が着金するよう、振込みの手配を行うことになる。

　郵送方法としては、郵便受けに配達され、かつ、追跡サービスで到着を確認できる、特定記録郵便またはレターパックライトを使用するとともに、通知内容をも証明できる配達証明付内容証明郵便やプライベートアドレス宛の電子メールを併用することが考えられる。

　なお、Case では、人事担当者の訪問により、X が自宅に所在することが確認されているため、郵送の方法で問題ないが、労働者が失踪している場合、解雇通知書を当該労働者の自宅に郵送したとしても、当該労働者が了知可能な状態に置いたと評価できるか疑義がある。この場合、携帯電話やPC を自宅に置いたまま失踪することも考えられるから、電子メールで送付する方法をとったとしても、やはり到達の有効性に疑義がある。

　そうすると、解雇の意思表示の到達の手続としては、公示送達の方法（民 98）を検討せざるを得ないが、労働者が最後の住所地に居住していないことの疎明が必要となるなど、手続が煩雑である。就業規則において、「〇日以上行方不明のとき」といった場合の自動退職条項が定められていれば、当該条項に基づいて自動退職扱いとすることを検討することになろう。

第 **10** 章

労働災害・労災民訴・職場環境の整備

23…労働災害になるのはどのような場合か

Case

　Y社の研究開発部長Xは、1月末、自宅で倒れ、すぐに救急搬送されたが間に合わず、くも膜下出血により死亡した。50歳であった。

　Y社のA社長がXの葬儀に参列した際、A社長はXの妻から「夫は10月に部長に昇進してから特に帰りが遅くなり、急ぎのプロジェクトがあるとかで、土日も時々出勤したり自宅で部屋に籠もって作業をしたりしていた。持病もない夫がこんなに早く亡くなるなんて労災だ」と言われた。

　A社長は、葬儀から戻った後、ひとまずXの賃金台帳をざっと見てみたところ、Xは管理職であったため、時間外手当や休日手当は支給されていなかったが、深夜手当は毎月のように支給実績があることがわかった。

　その後しばらくして、A社長宛に、Xの妻から、労基署に提出する労災の申請書類に捺印してほしいとの連絡があった。

● ● ●

ノボル：顧問先のY社で研究開発部長だった方が、くも膜下出血で亡くなったそうです。

姉　弁：それは大変ね。

ノボル：A社長は、遺族のために協力すべきところはしたいとは思いつつも、労災となったらどのようなことになるのか、とても不安だとおっしゃっていました。それで先日、遺族から、労災の申請に必要だということで労基署に提出する書類への捺印を求められたそうで、応じてよいか念のため確認したいとのことだったのですが、労災の申請に必要なら応じてい

いですよね。それに、拒否したら遺族感情を逆なでしてしまいますし。

姉　弁：どんな捺印を求められているの？

ノボル：Ａ社長からコピーをもらったんですが、遺族補償年金支給請求書の「負傷又は発病及び死亡の年月日」「災害の原因及び発生状況」「平均賃金」「死亡した労働者の負傷又は発病の日における厚生年金保険等の被保険者資格の有無」についての事業主証明印です。

姉　弁：「災害の原因及び発生状況」のところは何と書いてあるの？

ノボル：「10月に研究開発部長となり、以後、急ぎのプロジェクト対応に追われ、平日は毎日深夜まで、土日も自宅で作業を行ったため、過労により自宅でくも膜下出血を発症し死亡に至った。」と書いてあります。

姉　弁：平日は本当に「毎日」深夜まで仕事をしていたのかしら？　あと、土日も自宅で作業を行っていたことは、会社は認識していたの？

ノボル：いや、それはどうでしょうか・・・。

姉　弁：記載内容に間違いないことを事業主として証明する、という印なんでしょ？　そうだとしたら、会社としては、会社の認識と異なることを証明することはできないんじゃないかしら。

ノボル：たしかにそうですね・・・。でも、労災かどうかは労基署が判定するわけですから、ここで証明印を捺印しても、結論に直接影響しないんじゃないですか。遺族感情を損ねないためにも、捺印に応じたほうがいいんじゃないかと思うんですけど。

姉　弁：労災かどうかは労基署が判定するというのはそのとおり。でも、労災認定後に、もしくは同時並行的に、会社に対して損害賠償請求訴訟が提起されたら、労災申請に関する書類は、必ず証拠として出てくるわよ。その際、労災申請時に会社が「証明した」事実と、訴訟での会社の主張が違うということになれば、訴訟対応に事実上の悪影響が及ぶのではないかしら。

ノボル：・・・なるほど。のちのち裁判になったときのことも想定しないといけない、というわけですね。

□死亡前 6 か月間の実労働時間の客観的記録は残っているか
　[→ **2(2)**]

□死亡前 6 か月間の 1 週 40 時間を超える労働時間の長さはど
　の程度か [→ **2(2)**]

□死亡前 6 か月間の休日の取得状況はどうであったか [→ **2(2)**]

□所属部署や研究開発部長の業務内容はどのようなものであっ
　たか（何らかのノルマはあるのか、急を要する業務があった
　のか等）[→ **2(2)(3)**]

□自宅でどのような作業を実施していたのか。また、それを使
　用者は把握していたか [→ **2(2)(3)**]

□産業医による面談を受けていたか [→ **2(2)(3)**]

□健康診断結果はどのような内容であったか [→ **2(2)**]

□労災の申請書類の「災害の原因及び発生状況」にはどのよう
　な記載があるか [→ **3**]

［ 解 説 ］

1　業務災害と通勤災害

　いわゆる労災には、業務災害と通勤災害がある。業務災害とは、労
働者の業務上の負傷、疾病、障害または死亡であり、通勤災害とは、
労働者の通勤による負傷、疾病、障害または死亡である（労災 7 ①(1)
(2)参照）。

　使用者には、業務災害に対する法所定の補償義務（災害補償責任）
が課せられている（労基 75〜88）。具体的には、療養補償義務（同 75）、
休業補償義務（同 76）、障害補償義務（同 77）、遺族補償義務（同 79）、
葬祭料の支払義務（同 80）であり、補償すべき範囲や金額等は労働基

▼ 図表 5　使用者の労働基準法上の災害補償義務と労災保険の対応関係

被災の内容	補償の対象	業務災害		通勤災害	
		使用者の補償義務の有無・名称（内容）・根拠条文	保険給付の有無・名称（内容）・根拠条文等	使用者の補償義務の有無	保険給付の有無・名称（内容）・根拠条文等
負傷疾病	療養にかかる費用	あり	あり	なし	あり
		療養補償	療養補償給付		療養給付
		労基 75	労災 13		労災 22
	休業により得られなかった賃金	あり	あり	なし	あり
		休業補償（療養中平均賃金の 60%）	休業補償給付（休業 4 日目より給付基礎日額の 60%／日）		休業給付（休業 4 日目より給付基礎日額の 60%／日）
		労基 76	労災 14		労災 22 の 2
障害	身体障害が残った場合の労働能力喪失による逸失収入	あり	あり	なし	あり
		障害補償	障害補償給付（障害等級 1〜7 級：年金、8〜14 級：一時金）		障害給付（障害等級 1〜7 級：年金、8〜14 級：一時金）
		労基 77	労災 15		労災 22 の 3
死亡	遺族に対する生活保障	あり	あり	なし	あり
		遺族補償（平均賃金の 1000 日分）	遺族補償給付（年金／一時金）		遺族給付（年金／一時金）
		労基 79	労災 16		労災 22 の 4
	葬儀費用	あり	あり	なし	あり
		葬祭料（平均賃金の 60 日分）	葬祭料（厚労大臣が定める額）		葬祭給付（厚労大臣が定める額）
		労基 80	労災 17		労災 22 の 5

準法で定められている（前頁の**図表5**を参照）。これらの補償義務は、労働者の負傷、疾病、障害または死亡と、業務との間に相当因果関係が存在すれば生じるものであり、負傷等に対する使用者の過失の有無を問わない点において、民事上の損害賠償責任とは異なる。また、労働基準法上の補償義務に対応する形で労働者災害補償保険法による保険制度が設けられており、同法に基づき労働者等に対して保険給付がなされた場合には、使用者は、それに対応する補償義務を免れるという仕組みになっているため（労基84①、労災12の8②参照）、実務上は、使用者が直接に補償義務を履行することは少ない。業務災害との関係では、労災保険は、使用者の災害補償責任を和らげるとともに、労働者に対する迅速な補償を実施するための制度であるといえる（参考判例①）。

これに対し、通勤災害は、使用者の管理下にはない状況での被災であるため、使用者に補償義務はない。もっとも、通勤は労務提供にとって不可欠の行為であり、その過程で被災する危険は労働者共通であることから、昭和48（1973）年の労働者災害補償保険法改正により業務災害の場合と同内容の保険給付がされることとなった（ただし、使用者の補償義務を前提としないため、給付の名称に「補償」は入らない）。

なお、労働者災害補償保険法は、労働基準法上の補償を上回る給付内容をも定めており、上表に記載したもののほかに、傷病（補償）年金（労災18・23）や介護（補償）給付（同19の2・24）がある。また、社会復帰促進等事業（同29）として定められた労働者災害補償保険特別支給金支給規則に基づき、特別支給金・特別一時金（休業、傷病、障害、遺族）の制度も用意されている。

2　業務災害の認定基準

(1)業務災害の認定　被災労働者またはその遺族等の受給権者が業務災害に対する保険給付を受けるには、労働者の「負傷、疾病、障害又は死亡」が「業務上」のものでなければならず（労災7①(1)）、業務上

認定（いわゆる労災認定）は行政庁（労働基準監督署長）が行う。

業務上認定の判断要素は、業務起因性と業務遂行性である。業務起因性とは、負傷等と業務との間に相当因果関係が認められることを意味し、業務遂行性とは、負傷等が使用者の支配下にある状態で発生したことを意味する。業務起因性を推定する判断要素として業務遂行性が用いられる。なお、業務上認定にあたり、使用者の故意・過失の有無は問わないが、労働者に故意・重過失があった場合には支給制限がある（労災12の2の2）。

業務上の「疾病」に含まれる疾病（労災補償の対象疾病）の範囲は、労働基準法施行規則で詳細に列挙されている（労基75②、労基則35・別表第1の2）。対象疾病の該当性認定基準（発症の条件等）は、行政通達で定められており、認定基準をみたす場合には業務起因性の存在が推定される。

（2）脳・心臓疾患 いわゆる過労死に関連する対象疾病は、「長期間にわたる長時間の業務その他血管病変等を著しく増悪させる業務による脳出血、くも膜下出血、脳梗塞、高血圧性脳症、心筋梗塞、狭心症、心停止（心臓性突然死を含む。）若しくは解離性大動脈瘤又はこれらの疾病に付随する疾病」（労基則別表第1の2第8号）であり、この認定基準を定めた行政通達は、「脳血管疾患及び虚血性心疾患等（負傷に起因するものを除く。）の認定基準について」（平成13・12・12基発1226第1号）である。

この認定基準では、「長期間の疲労の蓄積」を業務による明らかな過重負荷として考慮するものとしており、発症前おおむね6か月間の疲労の蓄積を評価すること、発症前1か月間の時間外労働（ここでは1週40時間を超える実労働時間のことをいい、法定休日労働時間も含む）が100時間を超えるか、または、発症前2か月から6か月の間の時間外労働（同前）が1か月あたり80時間を超える場合には業務と発症との関連性が強いと判断すること等が定められている。

（3）精神疾患 いわゆる過労自殺等の精神疾患に関連する対象疾病は、

「人の生命にかかわる事故への遭遇その他心理的に過度の負担を与える事象を伴う業務による精神及び行動の障害又はこれに付随する疾病」（労基則別表第1の2第9号）であり、この認定基準を定めた行政通達は、「心理的負荷による精神障害の認定基準について」（平成23・12・26基発1226号1号）である。

　この認定基準では、①認定基準の対象となる精神障害を発病していること、②その精神障害の発病前おおむね6か月の間に業務による強い心理的負荷が認められること、③業務以外の心理的負荷や個体側要因により発病したとは認められないこと、のいずれをもみたす場合に業務上認定することを定めている。そして、心理的負荷に影響を与える具体的出来事とその負荷の程度を「業務による心理的負荷評価表」（上記認定基準の別表1、以下「心理的負荷評価表」という）および「業務以外の心理的負荷評価表」（同別表2）により類型化している（心理的負荷評価表については本章**24**も参照）。

3　労災の認定手続

(1)被災者またはその遺族等による申請　労災保険給付のための労災認定は、補償を受けるべき労働者もしくは遺族または葬祭を行う者の請求に基づいて行う（労災12の8②参照。ただし、傷病補償年金を除く）。請求は、給付内容ごとに用意された所定の請求書に必要事項を記入し労基署へ提出することによって行うものとされ、必要事項のうちのいくつかは、事業主の証明を受けなければならないとされている（労災則12以下参照）。事業主は「保険給付を受けるべき者から保険給付を受けるために必要な証明を求められたときは、すみやかに証明をしなければならない」（同23②）とされているものの、事業主が証明を拒むなどやむを得ない事情がある場合には、事業主証明欄が空欄であっても請求手続に支障はない（厚生労働省ホームページ「労災保険に関するQ＆A」1-5参照）。

(2)労基署による調査　労災保険給付の請求があると、労基署は、業

務上認定をするために必要な調査を行う（調査権限について、労災45以下参照）。労働者側だけでなく使用者側に対しても、就業規則や労働時間の記録等の関係書類の提出を求めたり、請求にかかる労働者の業務遂行状況等を知る他の従業員等から事情聴取を行ったりすることがある（事情聴取を行った場合には、刑事事件における検面・員面調書と似た形式の聴取書が作成される）。また、使用者の側も、労基署長に対して意見申出をすることができ（労災則23の2）、特に、業務外認定すべきと考える場合は意見書の提出を行うことが多い。

（3）労基署による判定　一連の調査が終わると、労基署長は、業務上外の認定を行う。具体的には、業務起因性を肯定する場合には請求があった保険給付の支給決定を、業務起因性を否定する場合には不支給決定を行う。この決定は行政処分としての性質を有し、保険給付の請求者は、審査請求、再審査請求、取消訴訟の提起により不支給決定を争うことができ（労災38以下、審査請求前置主義）、実際に、多数の取消訴訟が提起されている（たとえば、参考判例②）。

　なお、使用者は、処分により直接自己の権利または利益を侵害される立場にはないため、支給決定・不支給決定いずれについても不服を申し立てることはできない（労災保険審査請求事務取扱手引の「事業主は、事業主としての立場においてはいかなる意味においても審査請求人とはなり得ない」との記載を参照）。業務上認定がなされると、被災と業務との間の相当因果関係の存在が明らかになるため、それを前提に、使用者に対して安全配慮義務違反等に基づく損害賠償請求（いわゆる労災民訴）がなされる蓋然性が高まるが、それは事実上の波及効果でしかない。

4　その他労災に関する使用者側の注意点

（1）労災隠しに対する処罰　使用者は、業務災害により労働者が死亡した場合、または負傷により休業が必要となる場合には、所轄の労基署へ労働者死傷病報告書を提出しなければならない（安衛則97）。こ

れを提出しなかったり、虚偽の報告をしたりすることは「労災隠し」と呼ばれ、50万円以下の罰金刑が定められている（安衛120⑸・100③）。

(2) 解雇制限　使用者は、労働者が業務上負傷し、または疾病にかかり療養のために休業する期間およびその後30日間は、解雇することができない（労基19①前）。ただし、療養開始後3年を経過しても負傷または疾病が治らない場合においては、打切補償（平均賃金の1200日分の支払い）を行えば、この解雇制限を解くことができる（労基19①ただし書・81、参考判例①）。

　なお、私傷病休職と労災認定との関係については、本章 **17・24** を参照。

▶ 参 考 判 例 ···

①**最判平成27・6・8民集69巻4号1047頁［学校法人専修大学事件］**　「業務災害に関する労災保険制度は、労働基準法により使用者が負う災害補償義務の存在を前提として、その補償負担の緩和を図りつつ被災した労働者の迅速かつ公正な保護を確保するため、使用者による災害補償に代わる保険給付を行う制度であるということができ、このような労災保険法に基づく保険給付の実質は、使用者の労働基準法上の災害補償義務を政府が保険給付の形式で行うものである」ことを前提に、打切補償について定めた労働基準法81条の「第75条の規定によつて補償を受ける労働者」には、労働者災害補償保険法による療養補償給付を受ける労働者も含まれるとした。

②**名古屋地判平成23・12・14労判1046号42頁［国・名古屋西労基署長（ジェイフォン）事件］**　約7年にわたりうつ病を患った労働者がその後に自宅で縊死した事案について（死亡当時56歳）、労基署側は、「日常業務を支障なく遂行できる平均的な労働者」を基準として心理的負荷の程度を評価すべきと主張したが、裁判所は「平均的な同種労働者、すなわち、職種、職場における地位や年齢、経験等が類似する者で、業務の軽減措置を受けることなく日常業務を遂行できる健康状態にある者の中で、その性格傾向等が最も脆弱である者（ただし、同種労働者の性格傾向等の多様さとして通常想定される範囲内の者）」を基準とすべきとしたうえで、心理的負荷評価表を参照しつつ業務起因性を認めた。なお、同一事案の使用者に対する損害賠償請求（労災民訴）については、うつ病を悪化させ自殺に至るという結果について使用者は予見できなかったとして安全配慮義務違反が否定された（名古屋地判平成19・1・24労判939号61頁、なお控訴後和解）。

【 *Answer* 】

　労災保険給付の請求（いわゆる労災申請）をするかどうかは、被災労働者またはその遺族等の判断次第である。労災申請する場合、使用者は、所定の請求書に事業主証明を求められるが、これは文字どおり、事業主として記載内容が事実であることを証明する趣旨のものであるから、それが事実であると認識していない場合には応じるべきではない。もっとも、事業主には請求への助力が求められている趣旨に鑑みると（労災則 23）、事実として証明できる部分（「平均賃金」や「死亡した労働者の負傷又は発病の日における厚生年金保険等の被保険者資格の有無」等）については、請求者が必要とする情報提供をしたり、事業主証明に応じたりすべきである。

　業務上認定の実務においては、労働時間の長さが特に重視される傾向にある。これは、業務の負荷の程度が数値としてわかりやすい（労基署側にとって比較的客観的に認定しやすい）からであろうと思われる。

24… 使用者の安全配慮義務違反はどのような場合に認められるか

Ｃａｓｅ

　Ｘは、3年前にＹ社が中途採用した30代の男性従業員である。営業部に所属していたものの、成績は芳しくなく、また、Ｘからも「営業は外回りが多くて大変なので内勤に変えてほしい」との申入れがあったため、1年前に管理部に異動させた。

　管理部への異動から2か月程度経った頃、Ｘから人事部に「Ａ管理部長の言葉がきつくて精神的に参っている。これ以上耐えられそうにないから、次の異動時期に別の部署へ異動させてほしい」との申入れがあった。人事部がＡ管理部長に話を聴いたところ、Ｘは、初歩的なミスをしたり、業務時間中に無断で長時間離席したりするため、そのようなことが起こるつど、注意しているが、必要以上に強い言葉は遣っていない、とのことであった。これを受けて、人事部は、ただちにはＸを異動させないことを決めた。

　それからさらに5か月が経過した頃、Ｘは、ある会議でＡ管理部長から叱責を受けた。その翌日、「適応障害のため3か月間療養を要する。」と記載された診断書をＹ社に提出し、欠勤を開始し、その後、休職となった。

　しばらくして、私傷病休職期間満了による退職が近づいた頃、Ｘの代理人弁護士からＹ社に対し、Ｘが適応障害となったのはＡ管理部長によるパワハラが原因であり、また、Ｙ社がＸを異動させなかったことで状態が悪化した以上、Ｙ社には明らかな安全配慮義務違反があるから損害賠償とＡ管理部長の異動を求める、また、労災も申請予定である、との文書が届いた。

• • •

ノボル：パワハラを理由に休職、安全配慮義務違反に基づく損害賠償請求、労災
　　　　申請・・・。盛りだくさんな状況です・・・。

姉　弁："フルコース"ね。珍しくないわよ。Ｙ社からの相談の内容は？

ノボル：労災になる可能性があるのか、また、労災になったらどうなるのか、を
　　　　まずは知りたいとのことです。

姉　弁：なるほど。労災になる可能性について、ノボル君の見立ては？

ノボル：パワハラって、そう簡単には労災にはならない、と思う・・・のですが。

姉　弁：感覚だけじゃダメよ。根拠をきちんと示さなくちゃ。まぁでも、その感
　　　　覚は間違ってはいないけれど。ちなみに、欠勤開始直前のＸの残業時間
　　　　はどの程度だった？

ノボル：えっ、残業時間ですか？ パワハラということだったので、残業につい
　　　　てはＹ社に確認していません。

姉　弁：労災は、労働時間を根拠に認定される場合が多いから、長時間労働がな
　　　　いかはどんな場合でも必ず確認したほうがいいわよ。もう１つの、労災
　　　　になったらどうなるのか、については、どのように答えるつもり？

ノボル：安全配慮義務違反による損害賠償責任が認められます、と答えようと思
　　　　っています。

姉　弁：おっと。労災認定と安全配慮義務違反はイコールなのかしら。

ノボル：仕事のせいで病気になったと認定されたわけですから、安全配慮義務違
　　　　反も当然に認められるものと思ってたんですけど・・・。

姉　弁：それは違うわね。労災認定と安全配慮義務違反との関係について、あと
　　　　でちゃんと調べてみてね。ほかに、安全配慮義務違反による損害賠償以
　　　　外で、Ｙ社にアドバイスしておくべきことはないかしら。

ノボル：ちょっと思いつきません・・・。

姉　弁：Ｘの私傷病休職期間はそろそろ終わるわけでしょう？ 休職期間満了に
　　　　より雇用終了とした後に労災認定が下りたとしたら、雇用終了という取
　　　　扱いをそのまま維持してよいのか、についても、あらかじめ伝えておい
　　　　たほうがいいんじゃないかしら。

ノボル：そういう問題もあるんですね・・・。わかりました、調べてみます！

Check List

☐ 上司の日々の言動や注意指導の態様は、どのようなものであったか [→ **1・3**]

☐ 安全配慮義務違反を訴える従業員の職種や労務の内容はどのようなものであったか [→ **1**]

☐ 異動先の部署での当該従業員の業務内容や業務態度は、どのようなものであったか [→ **1**]

☐ 当該従業員に言動の変化や体調不良の様子は見受けられたか [→ **1**]

☐ 当該従業員に精神疾患の既往症はあるか [→ **1**]

☐ 当該従業員の人事部への申入れに対する会社側の対応はどのようなものであったか [→ **1**]

☐ 異動先での当該従業員の時間外労働はどの程度であったか [→ **3**]

［ 解説 ］

1 使用者の安全配慮義務

　使用者は、労働契約上、労働者に対する安全配慮義務を負う。このことは当初、判例上確立され（民間企業におけるものとして参考判例①）、その後、労働契約法が平成 19（2007）年に制定された際、5 条に明文規定がおかれるに至った（平成 20（2008）年 3 月 1 日施行）。

　安全配慮義務は、雇用のあらゆる場面で求められ、その具体的内容は、職種、労務の内容、労務提供の場所・方法等に応じてさまざまであるが、大別すれば、①物的・環境的危険防止義務、②作業内容上の危険防止義務、③作業行動上の危険防止義務、④寮・宿泊施設の管理義務、⑤健康管理義務に分けられる（菅野和夫ほか編『論点体系　判例労働法 3』（第一法規・2014 年）284 頁以下の分類に基づく。より詳細な分類

を試みるものとして土田・労契法522頁以下）。安全配慮義務の内容を特定し、かつ、義務違反に該当する事実を主張立証する責任は、安全配慮義務違反を追及する労働者側にある（参考判例②）。

　健康管理義務としての安全配慮義務は、近年、長時間労働やハラスメントにより心身の健康を害したことに対する使用者の責任を問う場面で、広く責任原因として用いられている。電通事件（最判平成12・3・24民集54巻3号1155頁）は、労働契約法制定以前に、過労死に対する使用者の責任を不法行為構成で認めた事案であるが、最高裁は「使用者は、その雇用する労働者に従事させる業務を定めてこれを管理するに際し、業務の遂行に伴う疲労や心理的負荷等が過度に蓄積して労働者の心身の健康を損なうことがないよう注意する義務を負うと解するのが相当であり、使用者に代わって労働者に対し業務上の指揮監督を行う権限を有する者は、使用者の右注意義務の内容に従って、その権限を行使すべきである」と判示しており、この注意義務は、労働契約上の安全配慮義務の内容としても捉えられる（参考判例③参照）。

2　安全配慮義務と業務上災害との関係性

(1)業務起因性と使用者の安全配慮義務違反　労災認定は、被災と業務との相当因果関係の有無のみを問うものであり、使用者の故意・過失の有無は考慮しない（本章23参照）。そのため、労災認定がなされたことをもってただちに、使用者に安全配慮義務違反があったことにはならない（参考判例④、本章23の参考判例②）。もっとも、安全配慮義務の内容は上記のとおり広範であることから、被災と業務との相当因果関係が認められる場合には、何らかの形で使用者の安全配慮義務違反も認められることが多いのが実情である。

(2)労災補償の範囲と損害賠償の範囲　業務上災害について労働基準法は、使用者に無過失責任として定額の補償を義務づけたうえで（労基75以下）、その確実な履行を労災保険によりカバーしている（労災12の8、本章23参照）。しかし、たとえば慰謝料は補償の対象外であ

り、また休業補償（休業損害）は給付基礎日額（平均賃金）の 60％ にとどまるなど（本章 **23** の**図表 5** を参照）、補償の費目・範囲が限定的なことから、労災保険でカバーされない損害につき、被災者や遺族等は安全配慮義務違反を根拠に使用者に対して賠償を求めることになる。

なお、債務不履行責任としての安全配慮義務違反と不法行為責任としての安全配慮義務（注意義務）違反は請求権競合の関係に立つ。両者の違いは、主に、立証責任の所在、履行遅滞、消滅時効、遺族固有の慰謝料、相殺禁止に表れるが（詳しくは、土田・労契法 538 頁や菅野ほか編・前掲書 317 頁以下を参照）、賠償を求める側は場面ごとに自身に有利な主張をすることが許され、実務上も、両者の違いを厳密に意識したうえで主張が展開されているとはいえない。

3　パワハラと業務上災害の認定

精神障害に対する労災認定は「業務による心理的負荷評価表」（平成 23・12・26 基発 1226 第 1 号の別表 1。以下「心理的負荷評価表」という）に沿って行われ、心理的負荷が「強」となる場合に業務上災害と認定される（本章 **23** 参照）。

パワハラに関しては、心理的負荷評価表の具体的出来事として「嫌がらせ、いじめ、又は暴行を受けた」との項目があり、原則的な心理的負荷は「中」である（よって、ただちには労災とならない）。ただし、その程度が「ひどい」と評価される場合は「強」となる。「強」となるのは、①部下に対する上司の言動が、業務指導の範囲を逸脱しており、その中に人格や人間性を否定するような言動が含まれ、かつ、これが執拗に行われた、②治療を要する程度の暴行を受けた、等である（心理的負荷評価表）。

また、個々の具体的出来事の心理的負荷は「中」であっても、「中」が複数認められる場合には総合評価が「強」となることがある。たとえば、「1 か月に 80 時間以上の時間外労働を行った」は「中」であるため、パワハラに関する労災認定の見通しを立てる際には、そのよう

な時間外労働が存在しないかどうかも確認することが重要である（時間外労働は、具体的出来事の中でも比較的、客観的に認定しやすい）。

▶ **参考判例**

①**最判昭和 59・4・10 民集 38 巻 6 号 557 頁 ［川義事件］**　社屋内に高価な反物、毛皮等を多数開放的に陳列保管している会社で宿直勤務していた従業員が盗賊に殺害された事案について、「雇傭契約は、労働者の労務提供と使用者の報酬支払をその基本内容とする双務有償契約であるが、通常の場合、労働者は、使用者の指定した場所に配置され、使用者の供給する設備、器具等を用いて労務の提供を行うものであるから、使用者は、右の報酬支払義務にとどまらず、労働者が労務提供のため設置する場所、設備もしくは器具等を使用し又は使用者の指示のもとに労務を提供する過程において、労働者の生命及び身体等を危険から保護するよう配慮すべき義務（以下「安全配慮義務」という。）を負つている」「使用者の右の安全配慮義務の具体的内容は、労働者の職種、労務内容、労務提供場所等安全配慮義務が問題となる当該具体的状況等によつて異なる」と述べたうえで、盗賊侵入防止のためののぞき窓、インターホン、防犯チェーン等の物的設備や、宿直の複数名体制等の人的設備を整えなかったことについて安全配慮義務違反が認められるとして、死亡に対する使用者の損害賠償責任を認めた。

②**最判昭和 56・2・16 民集 35 巻 1 号 56 頁 ［航空自衛隊芦屋分遣隊事件］**　航空自衛隊のヘリコプターが回転翼の故障により墜落し自衛官が死亡した事案について、「国が国家公務員に対して負担する安全配慮義務に違反し、右公務員の生命、健康等を侵害し、同人に損害を与えたことを理由として損害賠償を請求する訴訟において、右義務の内容を特定し、かつ、義務違反に該当する事実を主張・立証する責任は、国の義務違反を主張する原告にある、と解するのが相当である」とした。労働契約関係においても同様に考えられる。

③**最判平成 26・3・24 労判 1094 号 22 頁 ［東芝（うつ病・解雇）事件］**　過重なプロジェクトによりうつ病を発症し、私傷病休職の後に休職期間満了により解雇となった事案（就業規則上、私傷病休職満了時には自動退職ではなく解雇すると定められていた）について、労働者が慢性頭痛や神経症との診断に基づき投薬治療中であったことを使用者に告げなかったこと等を理由に過失相殺すべきとした原審（東京高判平成 23・2・23 労判 1022 号 5 頁）の判断を否定し、「使用者は、必ずしも労働者からの申告がなくても、その健康に関わる労働環境等に十分な注意を払うべき安全配慮義務を負っているところ、上記のように労働者にとって過重な業務が続く中でその体調の悪化が看取される場合には、上記のような情報については労働者本人からの積極的な申告が期待し難いことを前提とした上で、必要に応じてその業務を軽減するなど労働者の心身の健康への配慮に努める必要がある」とした。なお、解雇については、原審において、解雇後に労災と認定されたことに基づき（東京地判平成 21・5・18 判タ

1305 号 152 頁)、解雇制限（労基 19 ① 本文）に反し無効とされている（解雇については、最高裁での判断の対象とはなっていない）。

④大阪高判平成 19・1・24 労判 952 号 77 頁［ミヤショウプロダクツ事件］ 社屋の改装工事で使用された内装材料からホルムアルデヒドが発生したために化学物質過敏症に罹患したとして、従業員（提訴時点では退職済み）が雇用契約に基づく安全配慮義務としての「従業員のためにホルムアルデヒドに対する対策をとるべき義務」違反に基づき損害賠償を請求した事案について、労災認定があったことをふまえつつも、ほかにも悪臭やのどの痛みを訴えた従業員が数人いたが、しばらくすると症状が軽快したことや、当時、医師の間でもシックハウス症候群または化学物質過敏症が広く知られていたとは認められないこと等を理由に、ホルムアルデヒドに対して対策をとるべき安全配慮義務に違反したとはいえないとした。

【 *Answer* 】

　安全配慮義務違反の有無は、心身の安全を損なう危険の予見可能性や結果回避可能性の観点から個別具体的に判断されるものであり、精神疾患の発症等の結果が生じたことのみをもって使用者の安全配慮義務違反が認められるわけではない。また、使用者の過失の存在を前提とする安全配慮義務違反と、それを前提としない労災認定は、本来、連動するものではない。

　パワハラ事案に関する労災認定の見通しに関しては、A 管理部長の X に対する言動について、業務指導の範囲を逸脱していなかったか、人格や人間性の否定が含まれていなかったか等を、A 管理部長や X の同僚らに対するヒアリング等を通じて確認する必要がある。その結果をふまえ、業務指導の範囲の逸脱や人格・人間性の否定があったとはいえない場合、もしくは、一部に見受けられる場合であっても執拗に繰り返されたとまではいえない場合には、X に長時間労働が存在しない限り、労災と認定される可能性は低いと考えてよいであろう。

　そのように考える場合には、労働者から労災だとの申出があったとしても、使用者としては、労働者の不就労を「私傷病」休職として扱い、休職期間満了後に復職できなければ就業規則の定めに従って雇用を終了させることになる。ただし後日、万が一労災認定がなされた場合には、自動退職扱いであっても解雇制限（労基 19 ① 本文）の類推により無効とする裁判例があるので（大阪高判平成 24・12・13 労判 1072 号 55 頁［アイフル（旧ライフ）事件］等）、注意が必要である。

25 ··· ハラスメントの防止に向けて使用者がとるべき措置は何か

Case

　Ｙ社は、約30人の従業員をかかえる会社である。これまでハラスメント問題が社内で大きく顕在化したことはなかったが、ここ最近、立て続けに2人の従業員が辞めた。ある従業員が聞いたところによると、2人とも、営業部長からのパワハラが嫌だったが言い出せないので辞める、という趣旨のことを退職前に述べていたとのことである。

　Ｙ社としては、人手不足が深刻な中、これ以上退職者が出ないよう、ハラスメント防止に向けた取り組みを強化したいと考えている。

・・・

ノボル：顧問先のＹ社の総務部長から、ハラスメント防止に向けた取り組みについて相談がありました。いろいろな方法があると思うので、どういう観点からアドバイスするのがいいか悩んでしまいまして…。

姉　弁：アドバイスの前に、まずは、これまでＹ社でどのような取り組みをしてきたかを確認しないとね。何か確認したものはある？

ノボル：就業規則の写しをもらいまして、その内容を見てみたところ、ハラスメントの禁止に関する条文があることは確認しました。

姉　弁：その条文は懲戒処分と連動してるの？

ノボル：…ええと…はい、懲戒事由として「この就業規則に違反したとき」というのが入っていますので、懲戒処分はできると思います。

姉　弁：社内にハラスメントに関する相談窓口は設置されているの？

ノボル：はい、総務部長が相談窓口になっているそうです。でも、これまで相談が来たことは一度もないと言っていました。

姉弁：相談窓口は従業員にどのような形でアナウンスされているのかしら？

ノボル：それはまだ確認してません。

姉弁：相談が来ないのは、社内でハラスメントがないからではなくて、相談窓口の存在が社内に浸透していないから、ということはよくあるわよ。その点も確認しないとね。ところで、相談窓口は総務部長だけ？

ノボル：…だと思います。

姉弁：まぁ、規模が小さな会社で外部の相談窓口まで用意しているところは少ないけれど、本当は小さな会社こそ社内では相談しづらいでしょうから、外部の相談窓口もあったほうがいいのよね。

ノボル：確かに従業員からすれば、内部と外部と両方の相談窓口があれば、状況に応じて使い分けられて便利ですね。そうしたら、うちの事務所が外部相談窓口になることも提案してみます！

姉弁：ちょっと待って。Ｙ社は顧問先でしょ？ うちの事務所は本当の意味での「外部」と言えるかしら？ 従業員からしたら、むしろ相談内容がすぐに会社に伝わってしまうのではないかと思うかもしれないわよ。

ノボル：…あぁ、確かにそうですね…。

姉弁：それに、外部相談窓口として相談を受けた案件について、もし仮に、相談者と会社との間で紛争になった場合、うちの事務所が会社側のサポートをしたら、相談者はどう思うかしら。

ノボル：「えっ、そっち側なの？」って思いますよね。相談窓口の中立性が疑われてしまって、従業員は安心して相談できなくなってしまいますね。

姉弁：顧問先だと、日頃の相談対応を通じてその会社について前提知識があるから、相談窓口としての対応時にも相談の趣旨をスムーズにくみ取れるというメリットもあるんだけどね。この問題はなかなか難しいんだけど、最近は、ハラスメントへの対応は特に重要になってきてるから、メリット・デメリットの両方を含めて、会社とよく相談してみてね。

ノボル：わかりました。ありがとうございます。

［ 解 説 ］

1 ハラスメントの防止に向けた使用者の措置義務

法は、**図表6**のとおりセクハラ、マタハラおよびパワハラのそれぞれについて使用者に措置義務を課している（パワハラについては令和2（2020）年6月1日施行）。ハラスメント行為を法で直接禁止するのではなく、使用者による措置を介してハラスメントの防止を図るという間接的な規制となっている。

図表6のとおり、セクハラ、マタハラおよびパワハラの措置義務に関する根拠条文はそれぞれ異なるが、講ずべき措置の内容は**図表7**のとおりおおむね共通している。セクハラ、マタハラおよびパワハラの該当性の考え方と、講ずべき措置の具体的内容は、以下の指針で明らかにされている。たとえば、セクハラもパワハラも、「職場」とは、労働者が業務を遂行する場所を指し、取引先の事務所、取引先と打合せをするための飲食店、顧客の自宅等、当該労働者が通常就業している場所以外の場所であっても当該労働者が業務を遂行する場所は含まれる。また、パワハラに関し、「就業環境を害する」かどうかは、平均的な労働者の感じ方を基準として判断する。

　　セクハラ：事業主が職場における性的な言動に起因する問題に関
　　　　　　　して雇用管理上講ずべき措置についての指針（平成18

▼ 図表 6　使用者のハラスメント防止措置義務

	根拠条文	措置の対象となる言動 （条文上のハラスメントの定義）	施行時期・ 対象労働者
セクハラ	均等 11	職場において行われる性的な言動に対するその雇用する労働者の対応により当該労働者がその労働条件につき不利益を受け、または当該性的な言動により当該労働者の就業環境が害されること	平成 11（1999）年 4 月 1 日〜： 女性労働者対象 （ただし配慮義務） 平成 19（2007）年 4 月 1 日〜： 全労働者対象＋措置義務化
マタハラ　妊娠・出産関係	均等 11 の 3	職場において行われるその雇用する女性労働者に対する当該女性労働者が妊娠したこと、出産したこと、労働基準法 65 条 1 項の規定による休業［＝産前休業］を請求し、または同項もしくは同条 2 項の規定による休業［＝産後休業］をしたことその他の妊娠または出産に関する事由であって厚生労働省令で定めるものに関する言動により当該女性労働者の就業環境が害されること	平成 29（2017）年 1 月 1 日〜： 女性労働者対象
マタハラ　育児・介護関係	育介 25	職場において行われるその雇用する労働者に対する育児休業、介護休業その他の子の養育または家族の介護に関する厚生労働省令で定める制度または措置の利用に関する言動により当該労働者の就業環境が害されること	平成 29（2017）年 1 月 1 日〜： 全労働者対象
パワハラ	労働施策推進 30 の 2	職場において行われる優越的な関係を背景とした言動であって、業務上必要かつ相当な範囲を超えたもの	令和 2（2020）年 6 月 1 日〜 （ただし中小企業については令和 4（2022）年 3 月 31 日までは努力義務） ：全労働者対象

厚労告 615 号）

　マタハラ：①事業主が職場における妊娠、出産等に関する言動に
　　　　　　　起因する問題に関して雇用管理上講ずべき措置につ
　　　　　　　いての指針（平成 28 厚労告 312 号）

　　　　　　②子の養育または家族の介護を行い、または行うこと
　　　　　　　となる労働者の職業生活と家庭生活との両立が図ら
　　　　　　　れるようにするために事業主が講ずべき措置に関す
　　　　　　　る指針（平成 21 年厚労告 509 号）

　パワハラ：職場におけるパワーハラスメントに関して雇用管理上
　　　　　　　講ずべき措置等に関する指針

　使用者の措置義務違反については、①行政による助言・指導・勧告、
②行政による報告の請求、③行政による勧告に従わなかった場合の企
業名公表、④行政による報告の請求に対して報告をせず、または虚偽
報告をした場合は 20 万円以下の過料等の行政指導による是正および
制裁が予定されている（均等 29・30・33、育介 56・56 の 2・66、労働施
策推進 33・36 ①・41）。

　なお、以上の措置義務は、使用者が公法上負う義務であり、これと
は別に、**図表 8** のとおり、ハラスメントの加害者には民事・刑事責
任が発生しうる。また、使用者や被害者を雇用する会社の役員も、損
害賠償責任を負うことがある（参考判例①）。

2　ハラスメントの撲滅に向けたトップのメッセージの発信等

　単に従業員に対してハラスメント禁止を指示するだけでなく、ハラ
スメントが社内にあってはならないとの方針を経営トップが明確に打
ち出し、全従業員に対して強いメッセージを発信することが重要であ
る。また、ハラスメントに該当する行為の内容や、ハラスメントがあ
った場合には厳正に対処する旨の方針を明らかにし（後述 3 参照）、
それを管理監督者を含む全従業員に周知し、啓発を図るべきである。
周知・啓発は、一度だけでなく、定期的に繰り返し行うことも肝要で

使用者が講ずべき措置の内容		セクハラ	マタハラ	パワハラ
1　事業主の方針の明確化およびその周知・啓発				
①	ハラスメントの内容や事業主としての方針の明確化、周知・啓発	◎	◎	◎
②	ハラスメントを行った者への厳正な対処方針・対処内容の周知・啓発	◎	◎	◎
2　相談等に適切に対応するために必要な体制の整備				
③	相談窓口の設置	◎	◎	◎
④	相談担当者による適切な相談対応の確保、幅広い相談対応	◎	◎	◎
⑤	他のハラスメントと一体的に相談できる体制の整備	○	○	○
3　相談申出後の迅速かつ適切な対応				
⑥	事実関係の迅速かつ正確な確認	◎	◎	◎
⑦	事実確認後の被害者への速やかな配慮措置	◎	◎	◎
⑧	事実確認後の行為者に対する適正な措置	◎	◎	◎
⑨	ハラスメントに関する方針（再発防止策）の再周知・再啓発	◎	◎	◎
4　ハラスメントの原因や背景となる要因を解消するための措置				
⑩	業務体制の整備等の必要な措置		◎	
⑪	被害者になりうる労働者（妊婦等）に対する周知・啓発		○	
⑫	コミュニケーションの活性化やその円滑化のための研修等の実施			○
⑬	適正な業務目標の設定、長時間労働の是正等の職場環境の改善			○
5　1～4と併せて講ずべき措置				
⑭	相談者・行為者等のプライバシー保護のために必要な措置、周知	◎	◎	◎
⑮	相談や事実確認への協力を理由とした不利益取扱い禁止の周知、啓発	◎	◎	◎

（◎は必須のもの、○は望ましい取り組み）

ハラスメントの 行為者 （加害者）	刑事責任	強制性交等罪　強制わいせつ罪 暴行罪　傷害罪　脅迫罪　侮辱罪 名誉毀損罪　強要罪　　　　　　　　　　など
	民事責任	・不法行為に基づく損害賠償責任（民709）
使用者	民事責任	・不法行為に基づく損害賠償責任（民715・ 　709） ・債務不履行に基づく損害賠償責任（民415 　──安全配慮義務違反、職場環境配慮義務違 　反等） ・会社代表者の行為についての損害賠償責任 　（会社350）
使用者（会社） の役員	民事責任	・役員等の第三者に対する損害賠償責任（会社 　429①）

ある。繰り返し周知・啓発することにより徐々にハラスメントを許さ
ない企業風土が醸成されていく。

3　就業規則の整備

　措置義務の履行として、就業規則の服務規律等において、ハラスメ
ントを禁止する規定を設けることは必須である。そして、その規定に
違反した場合には懲戒処分の対象となることも、就業規則上明記して
おかなければならない。

　懲戒事由の定め方としては、「この就業規則に違反したとき」とい
うような包括的なものであっても、服務規律等でハラスメントの禁止
が定められていれば懲戒処分の発動は可能であるが、ハラスメント行
為自体を独立した懲戒事由とするほうが（たとえば、懲戒事由として
「性的な言動により他の従業員に不快な思いをさせるなど就業環境を悪化さ
せたとき」（セクハラ）、「職務上の地位や人間関係などの優位性を背景に、

業務の適正な範囲を超えて、他の従業員に精神的・身体的苦痛を与え、または就業環境を悪化させたとき」（パワハラ）など）、ハラスメントがあった場合には厳正に対処するとの方針が明確となり望ましい。

　なお、ハラスメントは、かつては同一企業の従業員間のものとして捉えられてきたが、近時は、取引先との間、顧客との間、就職を希望する者（就職活動中の学生等）との間等で生じるものも広く含めて防止措置を図るべきとの流れが強まってきている。法律上の防止措置義務の対象は、現状では、同一企業の従業員間にとどまるものの（ただし、セクハラについては、令和元（2019）年の男女雇用機会均等法の改正により、他社からセクハラの事実調査等の実施に関し必要な協力を求められた場合にはそれに応じる努力義務が設けられた（同法11③））、服務規律上はより広くハラスメントを防止することも検討するとよいであろう。

4　相談窓口の設置・周知・運用

(1)相談窓口の設置・周知　措置義務の履行として、相談窓口をあらかじめ定めて従業員に周知するとともに、相談窓口の担当者が相談内容や状況に適切に対処できるようにすることが必要である。特に、ハラスメント行為の有無やハラスメント該当性が微妙である場合も、広く相談に対応し適切に対処しなければならない。また、相談者は、加害者からの報復を恐れることも多いため、しっかりと情報管理を行い、相談した事実やその内容が不用意に加害者を含む周囲の従業員に漏れないようにすることや、プライバシーの保護に細心の注意を払うべきである。なお、セクハラ、マタハラおよびパワハラのそれぞれについて、令和元（2019）年に成立した改正法により、「相談を行ったこと又は事業主による当該相談への対応に協力した際に事実を述べたことを理由として、当該労働者に対して解雇その他不利益な取扱いをしてはならない」との条文が加わった（均等11②・11の3②、育介25②、労働施策推進30の2②）。このように、不利益取扱いが法律上禁止されていることを相談者や事実確認の対象者等にアナウンスすれば、不

安感を一層払拭することができるであろう。

（2）相談窓口の運用　相談窓口では、相談を受け付けたら、まずは丁寧に事実確認を行ったうえで、ハラスメントの有無を判断することになる。窓口の担当者は、予断を排除し中立・公平な立場で事実確認・事実認定を行わなければならない。担当者が被害者や加害者のどちらかに肩入れしたり、思い込みによる対応をしたりすれば、事実認定がゆがめられることになるし、被害者に二次被害をもたらすなど、新たな紛争を生じさせかねない（参考判例②）。

　また、特にセクハラ等、密室で行われやすいハラスメントに関しては、被害者・加害者の供述しか証拠が存在せず、その供述内容が正反対であることも少なからずあるが、供述の信用性判断は、裁判におけるものと同様、虚偽供述の動機の有無、動かし難い事実や客観的証拠との整合性、供述内容の不自然な変遷の有無、供述内容自体の合理性、供述態度の真摯さ等から判断する。

　相談窓口を形式的に設けるだけでなく、情報管理体制を構築し、窓口の担当者に対して事実聴取の仕方等に関する教育を施すことも必要である。

（3）相談窓口設置・運用の留意点　相談窓口は、社内外のいずれでもよく、設置場所や設置数に関する規制はない（参考判例③）。ただし、従業員が安心して相談できるよう配慮すべきである。たとえば、特にセクハラやマタハラとの関係で、男性担当者と女性担当者の両方を確保し、相談者が自由に選べる体制にすることが望ましい。また、小規模な企業では、社長を相談窓口としている例が見受けられるが、社長に直接相談することへの心理的抵抗について十分考慮しなければならない。このほか、顧問である法律事務所を外部相談窓口とすることについて、中立公平性や情報統制との関係で一定の懸念があることに留意すべきであろう（ハラスメントの相談窓口に関するものではないが、平成28（2016）年12月9日に消費者庁が公表した「公益通報者保護法を踏まえた内部通報制度の整備・運用に関する民間事業者向けガイドライン」では

「通報の受付や事実関係の調査等通報対応に係る業務を外部委託する場合には、中立性・公正性に疑義が生じるおそれ又は利益相反が生じるおそれがある法律事務所や民間の専門機関等の起用は避けることが必要である」とされている）。なお、労働法上の問題としては以上のとおりであるが、顧問弁護士が顧問先の外部相談窓口となる場合は、どのような立場で通報を受けるかについてあらかじめ通報者に説明しなければならないことがある。このように顧問弁護士が外部相談窓口になることは弁護士倫理の観点からも問題があるので慎重であるべきであろう。

5　ハラスメントの事実を確認した場合の対応

　事実調査の結果、ハラスメントの事実が確認できた場合は、加害者に対する懲戒処分等を適切に行うとともに（参考判例④・⑤）、再発防止を図ることが必要である。

6　ハラスメントの防止に向けた取り組み

　以上のほか、定期的に社内アンケートや社内研修を実施して、実態調査やハラスメント防止のための取り組みを継続的に行っていくことが重要である。社内アンケートの実施例や社内研修用資料などは、厚生労働省が運営しているパワハラ対策についての総合情報サイト「あかるい職場応援団」で詳細に紹介されており参考になる。

▶ 参 考 判 例 ·····

①東京地判平成 26・11・4 労判 1109 号 34 頁［サン・チャレンジほか事件］
飲食店（「ステーキのくいしんぼ」）の店長であった者（亡一郎）が恒常的な長時間労働や上司からのいじめ・暴行等のパワハラにより自殺した事案で、上司個人について、「恒常的に、社会通念上相当と認められる限度を明らかに超える暴言、暴行、嫌がらせ、労働時間外での拘束、亡一郎のプライベートに対する干渉、業務とは関係のない命令等のパワハラを行っていた」として不法行為責任を認めるとともに、使用者（被告会社）についても、長時間労働やパワハラにより心身の健康を損なうことがないよう注意する義務（安全配慮義務）の違反があったとして債務不履行に基づく損害賠償責任と使用者責任を認めた。さらに、被告会社の代表取締役について、長時間労働や

上司による相当性の範囲を逸脱した指導監督の事実を認識していながら何ら有効な対策をとらなかったとして、会社法 429 条 1 項による損害賠償責任をも認めた。

②**東京高判平成 27・1・28 労経速 2284 号 7 頁［サントリーホールディングスほか事件］**　パワハラの被害を訴える者が、コンプライアンス室長がパワハラ行為に対して適切な対応をとらなかったため精神的苦痛が拡大したとして、パワハラ加害者（上司）のみならず同室長に対しても損害賠償を請求したが、裁判所は、複数の関係者に対して当時の状況を確認するなどして適切な調査を行った、通報・相談内容および調査過程で得られた個人情報やプライバシー情報を正当な事由なく開示してはならないとされていることからすれば調査結果や判断過程等の開示を文書でしなかったことには合理性があった等として、棄却した。

③**最判平成 30・2・15 労判 1181 号 5 頁［イビデン事件］**　親会社が親子会社共通の相談窓口を設置し、子会社従業員も利用できるようにしている場合において、親会社と子会社従業員との間には直接の労働契約関係はないものの、親会社は、相談窓口へ申し出た子会社従業員との関係で、「申出の具体的状況いかんによっては、当該申出をした者に対し、当該申出を受け、体制として整備された仕組みの内容、当該申出に係る相談の内容等に応じて適切に対応すべき信義則上の義務を負う場合がある」とした。

④**最判平成 27・2・26 労判 1109 号 5 頁［海遊館事件］**　管理職者 2 名が女性従業員（派遣社員を含む）らに対して 1 年あまりセクハラ発言を繰り返したことについて、発言の内容の不適切さが明らかであったこと、管理職であったこと、社内でセクハラ防止に向けた種々の取り組みがなされていたこと等から、出勤停止処分（1 名につき 30 日、もう 1 名につき 10 日）を有効とした。

⑤**東京地判平成 27・8・7 労経速 2263 号 3 頁［M 社（三菱地所リアルエステートサービス）事件］**　担当役員補佐の立場にあった者が、部下である数多くの管理職、従業員に対して、長期間にわたり継続的にパワハラと評価される言動を行ったことに対する降格処分（2 段階下の担当部長へ）の有効性が問題となった事案。裁判所は、成果の挙がらない従業員らに対して、適切な教育的指導を施すのではなく、単にその結果をもって従業員らの能力等を否定し、それどころか、退職を強要しこれを執拗に迫ったものであってきわめて悪質であり、各言動によって部下らは多大なる精神的被害・苦痛を被っていること、また、パワハラについての指導啓発を継続して行い、ハラスメントのない職場作りが会社の経営上の指針であることも明確にしていた中で、幹部としての地位、職責を忘れ、かえって相反する言動をとり続けたものであるとして、上記降格処分を有効とした。

【　**Answer**　】

　措置義務の内容をベースとして、①社長がどのような内容のメッセージをどのような形態で発信するのがよいか、②就業規則の中により明確な禁止規定を設けるか、③相談窓口についてどのように周知するのがよいか、

④社内研修等の従業員教育や啓発活動は何をどのように行うのが効果的であるかなどを検討する。また、退職者の発言によれば、営業部長についてすでにハラスメントの事実が存在している可能性があるため、従業員からヒアリングをすることを検討し、必要に応じて営業部長に対する指導・処分を行うべきである。すでに発生しているハラスメントを見逃すことになれば、防止に向けた取り組みの感銘力は失われ、従業員からの信頼は得られない。

　なお、仮に営業部長の営業成績が優秀であり、会社への貢献度が高いとしても、それを理由にハラスメントの責任追及を緩めることはあってはならない。ハラスメントはそれ自体悪質であり、その悪質性が勤務成績によって左右されたりカバーされたりするものではない。特にパワハラは、社内で優秀とされている管理職が生じさせることが多く、しかも、そのような管理職はパワハラをしているとの自覚が薄いことも少なくないから、「優秀であれば多少のハラスメントは許される」といった誤解を積極的に排除し、従業員全体に周知することが、ハラスメントを許さない企業風土の形成にとって重要である。

第 11 章

非正規雇用・高年齢者雇用に関する諸問題

26… 無期転換ルールと雇止め法理とは どのようなものか

Case

　Y社では、非正規社員を数名雇用しているところ、契約更新を繰り返して数年になる有期契約労働者1名が上司Aに対し「無期転換はしてもらえないのでしょうか?」と確認の電話をしてきた。上司Aは、無期転換制度についてよくわからなかったため、「正社員登用制度はあるけど、無期転換はよくわからない。人事に聞いてみる」と回答した。

　Y社では、正社員登用制度はあるが、労働契約法18条の無期転換に関する制度はなく、どのように対応してよいのか、無期転換後の労働条件をどのように設定するのか見当もつかないとのことである。

　また、今後の無期転換の負担も考え、有期契約労働者については雇止めや更新上限を設けざるを得ないと考えている。

• • •

ノボル：労働契約法18条の無期転換制度の相談ですね。厚生労働省のサイトを見たらいろいろと資料があったので、プリントしておきます。

兄　弁：プリントしただけではダメだよ。きちんと読んで、Y社に説明できるようにしておいてくれよ。

ノボル：わ、わかりました。労働契約法18条の条文って長くて読みにくいですね・・・。

兄　弁：労働契約法については、施行通達で詳細な解説があるよ。無期転換制度に関する厚生労働省のパンフレットも通達の内容をベースにしているから、通達もセットで勉強しておいて。

ノボル：わかりました。無期転換後の就業規則も準備しておいたほうがいいです

よね・・・？

兄　弁：Y社の方針が決まっていないのに、就業規則を作っても無駄だろ。無期転換後に、どのような労働条件を設定するかを考えて、そこから逆算するのがいいんじゃないかな？

ノボル：労働条件・・・。無期転換というのは、正社員になって、正社員として扱うことになるだけのことじゃないんですか？

兄　弁：全然違うよ。まぁ、労働条件の設定については、有期契約労働者に関連する契約更新制度や正社員登用制度との関係も切り口になるだろうね。

ノボル：う〜ん。もう、わかんなくなってきました・・・。

兄　弁：それじゃ困るよ。有期契約労働者の就業規則や雇用契約書、正社員登用制度の内容は、打ち合わせ前に資料を整理しておいてもらおう。抽象論をしてもしょうがないからね。

ノボル：わかりました。

Check List

【無期転換に関する事情】

□有期契約労働者から契約期間満了日までに無期労働契約の締結の申込みがあったか［→ **1**］

□当該有期契約労働者と2つ以上の有期労働契約の通算期間が5年を超えているか［→ **1**］

□当該有期契約労働者は高度専門職または継続雇用の高齢者か［→ **2**］

□使用者は雇用管理措置に関する計画を作成し、その計画が都道府県労働局から認定を受けているか［→ **2**］

□無期転換後に労働条件を変更する方針があるか［→ **3**］

【雇止めに関する事情】

□有期契約が反復更新されたことにより無期契約と実質的に異ならない状態となっているか［→ **4**］

　□有期契約労働者に雇用継続への合理的期待が認められるか
　　［→ **4**］
　□雇用契約に更新の回数や通算更新期間の上限が定められてい
　　るか［→ **5**］

［ 解説 ］

1　無期転換制度の内容・要件

(1)労働契約法 18 条の要件　労働契約法 18 条は、有期労働契約が５年を超えて反復更新された場合は、有期契約労働者の申込みにより期間の定めのない労働契約（無期労働契約）に転換させる無期転換ルールを定めている。

　具体的には、まず同条１項は以下のように規定している。

　①同一の使用者との間で締結された２以上の有期労働契約の契約期間を通算した期間が５年を超える有期契約労働者が、
　②使用者に対して、契約期間満了日までの間に、無期労働契約の締結の申込みをすると、
　③使用者が当該申込みを承諾したものとみなされて、契約期間満了日の翌日から労務が提供される無期労働契約が成立する。

　他方、同条２項では、同条１項で通算される契約期間の計算方法を規定し、有期労働契約が存在しない期間が一定以上続いた場合には、当該通算契約期間の計算がリセットされる、いわゆる「クーリング」の取扱いについて規定している。

　上記①②③の詳細は、労働契約法の施行通達（平成 24・8・10 基発 0810 第２号）で解説されているが、ポイントは厚生労働省のパンフレット（「労働契約法改正のあらまし」）でも説明されている。

(2)無期転換申込権の発生要件　労働契約法 18 条１項により、有期

契約労働者が無期労働契約への転換を申し込むことができる権利を「無期転換申込権」という。同法の無期転換制度では、無期転換申込権が発生する有期労働契約の種類を限定していないので、派遣労働契約（派遣労働者と派遣元との間の労働契約）や定年退職後の再雇用契約でも同条が適用される（ただし、2で述べる特例あり）。

　無期転換申込権が生じている有期労働契約の契約期間が満了する日までの間に無期転換申込権を行使しなかった場合であっても、その後に有期労働契約が更新された場合は、新たに無期転換申込権が発生する。この場合、更新後の有期労働契約の契約期間が満了する日までの間に、有期契約労働者は、無期転換申込権を行使することが可能となる。

2　無期転換制度に関する特例

(1)有期特措法の特例　「専門的知識等を有する有期雇用労働者等に関する特別措置法」では、労働契約法18条が定める無期転換申込権発生までの期間に関する特例を設けている。特例の対象となるのは「高度専門職」と「継続雇用の高齢者」の2つであるが、いずれの場合でも特例の適用が認められるためには、事業主が雇用管理措置に関する計画を作成し、同計画を都道府県労働局に提出して「認定」を受けることが必要である。この認定が取り消された場合には、上記特例は適用されなくなる。

　それぞれの要件・効果については、厚生労働省のパンフレット（「高度専門職・継続雇用の高齢者に関する無期転換ルールの特例について」）を参照されたい。

(2)大学等および研究開発法人の研究員、教員等に関する特例　研究開発能力の強化や教育研究の活性化等の観点から、大学等および研究開発法人の研究者、教員等については、無期転換申込権発生までの期間を10年とする特例が設けられている（「科学技術・イノベーション創出の活性化に関する法律」）。

3　無期転換後の労働条件

(1)有期契約時の労働条件を無期転換後も維持する方法　労働契約法
18条による無期転換は「正社員への転換（登用）」ではなく、労働契
約期間のみを有期から無期に変更（転換）させる制度である。無期転
換社員の労働条件については、①有期契約時（無期転換前）を維持す
るか、②「別段の定め」（労契18①）を設けて変更するか、という問
題がある。

　典型的なパターンとしては、①の方法、すなわち、契約期間に関す
る規定以外は無期転換前の労働条件を維持する方法がある（**図表9**）。
この場合でも有望な有期契約労働者や無期転換社員は別途で正社員
（限定正社員）に登用するという方法を併せて設けることがある。

▼ 図表9　無期転換前の労働条件を維持する方法

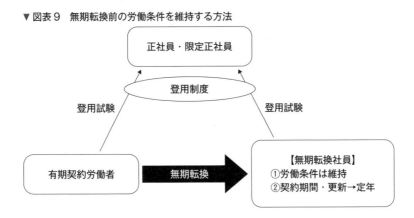

(2)「別段の定め」により無期転換前後で労働条件を変更する方法

　労働契約法18条1項の「別段の定め」をすることにより、無期転
換前の労働条件を変更する方法もある。無期転換によって手当や賞与
等の待遇をアップさせて対象者のモチベーションアップや定着を図る
ことを期待する場合に、上記のような方法がとられることがある。

　もっとも、無期転換時に労働条件をアップすると、無期転換してい
ない有期契約労働者との間で待遇差が発生するので、パート・有期法

8条および同法9条の均衡待遇・均等待遇の規制に違反しないかという問題には注意が必要である。

均衡待遇・均等待遇については本章27でとりあげているが、ポイントは、無期転換時に賃金等の待遇アップをする場合には、それに見合った〈業務の内容および当該業務に伴う責任の程度（職務内容）〉や〈職務の内容および配置の変更の範囲（人材活用の仕組み）〉も変更しておくという点である（図表10参照）。

▼図表10　無期転換によって労働条件をアップさせる方法

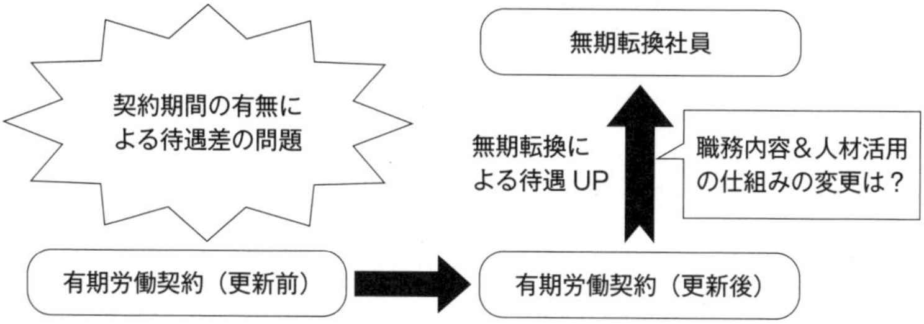

4　雇止め（労契19）

(1)雇止め法理　有期労働契約の契約期間が満了した場合、同契約は終了し「退職」となるのが本来である。しかし、判例は、東芝柳町事件（参考判例①）において、有期労働契約が反復更新されたことにより、期間の定めのない契約と実質的に異ならない状態になっている場合に解雇権濫用法理の類推適用によって雇止めの効力を否定した。その後の判例である日立メディコ事件（参考判例②）でも、反復更新の実態や契約締結時の経緯等から雇用継続への合理的期待が認められる場合に解雇権濫用法理の類推適用を認めた。

労働契約法19条は、雇止めに関する上記の判例法理の内容や適用範囲を変更することなく条文化したものであり、同条1号は、東芝柳町事件の最高裁判決の要件、同条2号は、日立メディコ事件最高裁判決で示された要件を定めたものである。

1号または2号に該当する場合で、使用者が雇止めをすることが客観的に合理的な理由を欠き、社会通念上相当であると認められないときは、雇止めの効力が否定され、従前の有期労働契約と同一の労働条件で労働者による有期労働契約の「更新の申込み」または「締結の申込み」を、使用者が承諾したものとみなされる（法的に擬制される）ことになり、「有期労働契約が契約期間を含めて同一の労働条件で成立」するのである。

　その場合、労働契約法19条本文は、労働者側の行為として、①「契約期間が満了する日までの間に労働者が当該有期労働契約の更新の申込み」または②「契約期間の満了後遅滞なく有期労働契約の締結の申込み」がなされることを前提としている。

▼ 図表11　雇止めの可否についてのチェック項目

---

①最初の契約から更新が何回行われ、何年経過しているか
②労働契約書および就業規則では、契約更新の基準や更新上限が規定されているか
③更新に関して特別な合意や約束はないか
④雇止め（契約不更新）をする理由はどのようなものか
　・担当業務の消滅や変更が理由か
　・それを裏づける証拠はあるか
　・労働者側の問題行為が理由であれば、問題行為を裏づける資料はあるか
⑤雇止め（契約不更新）の通告は、いつ、どのように行うか

（2）雇止めの手続　「有期労働契約の締結、更新及び雇止めに関する基準」（平成15年厚生労働省告示第357号）では、使用者に対し、①原則として30日前に雇止めの予告をすること、②労働者側から請求があった場合に雇止めの理由書を交付すること、を規定している（同基準1条・2条）。

　雇止めをする場合には事前予告等のスケジュールをあらかじめ設定しておき、更新時期の直前に現場で慌てないようにする必要がある。

また、請求があった場合には速やかに雇止めの理由を記載した文書が発行できるように雛形を作成しておく必要がある。

5　更新上限・正社員登用

(1)更新上限　有期労働契約では、雇止めをめぐるトラブルを事前に予防するために、有期労働契約書の更新条項や更新通知等に、更新の回数や通算更新期間の上限が記載されていることがある。

しかし、労働契約法の施行通達は、同法19条2号について、「いったん、労働者が雇用継続への合理的な期待を抱いていたにもかかわらず、当該有期労働契約の契約期間の満了前に使用者が更新年数や更新回数の上限などを一方的に宣言したとしても、そのことのみをもって直ちに同号の該当性が否定されることにはならないと解される」としている（平成24・8・10基発0810第2号第5・5(2)ウ）。

ここで「労働者が雇用継続への合理的な期待を抱いていたにもかかわらず」とされてはいるが、使用者側が、有期契約労働者が雇用継続への合理的な期待を有していたかを事前にすべて把握することは不可能である。そこで、更新の回数や通算更新期間の上限を設定する場合には、初回の有期労働契約書から記載しておくのが適切である。このような更新上限の規定は、労働契約書だけでなく、就業規則でも設けられていることがある。

なお、更新上限そのものではないが、有期契約労働者の更新上限年齢（65歳）を有効とした判例として、日本郵便（期間雇用社員ら・雇止め）事件（最判平成30・9・14労判1194号5頁）がある。

(2)正社員登用制度の見直し　労働契約法18条による無期転換制度とは別に、使用者側が任意の制度として、正社員登用制度や法定よりも前倒しで無期労働契約への転換制度を設けることがある。

また、「有期契約労働者の更新上限」と「更新上限後の無期労働契約への登用・転換」をセットで制度化している場合もある。もっとも、かかる制度では、労働者側としては更新上限後には無期労働契約に登

用・転換されるかもしれないとの期待をもつことがあるので、両制度の関係性を規則等で明記しておくべきである。このようなケースにおける判例として福原学園（九州女子短期大学）事件（参考判例③）がある。

▶ 参 考 判 例 ···

①最判昭和49・7・22民集28巻5号927頁［東芝柳町事件］　契約期間を2か月とする労働契約書を取り交わして入社した臨時工に対して、5回〜23回にわたって契約更新した後に雇止めしたことについて、解雇権濫用法理を類推適用して雇止めの効力を否定した。

②最判昭和61・12・4労判486号6頁［日立メディコ事件］　当初20日間の期間を定めて雇用し、その後、2か月の期間を定めた労働契約を5回にわたり更新してきた臨時工に対し、使用者が契約期間満了により雇止めをしたことについて、解雇権濫用法理の類推適用を認めたうえで、雇止めの効力を認めた。

③最判平成28・12・1労判1156号5頁［福原学園（九州女子短期大学）事件］　有期労働契約とその後の無期契約が規定上も区別され、更新上限まで雇用された者の全員が無期契約に転換（登用）されてはいなかった事案について、当該労働契約が3年の更新限度期間の満了時に当然に無期労働契約となることを内容とするものであったと解することはできないとした。

【 *Answer* 】

　無期転換について質問してきた契約社員が5年を超えて契約更新している場合は、当該社員から無期転換の申込みがあったとして、労働契約法18条により無期転換することになる。この場合、無期転換する時期を確認する必要がある。無期転換後の労働条件について就業規則等にまったく規定されていない場合は、無期転換前（契約社員時）と同じ労働条件になる。その場合でも、無期転換の手続や無期転換後の「定年（定年退職）」の制度については就業規則等で規定を設けておく必要がある。

　無期転換を避けるために契約不更新（雇止め）とする場合、労働契約法19条の問題になる。

　就業規則や労働契約書で更新上限を設ける場合、初回の契約から規定しておくのが無難である。

27… 非正規労働者の待遇を決める際の留意点は何か

Ｃａｓｅ

　トラック運送業を営むＹ社では、正社員のドライバーと有期契約のドライバーが同じ配送コースで就労している。有期契約のドライバーとして採用予定のＡからは、「正社員のドライバーに支給される無事故手当や皆勤手当は、有期契約の自分でも支給されるのですか？」との質問があった。Ｙ社は、無事故手当や皆勤手当は、給与規定で正社員のみを支給対象としているが、人材難からＡを採用したい事情があり、Ａに対して上記手当を支給するか、基本給に増額して支給するか、どちらかを考えている。

● ● ●

ノボル：今回の相談は、同一労働同一賃金に関する相談ですよね？ たしか行政からガイドラインが出ていたので、それを読んでおけばよいですかね？

姉　弁：今、「同一労働同一賃金」って言ったけど、これってどの法律の何条の問題かわかる？

ノボル：えーっと、どこかで見たような気がするのですが、ちょっと…。

姉　弁：本当に見たの？「同一労働同一賃金ガイドライン」が、何の法律に基づく指針かも確認してね。

ノボル：法律とガイドラインですね。わ、わかりました。

姉　弁：それだけでいいと思ってる？ まさか、Ｙ社の打ち合わせで、「ガイドラインに〇〇〇と書いてあります」程度の説明で済まそうなんて思ってないわよね。

ノボル：そ、そ、そんなわけないじゃないですか。判例や裁判例も調べておきます…。

姉　弁：一応言っておくけど、判例や裁判例で、あの手当は不合理と判断された
　　　　けど、この手当は不合理ではないと判断されたとか、結論だけを見ても
　　　　ダメよ。

ノボル：最高裁が判断した手当については、ほかの裁判でも同じ結論になると思
　　　　うのですが、違うんでしょうか‥‥。

姉　弁：裁判で、抽象的に「住宅手当を支給すべきか」が争点となっているわけ
　　　　じゃないでしょ。基本から勉強が必要ね。‥‥基本給の昇給で手当分を
　　　　考慮する方法はどう？

ノボル：法的には禁止されていないと思いますが‥‥。

姉　弁：そういうことが問題になっているんじゃないでしょ？　最高裁でも問題
　　　　になった論点なんだから、きちんと勉強しなきゃダメよ。もう。

ノボル：すみません‥‥。わかりました。

姉　弁：ガイドラインの正式名称は、「短時間・有期雇用労働者及び派遣労働者
　　　　に対する不合理な待遇の禁止等に関する指針」っていうの。だから、打
　　　　ち合わせでは「同一労働同一賃金」という言葉を使うと混乱するから
　　　　「均衡待遇規制」と「均等待遇規制」という言葉を使ってね。根拠条文
　　　　も意味が違うから、区別しなきゃダメよ。

ノボル：「均衡待遇」と「均等待遇」って、似た言葉ですけど、意味が違うんで
　　　　すか？

姉　弁：当然よ。パート・有期法の施行通達でも読んで、きちんと整理しておき
　　　　なさい。待遇差の説明義務も重要だから、併せて勉強するのよ。

ノボル：わかりました。

Check List

☐問題となっている非正規社員の雇用類型はどのようなものか
　[→ 1(1)]

☐就業規則・労働契約書で正社員・非正規社員の待遇はどのよ
　うに規定されているか [→ 1(2)]

□短時間・有期雇用労働者と正社員との間に職務内容、人材活用の仕組み、その他の事情からみて不合理な待遇差があるといえるか［→ 2］

□職務内容と人材活用の仕組みが同一の場合に、短時間・有期雇用労働者であることを理由として差別的取扱いをしていないか［→ 2］

□それぞれの待遇（たとえば手当）の趣旨は何か［→ 3］

□それぞれの待遇の趣旨と職務内容・人材活用の仕組みの関連性から待遇差の理由を説明できるか［→ 3］

□待遇差の不合理性を否定する事情があるか［→ 3］

□待遇差の説明をどのようにしたか［→ 4］

［ 解説 ］

1 パート・有期法（8条・9条）が規制する待遇差

(1)「自社における正社員との待遇差」が問題 パート・有期法（「短時間労働者及び有期雇用労働者の雇用管理の改善等に関する法律」）8条および9条が定める規制（均衡待遇・均等待遇の規制）は、「同じ仕事（同一労働）」であれば「同額の賃金（同一賃金）」を支給することを企業に義務づけるものではない。問題となるのは、短時間労働者（パートタイム労働者）や有期雇用労働者と正社員（通常の労働者）との間における不合理な待遇差である。

　したがって、パート・有期法8条および9条の法規制を検討する前提として、社内における労働者の雇用類型と待遇差の内容を確認する必要がある。その際には、正社員と非正規社員という大まかな整理ではなく、契約形態ごとに細かく分類・整理する必要がある。正社員の中でも、勤務地や職種が限定された限定正社員がいる場合もあるし、有期雇用労働者の中には短時間勤務の者（パートタイム労働者）もい

れば、定年後再雇用者もいるからである。

　なお、派遣労働者の不合理な待遇差の禁止等については、派遣法（「労働者派遣事業の適正な運営の確保及び派遣労働者の保護等に関する法律」）で特別の規定が設けられているが（派遣 30 の 3・30 の 4）、派遣労働者が、短時間労働者（パートタイム労働者）や有期雇用労働者に該当する場合には、パート・有期法も適用される。

（2）待遇差の確認　社員の雇用類型や当該社員の待遇内容は、まずは就業規則や給与規程等の社内規程で該当条文を確認することになる。正社員の場合は、労働組合との間で労働協約が締結されていることもあるので、併せて確認が必要である（労契 13、労組 16 参照）。

　非正規社員用の就業規則が作成されていない場合でも、労働契約書や労働条件通知書の内容を確認する必要がある。

2　パート・有期法 8 条（均衡待遇）および 9 条（均等待遇）の規制

（1）同一労働同一賃金に関する法改正　パート・有期法 8 条は、短時間労働者（パートタイム労働者）や有期雇用労働者と正社員との待遇差について、①職務内容、②人材活用の仕組み、③その他の事情という 3 要素を考慮して不合理な待遇差を禁止しており、これは均衡待遇の規制である。均衡待遇では、一切の待遇差が禁止されるわけではなく、上記 3 要素からみてバランス（均衡）がとれているかが判断される。

　他方、同法 9 条は、①職務内容と②人材活用の仕組みが同一の場合に、短時間・有期雇用労働者であることを理由とした差別的取扱いを禁止しており、これは均等待遇の規制である。均等待遇の規制は待遇差があれば原則違法となるが、適用要件である①②の同一性は、雇用期間の全期間で判断されるため、実務で上記要件をみたすケースは多くなく、裁判例でも均等待遇の規制が適用されたケースは数えるほどしかない（大分地判平成 25・12・10 労判 1090 号 44 頁［ニヤクコーポレ

ーション事件]、京都地判平成 29・9・20 労判 1167 号 34 頁［京都市立浴場運営財団ほか事件]）。

　均衡待遇および均等待遇に関する規制内容の詳細は、通達（「短時間労働者及び有期雇用労働者の雇用管理の改善等に関する法律の施行について」）で確認する必要がある。

（2）同一労働同一賃金ガイドライン　同一労働同一賃金ガイドライン（正式名称は「短時間・有期雇用労働者及び派遣労働者に対する不合理な待遇の禁止等に関する指針」（平成 30 年厚生労働省告示第 430 号））は、「基本的な考え方」として、「この指針は、通常の労働者と短時間・有期雇用労働者及び派遣労働者との間に待遇の相違が存在する場合に、いかなる待遇の相違が不合理と認められるものであり、いかなる待遇の相違が不合理と認められるものでないのか等の原則となる考え方及び具体例を示したもの」としつつ、その効力については、「原則となる考え方等に反した場合、当該待遇の相違が不合理と認められる等の可能性がある」（下線は筆者）とし、裁判所の司法判断を直接拘束する内容にはなっていない。

　もっとも、同一労働同一賃金ガイドラインは、行政指導や裁判所の判断でも参考にされることが想定されるので、短時間労働者や有期雇用労働者と正社員との待遇差を検討する場合は、上記ガイドラインの内容も検討しておく必要がある。

3　具体的な待遇の検討方法について

（1）待遇ごとの検討が必要　パート・有期法 8 条および 9 条の施行前においても、非正規社員の待遇差をめぐっては裁判が提起されており、労働契約法 20 条違反が問題となった事案では、ハマキョウレックス事件（参考判例①）と長澤運輸事件（参考判例③）が基本的な判断枠組みを示している。

　ハマキョウレックス事件と長澤運輸事件の最高裁判例は、具体的な手当ごとに不合理性を判断しており、パート・有期法 8 条および 9

条も「基本給、賞与その他の待遇のそれぞれについて」と規定し、均衡待遇および均等待遇は待遇ごとに問題となる。

(2)各種手当について　同一労働同一賃金ガイドラインにおける手当ごとの原則的な考え方や具体例の内容、前記ハマキョウレックス事件と長澤運輸事件の最高裁判例やその他の下級審裁判例の状況を確認したうえで、自社における各種手当の支給要件や金額等が正社員と異なる場合には、その相違（待遇差）が当該手当の趣旨・目的からみて不合理な待遇差に該当しないかを検討する必要がある。

　上記両事件の最高裁判決をみると、手当における均衡待遇（不合理な待遇差）の判断枠組みは以下のようになる。

　まず、①問題となっている「手当の趣旨」を検討する。次に、②手当の趣旨と職務の内容や人材活用の仕組みとの関連性をみて、「職務の内容や人材活用の仕組みの相違」から手当の相違（待遇差）が合理的に説明できるかを検討する、最後に③「不合理な待遇差を否定できるその他の事情」があるかを検討するという判断枠組みである。

　たとえば、ハマキョウレックス事件で問題となった無事故手当をみると、その趣旨は優良ドライバーの育成や安全輸送による顧客の信頼獲得を目的とする手当であるとした。そのうえで、正社員と職務内容が同じ契約社員については、安全運転や事故防止の必要性は同じであり、転勤や出向の可能性の相違（人材活用の仕組みの違い）によって異なるものではないとして、契約社員に無事故手当を支給しないことは不合理であるとした。また、皆勤手当についても、正社員と契約社員で職務内容が同じであり、皆勤を奨励して出勤確保をする必要性は同じであり、転勤や出向の可能性の相違（人材活用の仕組みの違い）によって異なるものではないとした。

　他方、従業員の住宅に要する費用を補助する趣旨で支給される住宅手当については、転居を伴う配転が予定されている正社員は契約社員よりも住宅に要する費用が多額となる可能性があるとし、契約社員に住宅手当を支給しないことは不合理ではないと判断した。

なお、非正規社員に手当を不支給とする一方で、当該手当分を他の待遇で考慮している場合、手当不支給の合理的な代償措置といえるかが問題となる（参考判例②参照）。

（3）基本給・賞与・退職金について　現状では基本給や退職金について、正社員との待遇差を不合理（法違反）と判断した最高裁判例はない。賞与については、前記長澤運輸事件が不合理性（労働契約法 20 条違反）を否定したが、同事件は定年後再雇用者の事案であり、有期雇用労働者に賞与を不支給とすることが一般的に許容されると判断したものではない。

　基本給・賞与・退職金では、各種手当と比べて裁判所の判断が集積しておらず、最高裁判決において統一的な判断枠組みが示されていない状況である。そこで、まずは上記**（2）**で述べた各種手当から先行して待遇差の検討や見直しを実施するのが適切だろう。

4　待遇差の説明義務

　パート・有期法 14 条 2 項は、短時間労働者（パートタイム労働者）や有期雇用労働者から求めがあった場合には「通常の労働者との間の待遇の相違の内容及び理由」を説明することを事業主に義務づけており、当該説明を求めたことを理由とする不利益取扱いは同法 14 条 3 項で禁止されている。

　待遇差の説明方法や比較対象とする「通常の労働者」の選定方法については、指針（「事業主が講ずべき短時間労働者及び有期雇用労働者の雇用管理の改善等に関する措置等についての指針」）や前掲の通達（「短時間労働者及び有期雇用労働者の雇用管理の改善等に関する法律の施行について」）でも説明されている。

　短時間労働者（パートタイム労働者）や有期雇用労働者から待遇差の説明を求められた場合、その後に事業主が行った説明内容を前提として裁判等の紛争が提起されることも想定されるので、①比較する「通常の労働者」の選定、②待遇差の理由、③説明を行う担当者や具

体的な説明方法について、事前に専門家のアドバイスを受けるなど、慎重な対応が必要である。

▶ 参 考 判 例 ⋯⋯⋯⋯⋯⋯⋯⋯⋯⋯⋯⋯⋯⋯⋯⋯⋯⋯⋯⋯⋯⋯⋯⋯⋯⋯⋯⋯

①**最判平成 30・6・1 民集 72 巻 2 号 88 頁[ハマキョウレックス事件]** 運送会社における有期雇用と正社員のドライバーにおける待遇差の不合理性（労働契約法 20 条違反）が問題となった事案であり、無事故手当、作業手当、給食手当および通勤手当について同法違反による損害賠償が認められ、住宅手当については同法違反を否定した（皆勤手当については、原審に差戻し）。

②**大阪高判平成 30・12・21 労判 1198 号 32 頁[ハマキョウレックス事件（第二次差戻後控訴審）]** ハマキョウレックス事件（参考判例①）の差戻審であり、有期雇用のドライバーに皆勤手当を不支給とした点について、有期雇用のドライバーの賃金の支給基準に皆勤を奨励する趣旨で翌年の時給増額がありうる部分があることをもって、皆勤手当を不支給とする合理的な代償措置と位置づけることはできないとして、労働契約法 20 条違反とした。

③**最判平成 30・6・1 民集 72 巻 2 号 202 頁[長澤運輸事件]** 定年後再雇用となった有期雇用のドライバーと正社員のドライバーの待遇差の不合理性（労働契約法 20 条違反）が問題となった事案であり、精勤手当および同手当を時間外労働の計算基礎にしなかった点について同法違反による損害賠償を認めたが、その他の労働条件（基本給、能率給、職務給、住宅手当、家族手当、役付手当および賞与）について同法違反を否定した。長澤運輸事件については本章 28 も参照。

【 *Answer* 】

いわゆる働き方改革関連法によって、同一企業内において、正社員と非正規社員の間で基本給や賞与などの待遇について不合理な待遇差を設けることが禁止されている。

Case で問題となっている手当は、無事故手当と皆勤手当である。

ハマキョウレックス事件（参考判例①）の最高裁の立場を前提とすると、無事故手当が優良ドライバーの育成や安全輸送を目的とする手当であり、皆勤手当が出勤確保のために皆勤を奨励する趣旨の手当であれば、これらを非正規社員に支給しないとすることは不合理な待遇差（パート・有期法 8 条違反）になると解される。上記手当分を基本給の昇給部分に組み込む方法もあるが、基本給の昇給部分が手当不支給の合理的な代償措置といえるかが問題となることもあるので、無事故手当と皆勤手当という手当の形

式で支給する方法が適切であろう。

28 … 定年後再雇用に関するルールはどのようなものか

Case

都内で数か所の学習塾を経営するY社では、正社員の講師の定年は60歳とし、定年後の再雇用契約では、教室運営の業務には関与せず、担当授業の講師のみを行うこととしている。賃金についても、定年前は月給制であるが、定年後再雇用では時給制である。正社員講師であるXが、1か月後に定年退職を控えた段階で、Y社はXに、定年退職後の再雇用条件を提案したが、定年後の授業のコマ数は大幅に減少され、年収ベースで60%というものであった。Xは、「こんな提案内容では、定年後の生活が立ちゆかない。コマ数を増やしてほしい」と要請した。他方、Y社では、少子化による生徒数減少や若手講師の育成のため、Xに提供できるコマ数を増やすことは難しい状況にある。また、Y社は、今回の再雇用契約が締結された場合でも、生徒募集状況からXとの契約更新ができない場合も想定している。

• • •

ノボル：いわゆる定年後再雇用の事案ですよね。高齢化社会に対応していく趣旨から言って、定年前と同じ労働条件を原則にすべきですよね。

兄　弁：そうかな？ 高年齢者雇用安定法の継続雇用措置についてはどのようになってる？ それを調べてきてから、もう一度質問して。

ノボル：(少し経ってから)・・・調べてきました。継続雇用措置の場合、会社が提案する労働条件について具体的な規制はなく、パート勤務での提案も可能とされています。

兄　弁：では、会社側の提案を労働者側が拒否した場合はどうなるの？

ノボル：再雇用契約は成立しないから、それだけのことですよね。

兄　弁：そうでもないんだよ。あんまり酷い条件を提示しておいて労働者が拒否せざるを得ないような場合には損害賠償が認められた裁判例もあるんだ。ところで、Xが再雇用契約を拒否せず、再雇用された場合、Y社の示してる労働条件で問題ないかな？　再雇用後の労働条件で賃金減額がなされている場合について、最近、有名な判決があったろ？

ノボル：聞いたことがあるような気が‥‥。あっ、長澤運輸事件ですね。定年の前後で仕事の内容が変わらないのに賃金が減額されたのは労働契約法20条に反するとして争われた事案ですよね。たしか、違反するという結論でしたよね？

兄　弁：残念ながらそれは一審判決だね。最高裁は違うんだ。一部の手当については違法としたけど、正社員に能率給および職務給を支給する一方で、再雇用者には支給せず歩合給を支給するという労働条件の相違については、同法20条には違反しないとしたんだ。

ノボル：それじゃあ、Y社も大丈夫ですね。

兄　弁：そうともいえないよ。今回の事案は長澤運輸事件の事案とは違うよね。下級審裁判例も調べておく必要があるよ。あと、今回の再雇用契約が締結された場合でも、その後の契約更新で、雇止めが問題になるかもしれないね。

ノボル：労働契約法19条の問題ですね。確認しておきます。

兄　弁：ちなみに、定年後再雇用については、無期転換制度や離職後1年以内の派遣受入れについての特例も確認しておくといいよ。

ノボル：はい、調べておきます。

Check List

☐ 就業規則等で定年制が設けられているか［→ 1(1)］
☐ 定年後の継続雇用制度に関する就業規則の定めはどのようなものになっているか［→ 1(2)(3)］

□定年後の継続再雇用に関して労使協定があるか。ある場合、どのような定めになっているか [→ **1(3)**]

□定年後再雇用時の待遇（賃金・担当業務等）内容について、定年退職前からどのように変更されているか [→ **2**]

□再雇用後の待遇について、正社員（通常の労働者）との待遇差はどのようなものになっているか [→ **3**]

□再雇用契約が締結された後の契約更新を拒絶することがありうるか [→ **3**]

［ 解 説 ］

1 高年齢者雇用安定法の規制

(1)継続雇用制度　定年制は、一定の年齢（定年年齢）に達した時点で当然に労働契約が終了するという制度であり、高年齢者雇用安定法8条は、定年の定めをする場合には、定年年齢は60歳以上でなければならないと規定している。また、同法9条は、65歳までの雇用確保措置をとることを事業主に義務づけており、具体的には、①定年引き上げ、②継続雇用制度の導入、③定年の定めの廃止、のいずれかの措置をとらなければならないとし、多くの企業は、②の継続雇用制度（定年者が希望しているときは、定年退職後に再び雇用するという制度）を導入し、1年以内の有期労働契約を締結している。

　継続雇用制度（同法9①(2)）は、フルタイム、パートタイムなどの労働時間、賃金、待遇などに関して会社と労働者との間で取り決めをすることが認められており、厚生労働省の「高年齢者雇用安定法Q&A（高年齢者雇用確保措置関係）」でも、「高年齢者雇用安定法が求めているのは、継続雇用制度の導入であって、事業主に定年退職者の希望に合致した労働条件での雇用を義務付けるものではなく、事業主の合理的な裁量の範囲の条件を提示していれば、労働者と事業主との間

で労働条件等についての合意が得られず、結果的に労働者が継続雇用されることを拒否したとしても、高年齢者雇用安定法違反となるものではありません」と説明している（A1-9）。

（2）労使協定による対象者限定（経過措置）　継続雇用制度においては、希望者全員を対象とする必要がある（ただし、就業規則の解雇事由または退職事由と同じ内容を、継続雇用しない事由として規定することは可能。前掲「高年齢者雇用安定法 Q & A」A2-2 参照）。

　かつては、労使協定により継続雇用制度の対象者を限定する基準を設けることが認められており、平成 25（2013）年 3 月 31 日以前までに締結された労使協定については、経過措置として、老齢厚生年金の報酬比例部分の支給開始年齢以上の年齢の者について継続雇用制度の対象者を限定する基準を定めることが認められている（前掲「高年齢者雇用安定法 Q & A」A1-1 参照）。

（3）社内資料の確認　定年制度や定年後の再雇用に関する規定は就業規則に規定されているのが通常である。もっとも、再雇用時の労働条件や契約更新等の詳細は、定年後再雇用規程等の別規則として作成されていることも多く、該当規定を確認する必要がある。

　また、上記**（2）**で述べた経過措置が適用される場合には、労使協定の内容も確認しておくことが必要である。

2　再雇用契約の内容

　1（1）で述べたとおり、継続雇用制度（高年齢者雇用安定法 9 ①(2)）では、フルタイム、パートタイムなどの労働時間、賃金、待遇などに関して会社と労働者との間で取り決めることが認められている。そのため、会社と労働者との間で労働条件等についての合意が得られず、結果的に労働者が継続雇用されることを拒否したとしても、高年齢者雇用安定法違反にはならないのが原則である。

　もっとも、定年退職後の再雇用契約として会社側が提示した労働条件が、業務内容や勤務形態の変更により大幅な賃金減額を伴うもので

ある場合は、同法における継続雇用制度の趣旨に反するとして損害賠償が認められた裁判例がある点にも注意を要する。たとえば、再雇用時の労働条件として会社側が提示した内容が業務内容や勤務形態の変更があり大幅な賃金減額も伴うものであったケースで、同法における継続雇用制度の趣旨に反するとして会社に対する損害賠償を認めた裁判例（参考判例③、福岡高判平成 29・9・7 労判 1167 号 49 頁）がある。

3 不合理な待遇差の禁止（いわゆる同一労働同一賃金）の規制

(1)均衡待遇・均等待遇に関する規制　定年退職後の再雇用者がパート労働者や有期雇用労働者に該当する場合は、本章 27 で説明した均衡待遇や均等待遇の規制がかかる。

　定年後再雇用者の待遇は「定年退職とその後の再雇用」を理由としたものであり、パート勤務や有期雇用であることを理由とした待遇差ではないとも思われるかもしれないが、長澤運輸事件（参考判例①）において最高裁は「当該相違は期間の定めの有無に関連して生じたものである」とし、パート・有期法施行通達（第 3 の 8）でも、均衡待遇や均等待遇の規制対象になると説明している。

　上記長澤運輸事件では、「有期契約労働者が定年退職後に再雇用された者であることは、当該有期契約労働者と無期契約労働者との労働条件の相違が不合理と認められるものであるか否かの判断において、労働契約法 20 条にいう『その他の事情』として考慮されることとなる事情に当たる」とし、定年後再雇用の嘱託乗務員の精勤手当を不支給としたことおよび時間外手当の計算基礎に精勤手当を含めない点について、正社員との待遇差を不合理（労働契約法 20 条違反）と判断した。他方で、嘱託乗務員に賞与や能率給等を不支給としている点は不合理ではないとした。もっとも、同事件は、再雇用時の年収が定年退職前の約 79％ と減額幅が小さかった事案であり、定年後再雇用の場合にどの程度の減額幅が許容されるのかは事案ごとの個別判断である。そのため、判例では定まった基準は示されておらず、類似事案におけ

る裁判例の判断を参考に個別に検討せざるを得ないのが現状である。

(2)企業において必要となる対応　定年退職後の再雇用者に支給する基本給その他の賃金を定年退職前より減額する場合には、定年退職前の正社員時の賃金制度もふまえ、上記**(1)**で述べた均衡待遇・均等待遇の規制の観点から整理しておく必要がある。基本給でいうと、年功的要素が強い賃金であるのか、職務給的な性格の賃金であるのかによっても待遇差の理由や説明の内容は変わってくるからである。

　一般論としていえば、定年後再雇用者でも均衡待遇や均等待遇の規制（パート・有期8・9）の観点からは、定年退職前後で「職務内容」や「職務内容・配置の変更範囲（人材活用の仕組み）」を変更したほうが無難である。もっとも、これらの変更をした場合でも、待遇・手当の趣旨から待遇差が不合理と判断される場合がある点に注意を要する。実際、前掲長澤運輸事件でも精勤手当について待遇差が不合理と判断されている。

　待遇差についての使用者の説明義務（パート・有期14②）も、定年後再雇用者に適用されるので、再雇用の提案時から、再雇用契約締結後の待遇差の説明義務を意識しておく必要がある（本章**27**参照）。

4　再雇用締結後の法規制

(1)雇止め（労契19）について　定年後再雇用の多くは1年程度の有期労働契約である。

　そのため雇用確保措置の上限年齢である65歳までの間は契約更新が行われることになるが、会社側が再雇用者の意思に反して契約不更新とした場合は労働契約法19条の雇止めの規制の問題になる（雇止めについては、本章**26**参照）。

　再雇用者の雇止めが有効とされた裁判例では、大阪地判平成23・8・12（労経速2121号3頁）［フジタ事件］がある。他方、雇止めが無効とされた裁判例としては、東京地判平成28・2・19（労判1136号58頁）［シンワ運輸東京事件］がある。

（2）無期転換制度（労契 20）の特例措置 専門的知識等を有する有期契約労働者や定年後再雇用者については、労働契約法 18 条の無期転換制度（本章 26 参照）の特例として、一定期間は無期転換申込権が発生しない「専門的知識等を有する有期雇用労働者等に関する特別措置法」（有期雇用特別措置法）が制定されている（本章 26 参照）。

　上記特例の適用が認められるためには、雇用管理に関する特別の措置について都道府県労働局の認定を受ける必要がある。

▶ **参 考 判 例** ··

①**最判平成 30・6・1 民集 72 巻 2 号 202 頁［長澤運輸事件］** 有期雇用労働者が、定年退職後の再雇用者（嘱託社員）であることが労働契約法 20 条の「その他の事情」に該当するとして、正社員（無期契約労働者）に能率給および職務給を支給する一方で、これらを再雇用者には支給せず歩合給を支給するという労働条件の相違について、同法 20 条には違反しないとした（一部の手当については、不支給を同条違反とした）。

②**富山地判平成 30・12・19 労経速 2374 号 18 頁［北日本放送事件］** 定年後再雇用者と正社員との間で、「職務の内容」、「職務の内容及び変更範囲」が異なるケースであり、裁判所は①約 27% の基本給の減額、②賞与の不支給、③住宅手当の不支給、④裁量手当の不支給、⑤祝金に関する相違について、いずれも労働契約法 20 条に違反しないとした。

③**名古屋高判平成 28・9・28 労判 1146 号 22 頁［トヨタ自動車ほか事件］** 定年後の継続雇用制度において会社側が提示する労働条件について、①無年金・無収入の期間の発生を防ぐという趣旨に照らして到底容認できないような低額の給与水準であったり、②社会通念に照らし到底受け入れ難いような職務内容を提示するなど、実質的に継続雇用の機会を与えたとは認められない場合には、高年齢者雇用安定法の趣旨に反するとし、定年後に別個の職種（単純労務職）を提示したことを違法とし、不法行為による損害賠償（慰謝料）を認容した。

【 *Answer* 】
　Ｙ社が定年退職後の再雇用条件としてＸに提案した内容は、年収ベースで 60% というものであるが、その内容として挙げられているのはコマ数の減少である。もっとも、単にコマ数だけなのか、それ以外の職務内容に違いはないか、勤務場所や業務内容の変更等の配転範囲（人材活用の仕組み）に相違はないか等を確認する必要がある。

実際の定年後再雇用のトラブルでは、定年後再雇用契約が締結された場合でも、同契約の締結後にパート・有期法8条・9条（改正前の労働契約法20条）が問題とされたり、契約更新時に労働契約法19条の雇止めの問題が出てくることがある。他方、定年後再雇用契約が締結されない場合でも、再雇用時の労働条件として会社側が提示した内容が業務内容や勤務形態の変更により大幅な賃金減額を伴うものであれば、高年齢者雇用安定法における継続雇用制度の趣旨に反するとして慰謝料請求等の問題になることも考えられる。このように、定年後再雇用の場面では、複数の視点からの検討が必要である。

　なお、Y社がXと定年後再雇用契約を締結した後、契約更新時にY社がコマ数を減少させ、これをXが拒否した場合の対応についても検討しておきたい。この点の参考判例としては、会社側が予備校講師の契約更新時の担当コマ数削減を提案し、同講師がコマ数削減後の契約に応じず契約不更新となった事案において、会社側の対応が不法行為に該当しないと判断した最判平成22・4・27（労判1009号5頁）[河合塾（非常勤講師・出講契約）事件] がある。

集団的労使紛争

29…合同労組（ユニオン）との団体交渉

Case

　Y社に、合同労組である「Zユニオン」の役員が、Zユニオンのの Y 社支部を結成した旨の労働組合結成通知書と団体交渉申入書を持参して、団体交渉を申し入れてきた。

　団体交渉申入書によると、団体交渉の協議事項は、Y 社が懲戒解雇した X の解雇撤回と未払残業代の支払いについてであり、団交日時は 1 週間後の○月○日午後 2 時から、団交場所は Y 社の会議室となっていた。

・・・

ノボル：先輩、Y 社から連絡があって、合同労組から団交（団体交渉）を申し入れられたのだがどうすればよいか、とのことなんです。

兄　弁：Y 社は合同労組とは無縁だったし、企業内組合すらないから、さぞ戸惑ってるだろうね。

ノボル：総務担当役員が、なんで外部の労働組合の相手をしないといけないんだって、不満たらたらなんですが。

兄　弁：そういう経営者は多いけど、企業内組合というのはむしろ日本独自で、合同労組でも労働組合であることには変わりはないよね。そこは Y 社の人にはよく説明して。ところで、団交の申入れは文書で来てるのかな。

ノボル：はい。労働組合結成通知書と団体交渉申入書があって、組合結成通知書のほうには、Y 社に Z ユニオンの Y 社支部を結成した、となっています。それで、団体交渉申入書によると、団交の日時場所は○月○日午後2 時から Y 社の会議室で、協議事項は、1 か月前に懲戒解雇した X の解雇撤回と、未払残業代の支払いについて、とあります。

兄　弁：Y 社の中に支部を結成したということは、組合員は X だけに限らない可

能性があるよね。

ノボル：じゃあ、とりあえず誰が組合員か聞けばいいですね。

兄　弁：ただ、まだこの段階だと教えてくれないんじゃないかな。

ノボル：それじゃ、Ｚが所属しているかどうかわからないのに団交しないといけ
　　　　ないんですか？

兄　弁：Ｘの解雇撤回が協議事項だからＸが組合員であることは明らかにしても
　　　　らう必要があるけど、それは今回の件だと自明だよね。組合員名簿が出
　　　　されなければ団交に応じないと回答してしまうと、不当労働行為になる
　　　　可能性があるよ。

ノボル：Ｘは組合員でしょうけど、もう解雇しているんだから団交には応じない、
　　　　不満があれば裁判でも何でもどうぞ、っていうのはダメなんですか？

兄　弁：それはダメだよ。解雇・退職の有効性を争っている者は労働組合法７条
　　　　２号の労働者に該当するというのは裁判例だよね。

ノボル：わかりました。それから、団交の日時場所は先方の指定に従わないとい
　　　　けないんですか？

兄　弁：いや、適切なものであれば、こちらから提案しても構わないよ。とりあ
　　　　えず、社長、役員や、労務・人事担当者を交えて、少し時間をかけて打
　　　　ち合わせをしよう。早急にアポイントを入れて。

Check List

□依頼者（会社側）は合同労組が企業内組合と本質的に異なら
　ないことを理解しているか［→ 1］

□依頼者はどのようなことが不当労働行為となるか理解してい
　るか［→ 1・3・4］

□団体交渉申入れ時に交付・送付された書面をよく確認したか
　［→ 2・4］

□単に一社員が加入しただけなのか、複数の社員が加入したの
　か［→ 2］

□合同労組の頭越しに特定の組合員と交渉することが労働組合法7条3号の支配介入として禁止されるなど、合同労組対応で何が許されて何が許されないかについて経営陣と認識を共有しているか〔→ 3・4〕

□団体交渉の議題となっている事項の前提事実、法律関係についての会社側の理解はどうなっているか。また、会社側の事前準備について確認したか〔→ 4〕

□合同労組対応における社内および会社・弁護士間の通信・情報共有等の仕方は適切か〔→ 4〕

□団体交渉のやり方、打ち切りが誠実交渉義務違反となるような態様ではないか〔→ 5〕

□労働協約等の締結の際の留意事項（既発生の労働者の個別具体的な権利について取り決める場合の組合の授権の確認など）は確認したか〔→ 6〕

［ 解説 ］

1 合同労組とは何か

　わが国の労働組合の多くはいわゆる企業内組合であり、その企業の従業員のみの団体である。これに対して、企業に基盤をおかず、地域などを基盤として、どんな企業の従業員でも加入できるようにしている労働組合のことを合同労組（「ユニオン」ともいう）である。合同労組は企業に基盤をおかないとはいえ、ある企業に複数の組合員がある場合には、支部または分会を結成することもある。

　ある企業で労働者との間でトラブルが生じたときにその労働者が合同組合に駆け込み寺的に加入し、そのトラブルについて労働者の代わりに使用者＝企業と交渉するので、ある種の代理機能を果たすことになる。企業からすると、トラブルが生じてから（ときには退職後に）

合同労組に駆け込まれ、突然組合が交渉主体として登場することになるので、経営者はこれを嫌うことが少なくないが、たいていの場合は、法適合組合として評価されるのであり（参考判例①）、団体交渉を拒むことはできない。

2　合同労組からの団体交渉申入れ

(1)団体交渉申入れ　ほとんどの場合、団体交渉（団交）の申入れは突然来る。郵送の場合もあるが、組合幹部が書面を持参して申し入れられることも少なくない。

　当該書面で確認すべきは、①会社に合同労組の支部・分会が設けられたのか、個人が加入しただけなのか、②誰が加入したのか、③団体交渉の議題は何か、などである。後述のとおり使用者には誠実交渉義務があるから、団体交渉そのものを拒むことはできない。

(2)組合加入者と退職者の組合加入　組合加入者が誰かは、書面上わかる場合もあるが、わからない場合もある。そして、組合員全員が判明していなくても、加入者がいるとわかったら団体交渉に応じなければならないのが原則である。なお、書面に支部名・分会名が記載されているときは、複数の社員が加入し、今後継続的に社内で組合活動をする意図である可能性が高い。

　また、加入者がすでに退職した者であっても、解雇・退職の有効性を争い、または未払賃金や退職金について争うなどしていれば、団体交渉は拒めない（参考判例②）。

(3)団体交渉のテーマ　団体交渉の議題は、合同労組に特定の社員（あるいは元社員）が駆け込んで紛争解決を求める場合は、解雇の撤回等すでに生じた事象の解決を求める内容が議題となることが多いであろうが、複数の組合員がいる場合には、将来的な賃上げや、組合事務所の貸与等便宜供与についても求められることがある。

3 団体交渉拒否と不当労働行為

(1)不当労働行為　労働組合法7条は、労働組合や労働者に対する使用者の次の行為を「不当労働行為」として禁止している。

> ①組合員であること等を理由とする解雇その他の不利益取扱い（1号）
>
> ②正当な理由のない団体交渉の拒否（2号）
>
> ③労働組合の運営等に対する支配介入および経費援助（3号）
>
> ④労働委員会への申立て等を理由とする不利益取扱い（4号）

(2)団体交渉応諾義務、誠実交渉義務　使用者には団体交渉応諾義務があり、正当な理由なく団交を拒否することは不当労働行為となる（2号）。拒否できないだけではなく、使用者には誠実に団体交渉をする義務がある。形式的に団体交渉に応じるだけではなく実質的に誠実な団体交渉をしなければならない。誠実に「交渉する」義務なので、合意する義務まではないが、組合側の要求や主張に対して、その具体性や程度に応じて回答し、あるいは回答の根拠・資料を示すなどして合意の可能性を模索する必要がある。

(3)不利益取扱い、支配介入　合同労組に加入した労働者を不利益に扱ったり、差別的に接したりすれば、不利益取扱いとされる（1号）。

　また、合同労組との団体交渉では、特定の社員についてのトラブルが問題となっていることが多い。それゆえ、会社とすれば、その社員と直接交渉して合意すればよいと考えてしまうこともあるが、そのようなことは支配介入とされる可能性が高く、避けなければならない（3号）。

(4)反組合的言論と支配介入　経営者には、労働組合への露骨な嫌悪感を隠さない人もいる。心の中で思うだけならよいがそれを実際に労働者に示すことは、反組合的言論として支配介入とされることがある（3号。参考判例③）。

　労働組合法は、労働組合や労働者に対する使用者の一定の行為を「不当労働行為」として禁止し（7条）、その違反について労働委員会による特別の救済手続を定めています。本文に記載したような禁止される行為の多くは市民法秩序のもとでは使用者の権利・自由として許されているものですが、労働者が団結し団体交渉をすることを擁護し助成する観点から禁止されています。また、救済手続としても特別なものが用意されており、司法上の救済のほか労働委員会による行政上の救済手続が備えられています。労働委員会による不当労働行為の是正措置としては救済命令の発出がありますが、救済命令の内容については労働委員会の裁量権が認められ、個々の事案に応じた適切な是正措置が命じられます。たとえば、使用者にポストノーティス（今後同様の不当労働行為を行わない旨の文書の掲示等）が命じられることも多いのです。

　労働組合への対応について不慣れな使用者から相談された場合には、このような不当労働行為制度の趣旨をよく説明して理解を得る必要があります。なお、弁護士としても、もし使用者から「先生、目障りだから組合を潰す方法を教えてください」などと言われても、応じることは許されません。不当労働行為は同時に不法行為も構成しうるので使用者だけの責任にとどまらないうえ、弁護士の場合は弁護士倫理上の問題も生じうるので、注意が必要です。（加戸茂樹）

4　団体交渉を申し入れられたときの初期対応

(1)書面の確認と準備　団体交渉申入書等の書面を落ち着いてよく検討するほか、労働組合対応そのものに不慣れな経営陣には労働組合法の概要を理解してもらうことが必要である。そして、団体交渉に向けて諸々の準備をすることになる。

　労使紛争の特徴の1つは社内に相手方が存在することである。社

内での意見交換・連絡が組合員の目に触れることは避けなければならない。たとえば弁護士が会社に送ったFAXを組合員が見ることも想定しなければならないが、前記のとおり組合員全員の氏名が開示されているとは限らない。また、業務上のメールチェックを担当している社員が組合員だということもありえないことではない。

（2）団体交渉の日時・場所・出席者等の確認等　団体交渉申入書には何らかの回答をしなければならない。黙っていれば、指定された時間に指定された場所に組合幹部らが団体交渉に来るし、それを無視すれば応諾義務違反となる。

　団体交渉申入書には、通常、団体交渉の日時（数日先のことが多い）、場所が指定されているが、使用者がそれに従う必要はなく、使用者側から逆に日時・場所、出席者の人数等を提示することも許される。そのような回答・提示は、言った言わないの紛糾を避けるために文書ですべきであろう（FAXや電子メールでもよい）。ただし、特段の事情がない限り、組合が指定した日よりもあまりに先の日を指定すると応諾義務違反等を疑われることもある。

　なお、このような回答書を組合の指定する団体交渉の日の直前に送っても、引き延ばしているとして応諾義務違反を問われるおそれがあるので、なるべく早期に回答すべきである。

　日時については、開始時間のみならず具体的に何時から何時までとしたほうがよい（2時間程度とすることが多いであろう）。就業時間内だと賃金カットの問題が生じるので就業時間外を指定するのが一般的であろう。場所は会社の会議室でも構わないが、外部の施設を借りることもある。団体交渉をしていることを社内で知られたくない、あるいは、時間を区切って借りることで交渉時間を不必要に延長されなくて済むなどといった理由から、そのようにする場合もある。借りる費用は使用者が指定した以上は使用者が負担すべきである。出席者の人数を、たとえば、双方5名程度と指定することも考えられるが、その当否で紛糾することもある。

なお、組合側が赴くのに負担が生じるような時間帯・場所を指定すると実質的に団体交渉を拒否した（応諾義務違反）とされる可能性があるし、団体交渉のやり方（ルール）について使用者側が自らの提案に固執していつまでも団体交渉をしないと、これも応諾義務違反となる。

（3）使用者側出席者　会社側の出席者を決める必要がある。使用者側の出席者としては、その場で組合側の要求・質問に具体的な回答・説明をし、使用者（会社）として判断、決定をし、交渉を妥結させる権限のある者が出席しなければならないのが原則である。社内の管理決定権限の分配上妥結権限はないが交渉権限はあるという者の場合は微妙であるが、議題となっている事項について会社の立場を的確に説明することができない者や、自己の裁量で譲歩・妥結する権限のない者だけを団体交渉に出席させても、組合側の要求を聞いて持ち帰るだけの伝書鳩のようになってしまい、誠実交渉義務違反となりうる。ただし、そのようなことをなしうる者であれば、必ずしも社長や代表者が出席する必要はない。

　このような説明をする者のほかに、これを補助する者、そして主に記録をとる者の3名は出席者として必要である。

　なお、弁護士の団体交渉出席には議論があり、団体交渉担当者となるにふさわしい交渉・妥結権限の有無が問題となる。また、出席が可能なケースでも、会社側の他の出席者にあまり発言をさせず交渉そのものを取り仕切るようにリードすることは団体交渉の実を奪うもので誠実交渉義務違反とされることもあろう（「代理人だからすべて私を通してください」というのは団体交渉では通用しない）。

（4）議題の確認とその準備　事前に、議題となっている事項の前提事実、法律関係等の確認をしておく必要がある。事実関係が、契約書、就業規則等に沿っているかも確認しておく必要がある。そして、それらを前提に、想定問答集なども準備することが望ましい。

5 団体交渉

(1)誠実交渉義務　上述のとおり、使用者には誠実に団体交渉に応じる義務があるが、譲歩・合意する義務があるものではない。使用者が、その主張の論拠や資料を提示して労使が十分に議論したうえで、それでも主張が対立したまま合意に至らない場合には、交渉が行き詰まったものとして、交渉を打ち切っても誠実交渉義務違反とならない。

(2)団体交渉時の回答の仕方　使用者側の交渉担当者（出席者）は、ある程度権限がある者でなければならないのは上述のとおりだが、だからといって、すべての事項に即答しなければならないわけではない。たとえ社長であっても社内で他の役員らに諮ってみないと決められないということはあるのであって、会社の立場・主張の論拠・資料を示して具体的に説明したうえで、結論については持ち帰って検討することは許される。想定外の質問に対して、「事実関係を調査・確認したうえで次回団体交渉の際に（あるいは次回の団体交渉までの間に文書で）回答する」と述べることも許されよう。

6 紛争の終結の仕方

(1)労働協約　団体交渉が妥結すると労働協約が締結されるのが一般的である。特定の社員のトラブルが団体交渉の議題であっても、あくまで使用者と組合とで交渉して合意に至ったのであるから労働協約という形で終結することになる。一定の合意が成立しているにもかかわらず使用者が合理的な理由なく書面による労働協約締結を拒否すると誠実交渉義務違反となる。

(2)労働協約の形式と効力　使用者と労働組合が、労働条件に関して署名または記名押印した文書はすべて労働協約として取り扱われるので（労組14）、表題が「了解事項」といったものであっても労働協約である。したがって、労働組合法上の労働協約としての効力が与えられるのであり、協約の内容によっては団体交渉の契機となった特定の労働者以外にも効力が及ぶことがあることに留意しなければならない。

（3）組合個人の具体的な権利に関する事項　合同労組に団体交渉の当事者性が認められることと、労働者にすでに発生している個別具体的な権利を組合が処分することができるかは別問題であり（東京高判昭和28・3・23労民4巻3号26号［松崎建設事件］、最判平成31・4・25判タ1461号17頁［平尾事件]）、未払賃金などすでに発生している具体的な権利に関する事項が協約中にある場合には、組合が個々の労働者から特別の授権を得ていない限り、組合の署名または記名押印のほかに、当該社員の署名・押印も得ることが必要である。清算条項も、会社と組合との間だけでなく、会社と当該労働者個人との間にも規定しておくべきである。

（4）団体交渉の打ち切りとその後　団体交渉が行き詰まり、交渉を打ち切った場合、組合側の情宣活動が予想されるほか、使用者に明らかな違法行為（残業代の不払い等）があれば労基署に申告されるなどの不利益が生じることがある。

　団体交渉の行き詰まりに際して、使用者の側から都道府県労働局紛争調整委員会や都道府県労働委員会のあっせん手続などの利用がなされることがある。

▶ **参 考 判 例** ··

①**大阪地判昭和61・10・17労判485号78頁［千代田工業事件］**　横断的組織の労働組合であっても労働組合法上の適法な労働組合であって労働組合運動を保障されており、組合員中に会社が雇用する労働者が含まれている限り、当該組合は、当該労働者の代表者として、その使用者たる会社と団体交渉をする権利を有するものと解すべきであるとした。

②**東京高判昭和57・10・7労判406号69頁［日本鋼管鶴見造船所事件］**　解雇後数年以上経過していることを理由とする団交拒否を不当労働行為とした労委命令を維持した。

③**東京地判昭和51・5・21判時832号103頁［プリマハム事件］**　使用者の言論が組合の結成、運営に対する支配介入にわたる場合は不当労働行為となると解すべきであって、言論の内容、発表の手段、方法、発表の時期、発表者の地位、身分、言論発表の与える影響などを総合して判断し、当該言論が組合員に対し威嚇的効果を与え、組合の組織、運営に影響を及ぼすような場合は支配介入となるとした。

【 *Answer* 】

Case の Y 社としては、合同労組だからといって団体交渉を拒むことは
できないし（参考判例①）、当該従業員が解雇後に加入したとしても、解
雇の効力を争うなどしている以上、団体交渉を拒むことはできない（参考
判例②）。

団体交渉の日時場所については、組合の指定に従う義務はなく、使用者
側から逆に日時・場所、出席者の人数等の提示をすることも許されるが、
使用者側からの提示が不当に遅かったり、内容に問題があったりすると団
体交渉応諾義務違反となるので注意が必要である。

30 ⋯ 下請業者や派遣労働者が加入する労働組合からの団交申入れ

Ｃ ａ ｓ ｅ

(1)　Y1 社は、建設業を営んでいる。ある現場の工事中、下請先 Z1 社の従業員 X1 が落下して腰の骨を折る大怪我をした。Z1 社は零細企業で従業員に対する補償制度があまり充実していないようで、X1 が合同労組（ユニオン）に加入し、Y1 社に対して「元請としての責任をとってほしい」として補償を求める団体交渉を申し入れた。

(2)　Y2 社は、人材派遣会社である Z2 社から派遣労働者を複数名受け入れ、事務作業に従事させている。このたび、派遣労働者 X2 が Y2 社の従業員からセクハラを受けたとして、X2 が加入したというユニオンから、Y2 社に対し、セクハラに対する謝罪や慰謝料の支払いを求める団体交渉の申入書が届いた。

●●●

ノボル：クライアント 2 社から同じような相談が来ました。どちらもユニオンから団交の申入れを受けたということなのですが、このようなことは 2 社とも初めてで戸惑っているようです。

姉　弁：そう。でも、使用者には団交応諾義務があるんだから、いずれにせよ団体交渉に応じるしかないんじゃない？

ノボル：いや、Y1 社のほうは下請先の従業員、Y2 社のほうは派遣労働者が加入した労働組合なんです。どちらの件も、組合員が自社の従業員ではないので、団交応諾義務はないと思うんですが、正しいでしょうか。

姉　弁：なるほど。でも、組合員が自社の従業員ではない場合は団交応諾義務がないというのは、どういう理屈？

ノボル：団交応諾義務を定める労働組合法 7 条 2 号は、「使用者が雇用する」労

働者の代表者との団体交渉を正当な理由なく拒否することを禁止してい
るので、これを反対解釈すれば、使用者が雇用していない労働者につい
ては団交応諾義務がない、ということになると思います。また、不当労
働行為について定めた労働組合法7条柱書も、「『使用者は、』次の各号
に掲げる行為をしてはならない」と定めているので、使用者でなければ
不当労働行為責任は生じないと思いました。

姉　弁：条文をしっかり確認しているのは良いことね。ただ、労働組合法におけ
る「使用者」や「使用者が雇用する」は、労働契約関係における一方当
事者としての「使用者」と同じ意味に解釈していいのかしら。

ノボル：そ、それは・・・。

姉　弁：労働組合法の「労働者」と、労働基準法や労働契約法の「労働者」は、
同じ意味だっけ？

ノボル：たしか、労働組合法のほうが「労働者」に含まれる範囲は広いと解釈さ
れています。

姉　弁：そうよね。労働組合法上の「労働者」概念が広いのなら、「使用者」概
念についても、労働基準法や労働契約法の「使用者」よりも広いと考え
られるのではないかしら。

ノボル：たしかに、そのように考えるほうが自然ですね。でも、「労働者」と違
って、「使用者」については労働組合法の中に定義規定がないですよ
ね・・・。裁判例や文献を調べてみます。

姉　弁：今回の相談は、結論としては、団交応諾義務なし、ということになるか
もしれないけど、労働組合法上の「使用者」とはどういう概念なのかを
調べれば、それとの関係で、クライアントに何を確認すべきかが自ずと
明らかになると思うよ。

ノボル：そうですね。単純に労働契約関係の有無で即断するのは危険だというわ
けですね。ありがとうございました！

［ 解説 ］

1 労働組合法上の使用者性の考え方

　労働組合法は「使用者」の定義規定をおいていない。労働組合法の趣旨・目的に照らし、労働基準法や労働契約法における「使用者」と同義に解釈する必然性はないことを前提に、労働組合法における「使用者」とは何であるかが判例や労働委員会の命令等で明らかにされてきた。そのリーディングケースが朝日放送事件（参考判例①）である。この判決は、「一般に使用者とは労働契約上の雇用主をいうものであるが、同条〔＝労働組合法7条〕が団結権の侵害に当たる一定の行為を不当労働行為として排除、是正して正常な労使関係を回復することを目的としていることにかんがみると、雇用主以外の事業主であっても、雇用主から労働者の派遣を受けて自己の業務に従事させ、その労働者の基本的な労働条件等について、雇用主と部分的とはいえ同視できる程度に現実的かつ具体的に支配、決定することができる地位にある場合には、その限りにおいて、右事業主は同条の『使用者』に当たるものと解するのが相当である」との解釈基準を明らかにした。

実務では、請負、業務委託、労働者派遣、子会社の従業員と親会社等、直接の労働契約関係が存在しない場面において、上記解釈基準に従い、「その労働者の基本的な労働条件等について、雇用主と部分的とはいえ同視できる程度に現実的かつ具体的に支配、決定することができる地位にある」かどうかという観点から、個別に、労働組合法上の使用者性が判断されている。

2　請負関係における注文主の使用者性

朝日放送事件（参考判例①）では「労働者の派遣」という言葉が登場するが、労働者派遣法制定前の事案であるため、厳密な意味での労働者派遣ではない。この事件は、**図表12**のように、請負3社の従業員が加入する労働組合が注文主に対して、賃上げ、一時金の支給、直接雇用、休憩室の設置を含む労働条件の改善等を団交事項として、団体交渉を申し入れたものであった。

▼ 図表12　朝日放送事件の関係図

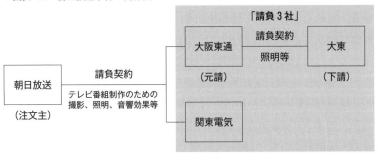

最高裁は、請負3社が注文主とは別個独立の事業主体であることを前提に、①注文主が、請負3社から派遣される従業員が従事すべき業務の全般につき、編成日程表等の作成を通じて作業日時、作業時間、作業場所、作業内容等その細部に至るまで自ら決定していたこと、②請負3社は、単に、ほぼ固定している一定の従業員のうちの誰を

どの番組作成業務に従事させるかを決定していたにすぎないこと、③請負3社の従業員は、注文主から支給・貸与される器材等を使用し、注文主の作業秩序に組み込まれて注文主の従業員とともに番組制作業務に従事していたこと、④請負3社の従業員の作業進行は、作業時間帯の変更、作業時間の延長、休憩等の点すべてについて、注文主の従業員であるディレクターの指揮監督下におかれていたこと等の事情をふまえて、注文主が自ら決定することができる勤務時間の割り振り、労務提供の態様、作業環境等に関する団交事項に関しては、請負3社の従業員との関係で労働組合法上の使用者に該当するため、団交を拒否してはならない、とした。

このように、労働組合法上の使用者性は、「部分的とはいえ同視できる程度に」現実的・具体的な支配・決定が認められれば肯定されるため、団交事項ごとに、その事項について部分的な使用者性が認められるか否かを判断しなければならない点（部分的使用者概念）に留意が必要である。朝日放送事件においても、注文主の使用者性が認められたのは、団交事項のうち、休憩室の設置を含む労働条件の改善に関するもののみであり、賃上げや一時金の支給に関しては、使用者性は認められていない。

なお、朝日放送事件の事案は、今ではいわゆる偽装請負として整理されるが、偽装請負であることが労働組合法上の使用者性に与える影響については、次の**3**で述べる。

3　労働者派遣における派遣先の使用者性

労働者派遣は、派遣先と派遣労働者との間には労働契約関係が存在しないことを前提とするものである（労働者派遣法2条1号の「労働者派遣」の定義における「当該労働者を当該他人に雇用させることを約してするものを含まない」を参照）。労働者派遣法の制定・改正時の政府答弁では、派遣労働者との労働契約が派遣元との間で締結されることを前提に、集団的労使関係においても使用者となるのは派遣元であるとの

▼図表13　派遣先の使用者性の考え方

原則	派遣労働者の就業実態が、労働者派遣の枠組みや労働者派遣契約で定められた基本的事項に従っている場合には、派遣就労条件や派遣先による指揮命令に関して、派遣先は労働組合法上の使用者とならない。
例外①	派遣労働者の就業実態が、労働者派遣の枠組みや労働者派遣契約で定められた基本的事項を逸脱している場合（たとえば偽装請負等）は、朝日放送事件（参考判例①）の判断枠組みに従い、派遣先が労働組合法上の使用者となりうる。
例外②	労働者派遣法において、労働基準法等の一定の条文は派遣先を使用者とみなして適用されるため（派遣44〜47の3）、それらの条文違反の問題が生じている場合には、それが重要な労働条件であって、かつ、その労働条件に対する派遣先の現実的具体的な支配が認められる限り、その労働条件に関しては派遣先が労働組合法上の使用者となる（参考判例②等）。
例外③	派遣先による派遣労働者の直接雇用の方針がすでに決まっていたり、派遣先が、違法派遣による直接雇用申込みみなし制度（派遣40の6）に基づき直接雇用申込みをしたとみなされたりする場合には、その申込みを受諾して直接雇用関係に入ろうとする（または入った）労働者との関係で、近い将来において労働契約関係が成立する可能性が現実的かつ具体的に存するため、直接雇用後の労働条件に関しては、派遣先が労働組合法上の使用者となる（参考判例③等）。
例外④	労働者派遣契約の中途解除の場合に、派遣先が雇用確保措置（派遣先が講ずべき措置に関する指針第2・6（3）（4）（5）参照）をまったく講じない場合には、その措置に関しては派遣先が労働組合法上の使用者となる（参考判例③等）。

　理解が一貫して示されていたが、例外的に、朝日放送事件（参考判例①）が示した部分的使用者概念に基づき、派遣先に使用者性が認められる余地はありうるとされていた。

　その後、いかなる場合にこの例外に該当するかについて、中労委命

令等により徐々に明らかにされ、おおむね**図表13**のように整理されている（菅野・労働法 417〜420 頁参照。なお、派遣先の使用者性に関する最高裁判決はまだない）。

　なお、労働者派遣法は、派遣先に対して派遣労働者の苦情の適切な処理を求めている。すなわち、「派遣先は、その指揮命令の下に労働させる派遣労働者から当該派遣就業に関し、苦情の申出を受けた時は、当該苦情の内容を当該派遣元事業主に通知するとともに、当該派遣元事業主との密接な連携の下に、誠意をもって、遅滞なく、当該苦情の適切かつ迅速な処理を図らなければならない」（派遣 40 ①）としており、労働者派遣契約において「派遣労働者から苦情の申出を受けた場合における当該申出を受けた苦情の処理に関する事項」を定めなければならない（同 26 ①(7)）。よって、派遣先は、派遣労働者との関係で原則として労働組合法上の使用者にはあたらないとしても、苦情処理手続を通じ、必要に応じて派遣元と連携をとりつつ解決を図る姿勢が求められる。

▶ **参 考 判 例** ···

①**最判平成 7・2・28 民集 49 巻 2 号 559 頁［朝日放送事件］**　労働組合法上の使用者性についてのリーディングケース。請負 3 社の従業員が加入する労働組合が注文主に対して、賃上げ、一時金の支給、直接雇用、休憩室の設置を含む労働条件の改善等を団交事項として団体交渉を申し入れた事案について、「雇用主以外の事業主であっても、雇用主から労働者の派遣を受けて自己の業務に従事させ、その労働者の基本的な労働条件等について、雇用主と部分的とはいえ同視できる程度に現実的かつ具体的に支配、決定することができる地位にある場合には、その限りにおいて」労働組合法上の使用者性が認められるとの判断（部分的使用者概念）を示した。

②**東京地判平成 25・12・5 労判 1091 号 14 頁［阪急交通社事件］**　派遣先の労働組合法上の労働者性について「派遣先事業主が同法〔＝労働者派遣法〕44 条ないし 47 条の 2 の規定により、使用者とみなされ労働基準法等による責任を負うとされる労働時間、休憩、休日等の規定に違反し、かつ部分的とはいえ雇用主と同視できる程度に派遣労働者の基本的な労働条件等を現実的かつ具体的に支配、決定していると認められる場合には、当該決定されている労働条件等に限り、労働組合法 7 条の使用者に該当する」としたうえで、派遣先が事業場外労働みなし制を不当に適用し、派遣労働者の実労働時間の把握を行っていなかったこと等に関する団交事項について、派遣

先の使用者性を認めた。

③中労委命令平成 24・9・19 別冊中労時 1436 号 16 頁 [ショーワ事件]　リーマンショックに起因していわゆる派遣切りがなされ、次の就労先の確保等を団交事項として派遣先に団交が申し入れられた事案について、労働組合法上の使用者性に関し、「派遣労働者の所属する組合との関係では原則として労組法第 7 条の使用者には該当しないが、例えば、派遣法の枠組み又は労働者派遣契約で定められた基本的事項を逸脱して労働者派遣が行われている場合や、派遣法上派遣先事業主に一定の責任や義務が課されている部分を履行していない場合等については、労組法第 7 条の使用者に該当する場合があり得る」としたうえで、労働者派遣契約の中途解除の場合に派遣先が行うべき措置（雇用確保措置）を派遣先はすべて講じているとして、派遣先の使用者性を否定した。

【 *A n s w e r* 】

　Y1 社については、Z1 社の従業員の労働条件等を実質的に決定している等の例外的な事由がない限り、Z1 社の従業員との関係で Y1 社が労働組合法上の使用者となることはないため、Y1 社は団交応諾義務を負わないと考えられる。

　Y2 社については、セクハラ等のハラスメント防止措置義務を負うのは一義的には派遣先であるが（派遣 47 の 2、均等 11 ①②、派遣 47 の 3、育介 25）、労働者派遣法が派遣先における苦情処理手続を予定している以上、その中で解決を尽くすのが原則であるため、ただちに派遣先に使用者性が認められることにはならないとの考え方は可能と考えられる（ただし、セクハラに関して、男女雇用機会均等法上の義務を派遣先が負う以上、派遣先は当然に使用者となるとの判断を示した滋賀地労委命令平成 17・4・1 労判 893 号 185 頁 [日本製箔事件] に注意）。もっとも、実務上は、団体交渉に代わる協議に応じることとして、それにより解決を目指すことがある。

　なお、Y1 社や Y2 社が団体交渉を拒否した場合、合同労組側の対応としては、Y1 社や Y2 社の団交応諾義務（労組 7 ②）違反を理由に労働委員会に対して不当労働行為の救済命令を申し立てることが考えられる。この申立てがあると、労働委員会は、Y1 社や Y2 社の労働組合法上の使用者性を審理し、使用者に該当すると判断した場合には救済命令を発する。救済命令の内容はさまざまであるが、たとえば「会社は組合が○○につい

ての団体交渉を申し入れたときは、誠意をもってこれに応じなければならない」等である（不当労働行為については本章29、労働委員会における不当労働行為事件の審査手続については第13章を参照）。

◀ コラム ▶ 労働組合法上の「労働者」概念がフリーランスを救う？

　雇用によらない多様な働き方が広がりつつあります。会社員による副業・兼業の広まりもそれに一役買っているでしょう。雇用によらない働き方、すなわち、労働契約（雇用契約）ではなく業務委託契約や請負契約などに基づいて労務提供する者は、フリーランス、ギグワーカーなどと呼ばれています（このコラムでは「フリーランス」と呼称します）。代表格として急浮上しているのはウーバーイーツの配達人です。

　労働基準法や労働契約法が保護の対象とする「労働者」は、使用者と労働契約を締結している者です。労働契約は、労働者と使用者との間に使用従属関係が生じ、労働者が使用者の指揮命令下で働くことを特徴としています（労基9、労契2①参照）。労働者が使用者と比べて弱い立場にあるからこそ、法がしゃしゃり出て労働者を保護する必要があるのです（「労使間の交渉力格差」が労働法を理解するうえでのキーワードであることについては第0章を参照）。

　これに対し、業務委託契約や請負契約などの場合は、契約の性質上、仕事を引き受けるかどうかや仕事の進め方について委託元や注文主の指示に従う義務はありません。フリーランスは、労働基準法や労働契約法上の保護を受けられないことについて、自己決定・自己責任という受け止め方のもと、これまでほとんど疑問視されてきませんでした。

　しかし、現実には、特定の委託元・注文主との間で継続的な受注をしており、事実上の従属を強いられていたり、対等な関係での条件交渉が不可能な状態におかれたりしているフリーランスは少なくありません。また、仕事の上でハラスメント被害を受けたとしても、

フリーランスであるがゆえに泣き寝入りを強いられることもあります。このような現状に目を向け、フリーランスを法の保護外においたままでよいのかが問われ始めています。

この流れの中で再検討されているのが「労働者」概念です。特に、労働組合法上の「労働者」概念は、フリーランスの保護にあたり重要な切り口となる可能性があります。

労働組合法は、「労働者」を「職業の種類を問わず、賃金、給料その他これに準ずる収入によって生活する者」と定義しています（労組3）。この定義によれば、賃金等の収入によって生活する者であれば足り、現に賃金を得ていない失業者であっても、「労働者」として労働組合法による保護を受けることができます。このように、労働組合法上の「労働者」の範囲が、労働基準法や労働契約法の「労働者」よりも広いのは、労働基準法や労働契約法は、特定の当事者間に労働契約関係が存在することを前提に、その当事者に対して法を適用していくものであるのに対し、労働組合法は、労務提供の実態をふまえて、交渉力の補完のために団結権・団体交渉権・団体行動権（憲28）を保障すべき者は誰かという観点から法の適用範囲を画するものだからです。

労働組合法上の「労働者」性の判断要素は、肯定的要素が、①事業組織への組入れ、②契約内容の一方的・定型的決定、③報酬の労務対価性、④業務の依頼に応ずべき関係、⑤広い意味での指揮監督下での労務提供・一定の時間的場所的拘束性であり（①〜③が基本的判断要素、④⑤が補完的判断要素）、否定的要素が、⑥顕著な事業者性であると整理されています（厚生労働省が平成23（2011）年7月に公表した労使関係法研究会報告書「労働組合法上の労働者性の判断基準について」を参照）。これらの判断要素に従って、過去の裁判例では、バイシクルメッセンジャーやNHKの受信料徴収人などについて、労働基準法上は労働者ではないが、労働組合法上は労働者であるとの判断が示されています（バイシクルメッセンジャー：労働基準法上の労働者性について東京高判平成26・5・21労判1123号83頁［ソクハイ事件］／労働組合法上の労働者性に

ついて東京地判平成 24・11・25 労判 1079 号 128 頁［国・中労委（ソクハイ）事件］、NHK の受信料徴収人：労働基準法上の労働者性について大阪高判平成 28・7・29 労判 1154 号 67 頁［NHK 堺営業センター（地域スタッフ）事件（控訴審）］等／労働組合法上の労働者性について大阪地判平成 27・11・30 労判 1137 号 61 頁［同事件（第一審）］等）。

　これに対し、コンビニの本部との間でフランチャイズ契約を締結したコンビニのオーナーについては、中労委は、顕著な事業者性が存在することを根拠に、労働組合法上の労働者には該当しないとの判断を示しました（中労委命令平成 31・2・6［ファミリーマート事件］および［セブン-イレブン・ジャパン事件］、セブン-イレブン・ジャパン事件命令は労判 1209 号 15 頁掲載）。初審（都労委命令平成 27・3・17 労判 1117 号 94 頁［ファミリーマート事件］、岡山県労委命令平成 26・3・13 労判 1090 号 93 頁［セブン-イレブン・ジャパン事件］）は、コンビニオーナーらの多くがコンビニの店長として稼働している実態を重視して労働者性を肯定していましたが、中労委がそれを覆した点で注目されます。　　（町田悠生子）

第 13 章

労働紛争の解決制度

1 労働紛争の状況

　労働紛争は、集団的労使紛争（使用者と労働組合との間の紛争）と、個別労働紛争（使用者と労働者個々人との間の紛争）に分けることができる。労働組合の組織率の低下を背景に、集団的労使紛争の事件数は減少傾向にある。他方、個別労働紛争の事件数は増加しており、全体の事件数を押し上げている。

　令和元（2019）年7月19日に公表された「裁判の迅速化に係る検証に関する報告書（第8回）」によれば、労働関係訴訟（地方裁判所・民事第一審）の新受件数は、「平成4年から平成16年にかけて増加傾向が続き、一旦横ばいとなった後、平成21年に急増し、その後も高い水準で推移している」という状況にある。同報告書は、その背景に、①平成20（2008）年に起きたリーマンショック以降の景気動向、②労働紛争に対する国民一般の関心の高まり、③時間外の割増賃金等に関する労働者の権利意識の高まり等があると分析している。平成18（2006）年4月に開始された労働審判制度の事件数も、近年、高止まりを続けている状況にある。

　労働紛争は、労使間の自主的な交渉により解決されることも少なくないが、裁判所と行政機関のそれぞれにおいて、複数の解決制度が用意されている。使用者側から申立てを行うことのできるものもあるが、通常は、労働者側が手続の種類を選択し、使用者側がそれに対応するのが一般である。以下では、㋐裁判所における手続として、①通常訴訟手続、②労働審判手続、③民事保全手続（労働仮処分）、㋑行政による手続として、①労働委員会の不当労働行為救済手続・あっせん手続、②紛争調整委員会（都道府県労働局）によるあっせん手続を、簡単に

みていくこととする。

2　裁判所における手続

　東京・大阪など、規模の大きい裁判所では、労働事件を集約的に取り扱う労働専門部・労働集中部が設けられていることがある。東京地裁では、民事第11部、第19部、第33部および第36部が労働専門部であり（民事第33部は平成31（2019）年4月以降）、大阪地裁では第5民事部が労働専門部である。事件の取扱いルールは、裁判所によって異なるところが少なくないので注意が必要である。東京地裁でいえば、解雇・雇止め無効を理由とする労働契約上の地位確認請求訴訟や未払賃金請求訴訟は労働専門部に配点されるが、使用者の安全配慮義務違反やパワーハラスメントを理由とする損害賠償請求訴訟は通常部に配点されることが多く、労働法に関係する事件が自動的に労働専門部に配点されるわけではない。

(1)通常訴訟手続　労働紛争が通常訴訟手続で争われる場合、その訴訟進行は、基本的に他の紛争類型と異なるわけではない。ただし、前掲「裁判の迅速化に係る検証に関する報告書（第8回）」によれば、民事第一審訴訟全体の平均審理期間が9.0か月であるのに対し、労働関係訴訟の平均審理期間は14.5か月となっており、審理が長期化する傾向にある。

(2)労働審判手続　労働審判手続は、裁判官である労働審判官1名と労使団体から推薦された労働審判員2名の計3名で構成される労働審判委員会が担当する手続である。3回以内の期日で迅速に審理を行い、調停の見込みがあれば調停を試み、調停による解決に至らなければ審判を行う。使用者側が労働審判の申立てを行うことは可能であるが、圧倒的多数の事案は、労働者側が申立てを行い、使用者側は「相手方」として対応することになる。

　労働審判手続の進行は、通常訴訟手続とはまったく異なり、通常訴訟手続と同じような感覚で臨むと痛い思いをすることになる。労働審

判事件を初めて担当する際には、白石哲編『労働関係訴訟の実務〔第2版〕』（商事法務・2018年）574頁以下の論文（白石哲執筆）や、佐々木宗啓ほか編『類型別　労働関係訴訟の実務』（青林書院・2017年）405～454頁をよく確認すべきである。以下、手続の流れ等をみていく。

❶対象事件：　労働審判手続は、労働契約の存否その他の労働関係に関する事項について個々の労働者と事業主との間に生じた民事に関する紛争（個別労働関係民事紛争）を対象とする（労審1）。集団的労使紛争（使用者と労働組合との間の紛争）や、公務員労働関係紛争（公務員と国・地方公共団体との間の紛争）は対象外である。労働者と事業主との間の紛争である必要があるので、たとえば、同僚・上司によるハラスメントにつき、同僚・上司を相手方とする事件は労働審判事件の対象にならない。

❷第1回期日まで：　労働審判手続の第1回期日は、原則として、申立ての日から40日以内の日に指定される（労審則13）。期日が指定されると、相手方には、労働審判手続申立書および証拠書類の写しとともに、期日呼出状および答弁書催告状が送付される。

　期日呼出状に記載された第1回期日は、相手方の予定とは調整されずに指定される。この点は、通常訴訟手続でも同様であるが、通常訴訟手続であれば、第1回期日に欠席して答弁書を擬制陳述とすることができる。しかし、労働審判手続は、第1回期日における直接口頭審理（当事者への審尋を含む）によって、心証を形成し、調停を行うのが通常である。そのため、第1回期日が正念場であり、代理人弁護士だけでなく、事情を十分に把握する会社担当者を同行する必要がある。代理人弁護士または会社担当者の予定が合わず、期日の変更がどうしても必要な場合は、可及的速やかに裁判所に連絡する必要がある。期日の変更は、労働審判員が指定された後は認められない。

　相手方は、答弁書催告状に記載された提出期限までに、答弁書を提出することになるが、第1回期日までに心証形成がなされ、その後

は調停成立に向けた手続となるのが通常である。そのため、主張立証を小出しにすることは想定されておらず、答弁書およびそれに伴う証拠書類の提出によって、主張立証を出し切ることが必要である（答弁書の記載事項につき労審則16①）。通常訴訟手続でみられるような、形式答弁（申立ての趣旨に対する答弁、および、申立ての理由に対しては追って認否・反論する旨）のみを記載した答弁書の提出は、もってのほかである。

第1回期日での直接口頭審理に備え、会社担当者との間で、想定質問に対する回答について十分に打ち合わせして臨むべきである。

❸第1回期日：　第1回期日では、審判官および審判員2名と両当事者の対席のもと、争点整理および証拠書類の取調べを行ったうえで、双方に対してその場で審尋が行われる。事実確認などの質問が審判官または審判員から次々に行われ、当事者がこれに回答していくことになる。「この場ではわからないので、確認のうえで次回期日までに書面で補充する」という対応は許されない（時すでに遅しである）。会社担当者と綿密な準備を行ったうえで、会社担当者を同行する必要があるのは、そのためである。

審尋が終わると、両当事者が退席して労働審判委員会が評議し、心証の確認や解決の方向性の協議を行ったうえで、調停を試みることになる。この段階で、基本的に事案解明のための審理は終了である。労働審判委員会は、申立人と相手方から、個別に意向を聞いたうえ、争点に関する心証を示しながら、調停の成立に向けて調整を行う。第1回期日で調停が成立することも少なくないため、相手方としては、調停の決定権限を有する役員等を第1回期日に同行するか、または、当日すぐに電話で連絡がつくようにしておくべきである。

❹第2回期日以降：　第1回期日で調停が成立せず、双方、持ち帰って検討することになる場合もあり、第2回期日は、もっぱら調停の成立に向けた調整が継続される。調停条項の合意に至って調停が成立すれば、審理は終了となり、その調停には裁判上の和解と同一の

効力がある（労審29②、民調16）。

　調停不成立の場合、労働審判委員会は、審理の結果認められる当事者間の権利関係および労働審判手続の経過をふまえて、労働審判を行う（労審20①）。労働審判には、「個別労働関係民事紛争の解決をするために相当と認める事項を定めることができる」とされているため（同②）、内容の柔軟性・自由度が高く、労働審判委員会が適切な解決であると考える内容が盛り込まれる。そのため、通常の判決主文のような内容ではなく、労働審判委員会が双方に調停案として示した内容が、労働審判の主文となることが多い。

　❺労働審判に対する異議申立て：　当事者は、労働審判に対し、審判書の送達または労働審判の告知を受けた日から2週間以内（不変期間）に、裁判所に異議の申立てをすることができ（労審21①）、適法な異議の申立てがなされた労働審判は、その効力を失う（同③）。異議の申立ては書面でしなければならず（労審則31①）、ファクシミリ送信で異議を申し立てることはできない。2週間以内に異議の申立てがなければ、労働審判は裁判上の和解と同一の効力を有する（労審21④）。

　異議の申立てによって労働審判が効力を失うと、労働審判手続で申立てがなされた請求について、労働審判手続申立ての時に訴えが提起されたものと擬制され、自動的に通常訴訟手続に移行する（労審22①）。手数料や郵券の追加納付などは、書記官に確認しながら進めることになろう。労働審判手続の申立書は移行訴訟の訴状とみなされるが、その他の事件記録は訴訟に引き継がれない。申立人は、移行訴訟の原告として、改めて法的主張を整理し直した準備書面（訴状に代わる準備書面）と証拠書類を提出することになる。

（3）民事保全手続（労働仮処分）　労働紛争としての民事保全手続としては、たとえば、解雇された労働者が、本訴で解雇無効を争うものの、賃金支払いが途絶えることで生活が困窮することから、本訴判決の確定までの間、地位保全および賃金仮払仮処分を申し立てる場合が

ある。また、退職した労働者が競業避止義務に違反している場合、使用者のほうから退職した労働者に対して、競業禁止仮処分を申し立てることもある。手続の進行は、他の仮処分手続と基本的には同様である。

3　行政機関における手続

(1)労働委員会における手続　労働委員会は、①不当労働行為事件の審査（労組20・27～27の18）や、②労働争議の調整（あっせん、調停、仲裁）（労組20、労調10～35）を通じて、労働紛争の解決に当たる機関である。国の機関である中央労働委員会（中労委）と、都道府県の機関である都道府県労働委員会があり、使用者を代表する委員（使用者委員）、労働者を代表する委員（労働者委員）および公益を代表する委員（公益委員）の各同数をもって組織される（労組19）。

❶不当労働行為事件の審査：　労働組合または組合員が、労働委員会に対して不当労働行為の救済申立てを行うと、不当労働行為事件の審査が開始する（労組27①）。不当労働行為事件の審査の対象は、不当労働行為を構成する具体的事実であり、そのような具体的事実が認められた場合、労働委員会が使用者に命じる救済内容は、労働委員会がその裁量をもって定めることができるという特色がある。この点は、訴訟物たる請求権の存否を審判対象とし、当事者が申し立てていない事項について判決することはできない（処分権主義、民訴246）とされる民事訴訟とは、大きく異なる。

　審査手続は、「調査」（非公開。訴訟の弁論準備手続に近い）と「審問」（公開。訴訟の証人尋問手続に近い）に分かれる。調査期日では、まずは、双方対席のもとで主張立証の整理がなされるが、このほか、当事者双方から、交互に、個別に主張内容を確認したり、和解の可能性について意向を聴取したりする。和解の調整にあたっては、使用者委員が使用者側と、労働者委員が労働者側と、それぞれよくコミュニケーションをとって、積極的に橋渡しの役割を務めることが多く、公労使

三者構成の利点がよく発揮されている。使用者側において和解の意向を有している場合でも、通常の訴訟手続では、裁判官に対する切り出し方が難しいことも多いが、審査手続においては、使用者委員に積極的に相談して、うまく橋渡しをしてもらうのがよい。

　調査期日で争点が明確になり、かつ、和解が成立しないようであれば、審査計画を策定したうえで（労組 27 の 6）、審問期日に進む。審問の後の調査期日でも和解の調整が行われることがあるが、それでも和解が成立しなければ、双方が最終的な主張のまとめを行ったうえで、命令の交付に進むことになる。不当労働行為事件の審査を行うことができるのは、公益委員のみであり（労組 24 ①）、使用者委員・労働者委員への意見聴取はなされるものの、不当労働行為についての判断は公益委員会議の合議によってなされる（労働委員会規則 42）。

　❷労働争議の調整：　労使交渉がうまくいかない場合など、労使間の紛争について自主的解決が困難となった場合には、労使の一方または双方からの申請により、労働委員会による調整（あっせん、調停、仲裁）を利用することができる。そのうち、最も多く利用されているのは「あっせん」であり、これは、労働委員会の委員や事務局職員から指名されたあっせん委員が、双方からよく事情を聞いて、紛争を解決に導く手続である。使用者側からの申請も可能であるため、労使交渉を重ねたものの暗礁に乗り上げてしまった場合など、第三者の関与が必要な状況になったときには、労働委員会へのあっせん申請も検討してよい。

（2）紛争調整委員会（都道府県労働局）によるあっせん手続　個別労働関係紛争（労働者の募集・採用に関する事項についての紛争を除く）については、紛争調整委員会（都道府県労働局）によるあっせん手続も用意されている（個別労働紛争解決促進 5）。当事者双方または一方からのあっせん申請書の提出後、都道府県労働局長が必要と認めたときは、都道府県労働局におかれた紛争調整委員会にあっせんが委任され、3 名のあっせん委員（弁護士、大学教授等の専門家）が選任される。そ

のうち、1事案につき原則として1名の担当あっせん委員により事件処理がなされる。あっせん手続は非公開である。

　あっせんの相手方には、開始通知書のほかに申請書の写し等が送付され、あっせん手続に参加するか否かの意向確認が行われる。相手方が、あっせん手続に参加しない旨の回答をした場合、あっせん手続は打ち切りとなる。参加する場合は、あっせん委員が双方から事情を聴取して、和解による解決に向けた調整を行う。

　相手方が参加してあっせんが実施された事件では、約3分の2の事件で和解が成立しているようであり、あっせん申請を受けた使用者側としては、あっせんへの参加も前向きに検討してよい。

事項索引

【あ】
あかるい職場応援団…224
あっせん…286
安全配慮義務…210
【い】
一般的拘束力…122
【う】
打切補償…206
【か】
解雇…188
解雇回避措置…176,184
解雇権濫用法理…175,183
解雇制限…206
解雇通知…192
解雇予告…190
解雇予告期間…156,190
解雇予告手当…190
解雇理由証明書…194
過労死…203
過労自殺…203
管理監督者…48,91
【き】
企業内組合…258
危険防止義務…210
偽装請負…16,271
規範的効力…121
希望退職募集…185,186
休業補償…211
休憩（時間）…34,39
救済命令…261
休日…53
休日労働…45,54
休職…148
求人広告…24
求人詐欺…21
求人票…24
競業避止義務…157
きょうとソフト…51,83
強迫…166

業務委託契約…10,14,275
業務起因性…203
業務災害…200
業務上の疾病…203
業務遂行性…203
均衡待遇…240,250
均等待遇…240,250
勤務地限定合意…174,182
【く】
苦情処理手続…273
【け】
計画年休…63
継続雇用制度…248
経費援助…260
契約締結上の過失…30
健康管理義務…210,211
【こ】
合意解約の申込み…156,163
交渉力格差…3
更新上限…235
合同労組…256,258
高度プロフェッショナル制度…49
高年齢者雇用安定法…248
固定残業代…23,84
個別労働紛争…280
雇用契約書…24
【さ】
災害補償責任…200,202
採用内定…28
　　――の取消し…29
採用内々定…28
　　――の取消し…30
採用の自由…22
裁量労働制…50,82
36協定…45
産業医…151
残業代…80
【し】
時間外手当…80

時間外労働…45, 203
　　——の上限規制…46
指揮監督関係…14
時季指定権…62
始期付解約権留保付の労働契約…28
時季変更権…62, 157
支給決定…205
支給日在籍要件…100
事業主証明…204
事業場外労働みなし制…50
自己都合退職…168
辞職…156, 163
自宅待機命令…132
実労働時間…83, 92
自動退職条項…195
支配介入…260
就業規則の最低基準効…121
就業規則の変更…122
集団的労使紛争…280
自由な意思…24, 121, 164
出向…114
試用期間…30, 174
　　——の延長…175
上司の監督責任…135
使用者（労働組合法）…269
使用従属性…16
傷病休職（私傷病休職）…147, 149
賞与…99
職業選択の自由…157, 158
職種・地位限定合意…174, 182
所持品検査…131
所定休日…54
所定労働時間…37
審査請求前置主義…205
心理的負荷評価表…204, 212
【せ】
請求権競合…212
誠実交渉義務…260, 264
正社員登用…235
整理解雇…183
整理解雇法理…165
セクハラ…217
【そ】
相談窓口（ハラスメント）…222

【た】
代休…55
待遇差…239
　　——の説明義務…243
退職勧奨…163, 165, 179
退職金…97
　　——の不支給・減額…130
退職時証明書…194
退職の自由…155
短時間労働者…239
団体交渉（団交）…256, 259
　　——の打ち切り…265
団体交渉応諾義務…260
【ち】
懲戒解雇…134
懲戒権の濫用…132
懲戒処分…128
中途採用…29, 176
調整的相殺…75
賃金債権の放棄…135
賃金全額払いの原則…72
【つ】
通勤災害…200, 202
【て】
定年…248
定年後再雇用…246
デジタルフォレンジック…131
転籍…114
【と】
同一労働同一賃金ガイドライン…241
【な】
内定——→採用内定
内々定——→採用内々定
【に】
二重処罰…133
日本型雇用…173
【ね】
年5日の時季指定義務…63
年次有給休暇（年休）…58
　　——中の賃金…64
　　——の買上げ…65
　　——の繰越し…65
年俸制…90, 102

【は】
パートタイム労働者…239
配転…108
パソコンのモニタリング…131
バックペイ…177
ハラスメント防止措置義務…218,220
パワハラ…164,212,217

【ひ】
引抜き行為…158
非正規社員…239
秘密保持義務…158

【ふ】
付加金…81,94
復職…149
不支給決定…205
普通解雇…175
不当労働行為…260,261,285
部分的使用者概念…271,272
フリーランス…275
不利益取扱い…65,222,260
不利益変更…120
振替休日…55
フレックスタイム制…50

【へ】
平均賃金…191
平均的な労働者…217
変形休日制…55
変形労働時間制…50

【ほ】
法定外休日…54
法定休日…54
法定労働時間…37
ポストノーティス…261
本採用拒否…175

【ま】
マタハラ…217

【む】
無期転換制度…230
無期転換申込権…231

【や】
雇止め…185,233,251

【ゆ】
有期雇用労働者…239
有期特措法…231
有給休暇の一括取得…157
有期労働契約…230
ユニオン…256,258

【ろ】
労基署…2
労災隠し…205,206
労災認定…203,211
労災民訴…205
労使慣行…99
労働委員会…261,285
労働仮処分…284
労働基準監督署…2
労働協約…121,185,264
労働組合…185,258
労働経済判例速報…4
労働時間…34
「労働時間の適正な管理のために使用者が
　講ずべき措置についてのガイドライン」
　…39,42
「労働時間の適正な把握のために使用者が
　講ずべき措置に関するガイドライン」
　…83
労働者…12
　労働基準法上の――…12
　労働組合法上の――…13,276
　労働契約法上の――…13
労働者災害補償保険法…202
労働者死傷病報告書…205
労働者派遣…16,114,271
労働条件通知書…24
労働条件の明示義務…23,99
労働審判…281
　――に対する異議申立て…284
労働判例…4
労働法…2

【わ】
割増賃金…47,80

判例等索引

【大審院】

大判明治 45・3・13 民録 18 巻 193 頁…194

大判昭和 11・2・14 民集 15 巻 158 頁…194

【昭和 31〜40 年】

最判昭和 31・11・2 民集 10 巻 11 号 1413 頁［関西精機事件］…75

最判昭和 35・3・11 民集 14 巻 3 号 403 頁［細谷服装事件］…194

最大判昭和 36・5・31 民集 15 巻 5 号 1482 頁［日本勧業経済会事件］…76

【昭和 41〜50 年】

最判昭和 43・8・2 民集 22 巻 8 号 1603 頁［西日本鉄道事件］…131

最判昭和 43・12・17 民集 22 巻 13 号 2998 頁…194

最判昭和 44・12・18 民集 23 巻 12 号 2495 頁［福島県教組事件］…76

最判昭和 45・10・30 民集 24 巻 11 号 1693 頁［群馬県教組事件］…76

最判昭和 48・1・19 民集 27 巻 1 号 27 頁［シンガー・ソーイング・メシーン事件］…135

最大判昭和 48・12・12 民集 27 巻 11 号 1536 頁［三菱樹脂事件］…22, 178

最判昭和 49・7・22 民集 28 巻 5 号 927 頁［東芝柳町事件］…236

【昭和 51〜60 年】

東京地判昭和 51・5・21 判時 832 号 103 頁［プリマハム事件］…265

最判昭和 51・7・8 民集 30 巻 7 号 689 頁［茨石事件］…142

広島高判昭和 52・1・24 労判 345 号 22 頁…166

東京地判昭和 52・12・19 判タ 362 号 259 頁…135

最判昭和 54・7・20 民集 33 巻 5 号 582 頁［大日本印刷事件］…30

横浜地判昭和 55・3・28 労判 339 号 20 頁［三菱重工横浜造船所事件］…56

最判昭和 55・7・10 労判 345 号 20 頁［下関商業高校事件］…166

最判昭和 56・2・16 民集 35 巻 1 号 56 頁［航空自衛隊芦屋分遣隊事件］…213

最判昭和 57・10・7 集民 137 号 297 頁［大和銀行事件］…101

東京高判昭和 57・10・7 労判 406 号 69 頁［日本鋼管鶴見造船所事件］…265

東京地決昭和 58・12・14 労判 426 号 44 頁［リオ・テイント・ジンク事件］…178

東京地判昭和 59・1・27 労判 423 号 23 頁［エール・フランス事件］…151

最判昭和 59・4・10 民集 38 巻 6 号 557 頁［川義事件］…213

【昭和 61〜63 年】

最判昭和 61・7・14 労判 477 号 6 頁［東亜ペイント事件］…110

大阪地判昭和 61・10・17 労判 485 号 78 頁［千代田工業事件］…265

大阪地決昭和 61・10・17 労判 486 号 83 頁［ニシムラ事件］…166

最判昭和 61・12・4 労判 486 号 6 頁［日立メディコ事件］…236

東京地判昭和 62・1・30 労判 523 号 10 頁…86

最判昭和 62・7・10 民集 41 巻 5 号 1229 頁［電電公社弘前電報電話局事件］…62

最判昭和 63・2・16 民集 42 巻 2 号 60 頁［大曲市農業協同組合事件］…123

最判昭和 63・7・14 労判 523 号 6 頁［小里機材事件］…86

【平成元～10年】

大阪高判平成 2・3・8 労判 575 号 59 頁［千代田工業事件］…25

最判平成 2・11・26 民集 44 巻 8 号 1085 頁［日新製鋼事件］…135

最判平成 3・11・28 民集 45 巻 8 号 1270 頁［日立製作所武蔵工場事件］…49

最判平成 4・2・18 労判 609 号 12 頁［エス・ウント・エー事件］…66

最判平成 4・6・23 民集 46 巻 4 号 306 頁［時事通信社事件］…66

最判平成 5・6・25 民集 47 巻 6 号 4585 頁［沼津交通事件］…66

大阪高判平成 5・6・25 労判 679 号 32 頁［商大八戸ノ里ドライビングスクール事件］…101

大阪高判平成 6・12・26 判時 1553 号 133 頁…159

最判平成 7・2・28 民集 49 巻 2 号 559 頁［朝日放送事件］…273

東京地判平成 7・6・12 労判 676 号 15 頁［吉野事件］…101

最判平成 8・9・26 労判 708 号 31 頁［山口観光事件］…133

東京地判平成 8・10・29 労経速 1639 号 3 頁［カツデン事件］…101

最判平成 8・11・28 労判 714 号 14 頁［横浜南労基署長（旭紙業）事件］…16

横浜地判平成 9・11・14 労判 728 号 44 頁［学校法人石川学園事件］…101

最判平成 10・4・9 労判 736 号 15 頁［片山組事件］…152

最判平成 10・6・11 民集 52 巻 4 号 1034 頁…194

大阪地判平成 10・7・17 労判 750 号 79 頁［株式会社大通事件］…159

【平成 11～20 年】

神戸地判平成 11・2・18 判タ 1009 号 161 頁…115

大阪地判平成 11・3・31 労判 767 号 60 頁…135

大阪地判平成 11・10・4 労判 771 号 25 頁［JR 東海事件］…152

東京地決平成 11・10・15 労判 770 号 34 頁［セガ・エンタープライゼス事件］…178

東京地決平成 12・1・21 判時 782 号 23 頁［ナショナル・ウェストミンスター銀行（三次仮処分）事件］…187

東京地判平成 12・2・28 判時 796 号 89 頁［メディカルサポート事件］…136

最判平成 12・3・9 民集 54 巻 3 号 801 頁［三菱重工長崎造船所事件］…3，41

最判平成 12・3・24 民集 54 巻 3 号 1155 頁…211

最判平成 12・3・31 民集 54 巻 3 号 1255 頁［NTT（年休）事件］…66

東京高判平成 12・4・19 判時 787 号 35 頁［日新火災海上保険事件］…24

東京高判平成 12・8・31 労判 795 号 28 頁［JR 東日本（高崎車掌区・年休）事件］…62

大阪地判平成 12・9・8 労判 798 号 44 頁［ダイフク事件］…165

東京高判平成 12・12・27 労判 809 号 82 頁［更生会社三井埠頭事件］…124

最判平成 13・6・22 労判 808 号 11 頁［トーコロ事件］…49

東京高判平成 13・11・28 労判 819 号 18 頁［NTT（年休・差戻審）事件］…66

東京地判平成 13・12・3 労判 826 号 76 頁［F 社 Z 事業部事件］…131

東京地判平成 14・2・26 労判 825 号 50 頁［日経クイック情報事件］…131

最判平成 14・2・28 民集 56 巻 2 号 361 頁［大星ビル管理事件］…41

東京地判平成 14・9・3 労判 839 号 32 頁…135

東京地判平成 14・10・22 労判 838 号 15 頁［ヒロセ電機事件］…178

東京地決平成 14・12・27 労判 861 号 69 頁［明治図書出版事件］…110

最判平成 15・4・18 労判 847 号 14 頁［新日本製鐵事件］…115

最判平成 15・10・10 労判 861 号 5 頁［フジ興産事件］…136

東京地判平成 15・11・18 労経速 1863 号 10 頁［日本オラクル事件］…187

東京高判平成 15・12・11 労判 867 号 5 頁［小田急電鉄（退職金請求）事件］…136

滋賀地労委命令平成 17・4・1 労判 893 号 185 頁［日本製箔事件］…274

最判平成 17・6・3 民集 59 巻 5 号 938 頁［関西医科大研修医事件］…17

大阪高判平成 17・9・8 労判 903 号 73 頁［相互信用金庫事件］…101

大阪地判平成 17・9・9 労判 906 号 60 頁［ユタカ精工事件］…31

京都地判平成 18・5・29 労判 920 号 57 頁［ドワンゴ事件］…56

名古屋高金沢支判平成 18・5・31 労判 920 号 33 頁［ホクエツ福井事件］…187

最判平成 18・10・6 労判 925 号 11 頁［ネスレ日本事件］…133

大阪高判平成 19・1・24 労判 952 号 77 頁［ミヤショウプロダクツ事件］…214

名古屋地判平成 19・1・24 労判 939 号 61 頁…206

東京地判平成 19・4・24 労判 942 号 39 頁［ヤマダ電機（競業避止条項違反）事件］…159

最判平成 19・6・28 労判 940 号 11 頁［藤沢労基署長（大工請負）事件］…17

東京地判平成 20・1・28 判時 1998 号 149 頁［日本マクドナルド（店長）事件］…49

東京高判平成 20・4・9 労判 959 号 6 頁［日本システム開発研究所事件］…103

【平成 21〜30 年】

東京地判平成 21・5・18 判タ 1305 号 152 頁…213

最判平成 21・12・18 労判 1000 号 5 頁［ことぶき事件］…95

最判平成 22・4・27 労判 1009 号 5 頁［河合塾（非常勤講師・出講契約）事件］…253

東京高判平成 22・5・27 労判 1011 号 20 頁［藍澤證券事件］…25

東京地判平成 22・10・27 労判 1021 号 39 頁［レイズ事件］…94

福岡高判平成 23・3・10 労判 1020 号 82 頁［コーセーアールイー（第 2）事件］…31

東京地判平成 23・3・30 労判 1028 号 5 頁［富士ゼロックス事件］…166

東京高判平成 23・2・23 労判 1022 号 5 頁…213

大阪地判平成 23・8・12 労経速 2121 号 3 頁［フジタ事件］…251

東京地判平成 23・10・25 労判 1041 号 62 頁［スタジオツインク事件］…95

名古屋地判平成 23・12・14 労判 1046 号 42 頁［国・名古屋西労基署長（ジェイフォン）事件］…206

東京地判平成 23・12・27 労判 1044 号 5 頁［HSBC サービシーズ・ジャパン・リミテッド事件］…94

東京地判平成 23・12・28 労経速 2133 号 3 頁［日本アイ・ビー・エム事件（第一審）］…165

最判平成 24・3・8 判時 1060 号 5 頁［テックジャパン事件］…87

大阪高判平成 24・4・6 労判 1055 号 28 頁［日能研関西ほか事件］…66

東京地判平成 24・8・23 労判 1061 号 28 頁［ライトスタッフ事件］…178

中労委命令平成 24・9・19 別冊中労時 1436 号 16 頁［ショーワ事件］…274

神戸地姫路支判平成 24・10・29 労判 1066 号 28 頁［兵庫県商工会連合会事件］…166

東京高判平成 24・10・31 労経速 2172 号 3 頁［日本アイ・ビー・エム事件（控訴審）］…164

東京地判平成 24・11・25 労判 1079 号 128 頁［国・中労委（ソクハイ）事件］…277

大阪高判平成 24・12・13 労判 1072 号 55 頁［アイフル（旧ライフ）事件］…214

東京地判平成 25・11・12 労判 1085 号 19 頁［リコー子会社出向事件］…115

東京地判平成 25・12・5 労判 1091 号 14 頁［阪急交通社事件］…273

大分地判平成 25・12・10 労判 1090 号 44 頁［ニヤクコーポレーション事件］…240

東京高判平成 26・2・26 労判 1098 号 46 頁［シオン学園事件］…124

岡山県労委命令平成 26・3・13 労判 1090 号 93 頁［セブン-イレブン・ジャパン事件（初審）］…277

最判平成 26・3・24 労判 1094 号 22 頁［東芝（うつ病・解雇）事件］…213
横浜地相模原支判平成 26・4・26 判時 2233 号 141 頁…39
東京高判平成 26・5・21 労判 1123 号 83 頁［ソクハイ事件］…276
東京地判平成 26・11・4 労判 1109 号 34 頁［サン・チャレンジほか事件］…224
東京高判平成 27・1・28 労経速 2284 号 7 頁［サントリーホールディングスほか事件］…225
最判平成 27・2・26 労判 1109 号 5 頁［海遊館事件］…225
都労委命令平成 27・3・17 労判 1117 号 94 頁［ファミリーマート事件（初審）］…277
最判平成 27・6・8 民集 69 巻 4 号 1047 頁［学校法人専修大学事件］…206
東京地判平成 27・7・29 労判 1124 号 5 頁［日本電気事件］…152
東京地判平成 27・8・7 労経速 2263 号 3 頁［M 社（三菱地所リアルエステートサービス）事件］…225
大阪地判平成 27・11・30 労判 1137 号 61 頁［NHK 堺営業センター（地域スタッフ）事件（第一審）］…277
最判平成 28・2・19 民集 70 巻 2 号 123 頁［山梨県民信用組合事件］…124
東京地判平成 28・2・19 労判 1136 号 58 頁［シンワ運輸東京事件］…251
東京高判昭和 28・3・23 労民 4 巻 3 号 26 号［松崎建設事件］…265
大阪高判平成 28・7・29 労判 1154 号 67 頁［NHK 堺営業センター（地域スタッフ）事件（控訴審）］…277
名古屋高判平成 28・9・28 労判 1146 号 22 頁［トヨタ自動車ほか事件］…252
最判平成 28・12・1 労判 1156 号 5 頁［福原学園（九州女子短期大学）事件］…236
京都地判平成 29・3・30 労判 1164 号 44 頁［福祉事業者 A 苑事件］…25
福岡高判平成 29・9・7 労判 1167 号 49 頁…250
京都地判平成 29・9・20 労判 1167 号 34 頁［京都市立浴場運営財団ほか事件］…241
東京地判平成 29・10・25 判例秘書 LO7230143…159
東京高判平成 29・11・15 労判 1196 号 63 頁［コンチネンタル・オートモーティブ事件］…152
岐阜地判平成 29・12・25 労判 1185 号 38 頁［エヌ・ティ・ティマーケティングアクト事件］…187
最判平成 30・2・15 労判 1181 号 5 頁［イビデン事件］…225
最判平成 30・6・1 民集 72 巻 2 号 88 頁［ハマキョウレックス事件］…244
最判平成 30・6・1 民集 72 巻 2 号 202 頁［長澤運輸事件］…244,252
最判平成 30・7・19 労判 1186 号 5 頁［日本ケミカル事件］…87
東京高判平成 30・8・29 労経速 2380 号 3 頁［K 社事件］…41
最判平成 30・9・14 労判 1194 号 5 頁…235
富山地判平成 30・12・19 労経速 2374 号 18 頁［北日本放送事件］…252
大阪高判平成 30・12・21 労判 1198 号 32 頁［ハマキョウレックス（第二次差戻後控訴審）事件］…244
【平成 31 年〜】
中労委命令平成 31・2・6［ファミリーマート事件］…277
中労委命令平成 31・2・6 労判 1209 号 15 頁［セブン-イレブン・ジャパン事件］…277
最判平成 31・4・25 判タ 1461 号 17 頁…265

【編著者】

市川　充（いちかわ・みつる）／弁護士（リソルテ総合法律事務所）
1960 年生まれ。東京大学法学部卒業。1995 年弁護士登録（第 47 期）。主著として、
『弁護士の失敗学』（共著、ぎょうせい・2014 年）など。
※ **12、13 執筆**

加戸茂樹（かと・しげき）／弁護士（四谷東法律事務所）
1964 年生まれ。中央大学法学部卒業。1994 年弁護士登録（第 46 期）。主著として、
「依頼者見舞金制度と米国の依頼者保護基金制度との比較」自由と正義 68 巻 9 号
（2017 年）22 頁（共著）など。
※ **29 執筆**

【著　者】

亀田康次（かめだ・こうじ）／弁護士（横木増井法律事務所）
1983 年生まれ。東京大学大学院法学政治学研究科法曹養成専攻修了、ロンドン・
スクール・オブ・エコノミクス（LSE）修士課程修了。2009 年弁護士登録（第 62
期）。主著として、『労働事件ハンドブック〈2018 年〉』（分担執筆、労働開発研究
会・2018 年）など。
※ **1～3、14、20～22、第 13 章執筆**

軽部龍太郎（かるべ・りょうたろう）／弁護士（ルネス総合法律事務所）
1978 年生まれ。東京大学法学部卒業。2004 年弁護士登録（第 57 期）。主著として、
『新労働事件実務マニュアル〔第 3 版〕』（分担執筆、ぎょうせい・2014 年）など。
※ **6、8～11、16、17 執筆**

高仲幸雄（たかなか・ゆきお）／弁護士（中山・男澤法律事務所）
1977 年生まれ。早稲田大学法学部卒業。2003 年弁護士登録（第 56 期）。主著とし
て、『同一労働同一賃金 Q & A』（経団連出版・2019 年）など。
※ **4、5、7、15、26～28 執筆**

町田悠生子（まちだ・ゆきこ）／弁護士（第一芙蓉法律事務所）
1984 年生まれ。慶應義塾大学大学院法務研究科修了。2009 年弁護士登録（第 62
期）。主著として、『裁判例や通達から読み解くマタニティ・ハラスメント』（編著、
労働開発研究会・2018 年）など。
※ **第 0 章、18、19、23～25、30 執筆**

【編著者】

市川　充　　弁護士（リソルテ総合法律事務所）

加戸　茂樹　弁護士（四谷東法律事務所）

【著　者】

亀田　康次　弁護士（横木増井法律事務所）

軽部龍太郎　弁護士（ルネス総合法律事務所）

高仲　幸雄　弁護士（中山・男澤法律事務所）

町田悠生子　弁護士（第一芙蓉法律事務所）

労働法務のチェックポイント【実務の技法シリーズ7】

2020（令和2）年2月28日　初版1刷発行

編著者　市川　充・加戸茂樹

発行者　鯉渕友南

発行所　株式会社　弘文堂　　101-0062 東京都千代田区神田駿河台1の7
　　　　　　　　　　　　　　TEL 03(3294)4801　振替 00120-6-53909
　　　　　　　　　　　　　　https://www.koubundou.co.jp

装　丁　青山修作

印　刷　三陽社

製　本　井上製本所

ISBN 978-4-335-31386-8

——実務の技法シリーズ——

　〈OJTの機会に恵まれない新人弁護士に「兄弁」「姉弁」がこっそり教える実務技能〉を追体験できる、紛争類型別の法律実務入門シリーズ。未経験であったり慣れない分野で事件の受任をする際に何が「勘所」なのかを簡潔に確認でき、また、深く争点を掘り下げる際に何を参照すればよいのかを効率的に調べる端緒として、実務処理の「道標(チェックポイント)」となることをめざしています。

- ☑ 【ケース】と【対話】で思考の流れをイメージできる
- ☑ 【チェックリスト】で「落とし穴」への備えは万全
- ☑ 簡潔かつポイントを押さえた、チェックリスト対応の【解説】
- ☑ 一歩先へと進むための【ブックガイド】と【コラム】

会社法務のチェックポイント　市川　充=安藤知史　編著
美和　薫=吉田大輔 著　　　　　　　　　　　　　　A5判　2700円

債権回収のチェックポイント　市川　充=岸本史子　編著
國塚道和=嵯峨谷厳=佐藤真太郎 著　　　　　　　　A5判　2500円

相続のチェックポイント　高中正彦=吉川　愛　編著
岡田卓巳=望月岳史=安田明代=余頃桂介 著　　　　A5判　2500円

交通賠償のチェックポイント　高中正彦=加戸茂樹　編著
荒木邦彦=九石拓也=島田浩樹 著　　　　　　　　　A5判　2700円

破産再生のチェックポイント　高中正彦=安藤知史　編著
木内雅也=中村美智子=八木　理 著　　　　　　　　A5判　2700円

建物賃貸借のチェックポイント　市川　充=吉川　愛　編著
植木　琢=小泉　始 著　　　　　　　　　　　　　A5判　2800円

労働法務のチェックポイント　市川　充=加戸茂樹　編著
亀田康次=軽部龍太郎=高仲幸雄=町田悠生子 著　　A5判　2800円

離婚のチェックポイント　高中正彦=岸本史子　編著
大森啓子=國塚道和=澄川洋子 著　　　　A5判　2020年3月刊行予定

========《以降、続刊予定》========

- ■交渉・和解技能　　　　　　　高中正彦=市川　充　編著
- ■文書作成・尋問技術　　　　　高中正彦=市川　充　編著
- ■事務所経営　　　　　　　　　高中正彦=市川　充　編著

※表示価格（税別）は2020年2月現在のものです。